Tina Nordström

Tina kocht

Gute-Laune-Rezepte aus aller Welt

DK

Ramlösa forever!

NIEMALS WERDE ICH den Augenblick vergessen, als ich mein erstes Kochbuch zum ersten Mal in den Händen hielt. Ich hatte das Gefühl, etwas Bleibendes geschaffen zu haben, etwas, das noch lange leben würde. In den folgenden fünf Jahren machte ich munter weiter und brachte jedes Jahr ein weiteres Kochbuch zur Welt. Von den ersten zwei Büchern verkauften sich über eine Million Exemplare – verrückt, oder? Wenn ich Signierstunde hatte, bildeten sich lange Schlangen in den Buchhandlungen, und einmal schrieb ich so oft »Frohe Weihnachten wünscht Tina«, bis mir die Finger schmerzten.

Bei meinem siebten »Baby« – dem umfangreichsten meiner kleinen Serie – zog sich die »Schwangerschaft« ein paar Jahre hin, doch nun ist es endlich da. Wunderschön und dick ist es geworden, mit einer ganz eigenen Persönlichkeit. Obschon es viele Klassiker und Grundlagen enthält, ist es kein Basiskochbuch im eigentlichen Sinne geworden. Ich bezeichne es als meinen Meilenstein, in dem ich Gerichte präsentiere, die ich im Laufe der Jahre immer weiterentwickelt habe, sodass ich diese Sammlung als meine persönliche Rezeptbibel betrachte. Vieles darin schmeckt nach Kindheit, ebenso vieles stammt jedoch aus anderen Küchen und Traditionen und wurde von mir neu interpretiert. Betrachten Sie dieses Werk einfach als eine Art Geschmacksschlüssel zu meiner Küche!

Entwickelt, probegekocht und fotografiert wurden meine Rezepte in einer ganz besonderen Villa aus dem 19. Jahrhundert mitten im Ramlösa-Park (*Ramlösa* ist eine schwedische Mineralwasserquelle) in Helsingborg, die ich seit 2009 bewohne. Sie ist für mich so besonders, weil ich dort aufgewachsen bin – als Kind in einem Gastronomenhaushalt. Von meinem Büro aus, das früher das Schlafzimmer meiner Eltern war, habe ich einen herrlichen Ausblick auf den Ramlösa-Park, in dem ich als Kind herumgetollt bin, mir in die Hose gemacht habe, die Zahnfee zu Besuch hatte, verliebt war und mit Freunden Schluss gemacht habe.

Ein äußerst wichtiger Ort also, insbesondere da meine Wurzeln so eng mit meinem beruflichen Werdegang verknüpft sind. Wie unermesslich wichtig wurde mir allerdings erst richtig klar, als ich dieses Buch schon fast beendet hatte. In dieser Umgebung und auf diesen ausgetretenen Holzdielen kann ich meine Kraftreserven und Energietanks wieder auffüllen. Mit ihrer leicht abgeblätterten Fassade bot sich die kleine Villa wie selbstverständlich als Kulisse für die Fotoaufnahmen und die Rezeptarbeit an, und ich hoffe, dass Sie die Herzenswärme spüren, die sie ausstrahlt. Meine Kreativität sprudelt in dieser Villa nur so, denn hier bin ich von den Menschen umgeben, die ich liebe. Nicht selten kommen Freunde und Verwandte einfach auf eine Tasse Kaffee vorbei.

1974, als ich noch klein war, übernahmen meine Eltern Gudrun und Björn Nordström das *Ramlösa Wärdshus*, eine Gaststätte, die im 19. Jahrhundert inmitten des damals quirligen Kurbetriebs rund um die berühmte Heil- und Mineralwasserquelle gelegen war und Familien aus der besseren Gesellschaft, die hier »in Kur« gingen, verköstigte. Zwei Jahre später übernahmen Mama und Papa auch noch das riesige *Ramlösa Brunnshotell* und luden sich damit einen Berg an Arbeit auf. Ich war damals drei und mein Bruder Peter fünf Jahre alt. Ein kleines, neben dem *Ramlösa Wärdshus* gelegenes Haus mit rosa Fassade wurde renoviert und danach von meinen Großeltern väterlicherseits bezogen. Frü-

Meine Eltern 1976 vor dem Ramlösa Brunnshotell bei einer der vielen Festveranstaltungen.

Papa zu Pferd im Ramlösa Brunnspark im Jahr 1976.

Hier steht Mama neben der Schauspielerin Anita Ekberg, die das Ramlösa 1985 besuchte.

RAMLÖSA WÄRDSHUS OCH BRUNNSHOTELLET

S. Brunnsvägen 70 – 253 67 HELSINGBORG
Tel. 042 – 29 62 57 Bankgiro 623 – 3365

Ramlösa 22/9 – 79

KÄRA GAMLA FRU NORDSTRÖM!

UNGA FRU NORDSTRÖM MED MAN (DIN SON) BER OM VÅRT FÖRSENADE TILLSTÅND ATT MEDFÖRA "BARNENA" PÅ UTFLYKT TILL GÖTEBORG. SKULLE DU HA NÅGOT ATT ERINRA MOT DETTA INSTÄLLER VI GIVETVIS HELA UTFLYKTEN.

VI BER OM SVAR OMGÅENDE DÅ ALLT ÄR PACKAT O KLART.

I HOPP OM DIN ÖDMJUKA TILLÅTELSE TECKNAR VÄNLIGEN

B o G. NORDSTRÖM m. BARN.

SVAR KAN LÄMNAS PÅ BAKSIDAN

Har ingenting emot denna som jag hoppas trevliga utgång med edra barn. Men det är ju alltid bra att veta dagen före eller så om barnen i alla fall.

Ni behöver inte deklarera edra privata angelägenheter för mig, men barnen vill jag gärna ha meddelat var dom är.

Mycket nöje
önskar mor svärmor
o farmor.

Mein Bruder und ich waren als Kinder fast ständig bei unseren Großeltern väterlicherseits, da unsere Eltern meistens arbeiten mussten. Oben sieht man zwei Briefe, einen von Papa und einen von Oma. Im ersten Brief bittet mein Vater meine Oma »demütigst um Erlaubnis«, mich und meinen Bruder zu einem Familienausflug nach Göteborg entführen zu dürfen. Oma antwortet, dass sie einverstanden sei, doch dass sie hoffe, beim nächsten Mal etwas früher darüber informiert zu werden, was mit den Kindern geplant sei – nicht erst am selben Tag!

her hatte das Häuschen zur Ausnüchterung von Trunkenbolden gedient, die es nach einem ausgiebigen Trinkgelage nicht mehr bis nach Hause geschafft hatten.

Opa stand im Restaurant hinter der Bar und hatte somit die Kontrolle über alle edlen Tröpfchen. Zu Weihnachten rührte er uns immer *mumma* an, ein Mixgetränk aus Porter-Bier, Portwein, Wein und Limonade. Oma war das Herzstück der Familie, in ihren Armen fühlten wir Kinder uns geborgen. Sie war diejenige, mit der wir Hausaufgaben machten und die uns zum Fußballtraining oder zum Turnen fuhr. Und sie war eine begnadete Köchin. Natürlich war auch Papa ein guter Koch, doch seine Gerichte erschienen uns irgendwie überkandidelt. Bei Oma gab es Hausmannskost wie Grünkohlsuppe und *äggakaga* (schonische Eierkuchen).

Die Ramlösa-Quelle sprudelt noch immer aus einer Felswand. Wenn man das Wasser direkt aus der Quelle trinkt, schmeckt es so mineralisch und eisenhaltig, als würde man an einem Nagel lutschen. Als Kind habe ich mit den Eisenablagerungen gespielt und auf Mauern und Wänden rostrote Nachrichten hinterlassen.

Wer es wie ich zu seinem Beruf gemacht hat, in anderen die Lust aufs Essen zu wecken, muss auch die eigene Lust wachhalten. Lust empfinde ich nicht nur, wenn ich mich an meinem ultimativen Lieblingsort aufhalte, auch das Zubereiten von Gerichten unter ganz einfachen Bedingungen entfacht in mir diese Lust. Wer meine Küche sieht, ist meist verblüfft darüber, dass sie das absolute Gegenteil eines sterilen Kochlabors mit riesigem Maschinenpark und glänzenden Oberflächen ist. Ich besitze keinen Induktionsherd, keine Edelstahlküchenmaschine – ja, nicht einmal eine Spülmaschine. Bei mir gibt es nur einen alten Elektroherd und eine schon etwas angegraute Küchenmaschine. Die Dunstabzugshaube knattert, regelmäßig fliegt die Sicherung raus und die Beleuchtung könnte definitiv auch besser sein. Aber hier kann ich am besten arbeiten, und hier wurden auch sämtliche

Gerichte für dieses Buch gekocht. Es ist für mich sehr beruhigend zu wissen, dass die Rezepte, die ich nun mit Ihnen teile, wirklich in jeder Küche zubereitet werden können – schließlich war es ja auch in meiner »Schrottküche« möglich. Alle sind also unter Bedingungen, die man vielleicht als Worst-Case-Szenario bezeichnen könnte, garantiert probegekocht!

Ich hoffe, dass Sie dieses Buch neben einer guten Pfeffermühle und einem scharfen Messer in der Küche zu Ihrem neuen Lieblingswerkzeug küren. Ich wünsche mir, dass es einen Platz mitten auf der Arbeitsplatte erhält und bald voller Flecken, Eselsohren und kleiner Notizen ist.
Es war mir ein großes Anliegen, dieses Buch so ehrlich und aufrichtig wie möglich zu gestalten. Die Fotos sollte man regelrecht schmecken und alle Zutaten auf dem Teller riechen können. Wenn ein Gericht braun ist, sieht es auch auf dem Bild braun aus. Nichts ist geschönt, alles ist echt und ungekünstelt.
Ich bin auf diesen dicken Wälzer sehr stolz, und es macht mich glücklich, dass Sie ihn nun in Händen halten. Ich hoffe inständig, dass Sie vieles nachkochen und viele neue Lieblingsgerichte entdecken werden. Sollte das Buch in Ihrem Wohnzimmer landen, habe ich definitiv etwas falsch gemacht!

Tina

HEJ

Hier überprüfen mein Kochkollege Benny Cederberg und ich gerade die Rezepte, nehmen hier und da kleine Veränderungen vor und haken ab, was der Fotograf Charlie Drevstam schon abgelichtet hat. Dabei probieren und naschen wir natürlich auch!

Gemüse

Kann man eine Zutat lieben?
Und liebt sie mich auch?

Steckrüben statt Gummibärchen

ALS ICH KLEIN WAR, schenkten mir meine Großeltern mütterlicherseits ein eigenes kleines Stück Land. Ich war total stolz auf dieses Fleckchen Erde und plante ganz genau, was ich dort im nächsten Frühjahr anbauen wollte. Rechts sollten die Möhren und links die Rote Bete wachsen, ja, und für Dill musste es auch unbedingt ein Eckchen geben.

Noch heute kann ich mich genau an den Geschmack der ersten Möhre erinnern, die ich aus der Erde zog. Ehrlich gesagt, weiß ich nicht mehr, ob das wirklich meine oder die Möhre meiner Großeltern war, aber dieser Geschmack! Ich habe sie nur ein bisschen abgebürstet und dann hineingebissen. Dreck reinigt ja bekanntlich den Magen.

Meine Großeltern hatten in Västra Karup einen Hof mit Milchvieh, der schön auf einem Hügel lag. Die Aussicht auf den Küstenort Båstad war und ist noch immer grandios. Heute leben meine Tante und meine Mutter dort. Ich weiß noch genau, wie es bei Oma und Opa gerochen hat, wenn wir zu Besuch kamen. Es duftete nach Heu und leicht nach Kühen. Die Küche war riesig, und die ehemals weiß lackierten Schubladen waren abgeblättert. Ich liebte diese Küche mit dem weißen Sofa und der kleinen Häkeldecke, unter die Opa immer schlüpfte, wenn er Mittagsschlaf hielt, und die heute bei mir das Küchensofa ziert.

Omas Spezialität waren *skorpor*, die schwedischen Biscotti. Sie lagerten immer dort, wo die großen Platten verstaut waren, und

wurden von Tag zu Tag härter. Am Ende musste man sie zweimal in einen Saft tunken, um sie überhaupt noch irgendwie kauen zu können. Besonders die braunen Ränder der *skorpor* liebte ich.

Mit Freude erinnere ich mich auch an Omas Sagosuppe und die noch kuhwarme Milch, die wir bei Opa in der Milchkammer probieren durften. Lauwarm und sahnig verteilte sich die Milch wie ein heilender Balsam in der Mundhöhle, bevor sie den Hals herab in den Magen rann. Dieses Aroma von warmer, leicht süßer Milch in der Milchkammer werde ich nie vergessen.

Meine Großeltern bauten auch Kartoffeln, Möhren, Salat und Beeren an, und Oma kochte Tee aus Johannisbeerblättern oder getrockneten Holunderblüten. Wir Enkelkinder hatten natürlich reichlich Gelegenheit zu spielen. Oft ging es bei diesen »Spielen« jedoch im Grunde nur darum, bei all den vielen Aufgaben auf dem Hof behilflich zu sein. Zum Beispiel Kartoffeln zu setzen. Wir saßen dann hinten auf dem Traktoranhänger und unsere Beine baumelten über dem Acker, während die Setzkartoffeln eine Rinne zu uns herunterrollten und wir sie zur »Weiterfahrt« in die Erde in eine Klappe umladen durften.

Ich werde auch niemals vergessen, wie es war, wenn wir uns dann wieder nach Helsingborg aufmachten und Oma uns für die Fahrt anstelle von Süßigkeiten ein Stück Steckrübe mitgab! Wenn ich meinen Kindern für die Fahrt Steckrüben einpacken würde, würden sie mich entsetzt anstarren und für verrückt erklären. Schade eigentlich, denn ich mochte die Steckrüben und schätzte auch die Fürsorge meiner Oma.

All die Jahre als Köchin war ich regelrecht vom Glück verfolgt. In den Restaurants, in denen ich gearbeitet habe, verstand jeder sein Fach und konnte mir enorm viel Wissen über die verschiedenen Zutaten vermitteln. Topinambur zum Beispiel kann man schälen, muss man aber nicht. Bei dünnschaligen Exemplaren reicht es völlig aus, sie abzubürsten oder mit einem Löffel alle »Knubbel« abzuschaben. Lecker ist es, sie einfach zusammen mit einer ungeschälten, halbierten Knoblauchzehe im Ofen zu backen, denn durch das Backen entsteht mehr Süße und dann schmecken die Topinamburen fast wie karamellisiert.

Aus Mangel an Zeit liegt unser Gemüsebeet im Garten derzeit leider brach. Allerdings haben wir einen schönen Sauerkirschbaum (eine Glaskirsche), vier verschiedene Sorten an Weintrauben – zwei Reben im Gewächshaus und zwei im Freien in Südlage –, ein paar Feigenbäume und dann Kirsch-, Apfel- sowie

Pflaumenbäume, die aber leider nicht »auf meinem Mist« gewachsen sind, sondern von der Autorin und Gartendesignerin Christel Kvant aus Helsingborg gepflanzt wurden, in deren Haus wir nun wohnen. Bedauerlicherweise beschränkte sich unsere Gartenarbeit bisher auf das Fällen eines Apfelbaums, der einem Fußballtor im Weg stand. Die Früchte aus unserem Garten landen nicht im Einmachglas, sondern wandern direkt vom Baum oder Strauch in den Mund. Nicht einmal reife Äpfel hatten wir dieses Jahr, da die Kinder sie einfach unreif verspeist oder als Golfbälle missbraucht haben.

Ich träume davon, eines Tages nicht mehr im Tor zu stehen und Bälle ins Gesicht zu bekommen, sondern ausgestreckt im Spargelbeet zu liegen und Unkraut zu jäten. Keine wässrigen Pseudotomaten mehr kaufen zu müssen, sondern meine eigenen anzubauen. Also das volle Programm mit Samen, Erde und Wasser – Letzteres vergesse ich leider oft. Obwohl ich alle Voraussetzungen für eine richtige »Einmachtante« erfülle, scheitert es stets daran, dass ich beim Gießen zu nachlässig bin oder die Tomaten nicht rechtzeitig ernte und sie einfach von den Zweigen plumpsen. Die Weintrauben sind ein Trauerspiel, seit die Kinder

im Gewächshaus »Vater, Mutter, Kind« gespielt haben, und der Rhabarber wurde schon Mitte Juli vom Giersch überwuchert.

Doch warum sich grämen? Ich habe mich einfach auf das Züchten von Kräutern beschränkt, die weder viel Zeit noch viel Wasser brauchen. Solange die Kinder klein sind, wird das Kräuterbeet wohl meine einzige Chance auf echte Holzschuhromantik sein. In Holzschuhen und bewaffnet mit einer Schere schlage ich mich durch meinen Kräuterdschungel und ernte Rosmarin, Dill oder Salbei. Ich liebe dieses Gefühl und will mehr davon. Vielleicht wird daraus erst in ein paar Jahren etwas … hier sind auf jeden Fall schon mal meine Gemüserezepte!

TINAS TIPPS

BLANCHIEREN

Dazu Gemüse nur kurz in ungesalzenem Wasser kochen und dann rasch in kaltem Wasser oder Eiswasser abschrecken. Es empfiehlt sich, grüne Gemüsesorten oder Blattgemüse in Mineralwasser zu blanchieren, da dessen natürliche Salze das Chlorophyll und damit die grüne Farbe erhalten.

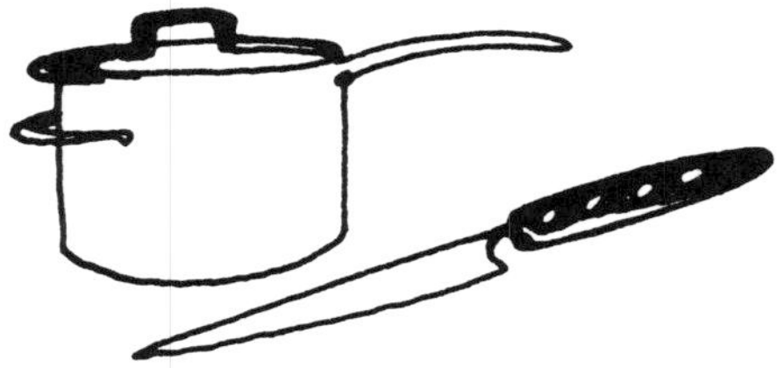

IN WENIG WASSER GAREN

Gemüse sollte beim Kochen nur knapp mit Wasser bedeckt sein. Im Gegensatz zum Blanchieren kann man das Wasser hier mit Salz, Pfeffer, etwas Zucker und Fett wie Butter oder einem hochwertigen Öl aromatisieren. Ganz nebenbei entsteht so eine leckere Brühe für Eintöpfe, Suppen, Risotto oder Saucen.

WURZELGEMÜSE IST KEINE WASSERRATTE

Legen Sie bei der Vorbereitung geschältes Wurzelgemüse nicht in eine Schüssel mit kaltem Wasser, bis es zum Einsatz kommt. Verwahren Sie es lieber in einem Frischhaltebeutel eingepackt im Gemüsefach des Kühlschranks. Ausnahme sind Schwarzwurzeln und Kartoffeln. Legen Sie diese am besten in kaltes Wasser (die Schwarzwurzeln mit etwas Zitronensaft), damit sie sich nicht verfärben.

REIFE UND UNREIFE AVOCADOS

Eine reife Avocado, die Sie nicht sofort essen möchten, sollte in den Kühlschrank wandern, da dort der Reifeprozess unterbrochen wird. Eine harte, unreife Avocado hingegen reift schneller, wenn Sie sie zusammen mit einem Apfel oder einer Banane in einen Frischhaltebeutel füllen. Äpfel und Bananen sondern das Gas Ethylen ab, welches den Reifeprozess beschleunigt.

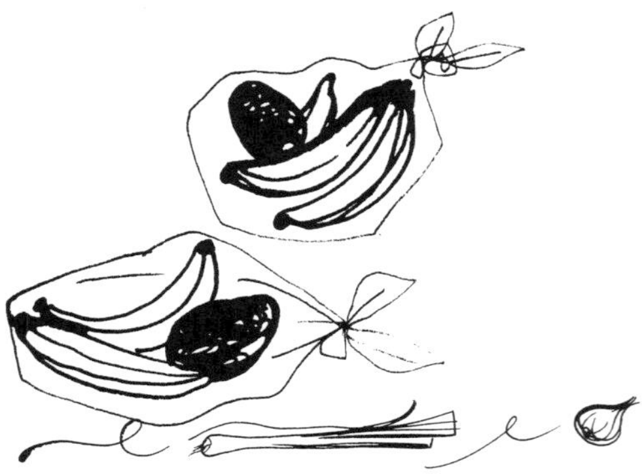

KAUFEN SIE SCHRUMPELIGE CHAMPIGNONS

Champignons, die schon leicht schrumpelig sind, enthalten weniger Wasser und schmecken deshalb besser. In der Restaurantschule haben wir Champignons übrigens immer mit Wasser und Mehl in einer Schüssel gereinigt. Das Mehl wirkt wie Schmirgelpapier und die Pilze nehmen so kaum Wasser auf. Nötig war diese intensive Reinigung aber nur, weil Champignons damals noch auf Pferdemist gezüchtet wurden!

IN DÜNNE SCHEIBEN SCHNEIDEN

Wenn Sie Gemüse in ganz dünne Scheiben schneiden möchten, empfiehlt sich dafür ein Gemüsehobel mit verschiedenen Einsätzen.

WAS SIE NOCH NICHT WUSSTEN

Den Unterschied zwischen einer Pastinake und einer Petersilienwurzel zu erkennen, ist ganz einfach – wenn man weiß, wie! Bei einer Pastinake wölbt sich der Stielansatz nach innen, bei einer Petersilienwurzel nach außen.

Schwarzwurzeln werden auch als Spargel des armen Mannes bezeichnet und erinnern geschmacklich tatsächlich leicht an milden Spargel.

Die Steckrübe heißt auch Schwedische Rübe und besitzt einen herbsüßen Kohlgeschmack. Im Ersten Weltkrieg rettete sie viele Deutsche im sogenannten Steckrübenwinter 1916/1917 nach einer schlechten Kartoffelernte vor dem Hungertod.

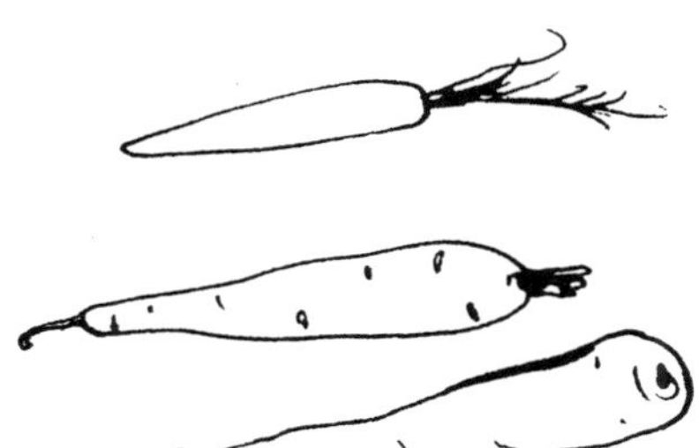

BACKEN INTENSIVIERT

Beim Backen im Ofen wird das Aroma von Wurzelgemüse konzentriert. Eine im Ofen gebackene Möhre schmeckt also intensiver nach Möhre als eine gekochte.

1.

1. Waldorfsalat

Dieser Salatklassiker wurde im Hotel Waldorf Astoria in New York erfunden und schmeckt eigentlich auch dort am besten – wenn da nicht meine Variante wäre! Waldorfsalat eignet sich am besten als Vorspeise.

FÜR 4 PERSONEN

½ Knollensellerie
3 Stangen Staudensellerie
2 feste Birnen
Olivenöl
Meersalz, frisch gemahlener Pfeffer

DRESSING:

130 g Walnusskerne
100 g Mayonnaise (s. S. 109)
100 g Sahne
1 TL Worcestersauce
1 Prise Salz

UND SO GEHT'S:

1. Knollensellerie schälen, zuerst in Scheiben und dann in dünne Streifen schneiden. Den Staudensellerie schräg in Stücke schneiden. Beide Selleriesorten etwa 30 Sekunden in kochendem Wasser blanchieren. Abgießen, kalt abschrecken und trocken tupfen.
2. Den Backofen auf 220 °C vorheizen und die Walnusskerne darin kurz rösten, bis sie zu duften beginnen. Einen Nusskern probieren, um festzustellen, ob er schon fertig geröstet ist. Die Nusskerne hacken.
3. Die restlichen Dressingzutaten verrühren und die Walnusskerne untermengen.
4. Die Birnen mit einem Käse- oder Gemüsehobel in dünne Scheiben schneiden. Auf einer größeren Platte oder auf Serviertellern anrichten, mit wenig Öl beträufeln und leicht salzen und pfeffern.
5. Den Sellerie im Dressing wenden und auf den Birnen anrichten. Sofort servieren.

2. Chicoréesalat mit Birne, Grapefruit und Haselnüssen

Im Winter haben Grapefruits Saison und sind daher preisgünstig. Servieren Sie den Salat als sättigende Variante mit etwas gekochtem Bulgur, Couscous oder Zartweizen. Sensationell schmeckt der Salat auch zu einer Käseplatte – lassen Sie die Weintrauben dann weg und genießen Sie sie einfach in flüssiger Form!

FÜR 4 PERSONEN

1 Orange
1 Zitrone
1 rote Grapefruit
1 Birne
2 Chicorée
1 Kästchen Brunnenkresse oder Kresse oder 50 g frischer Spinat
150 g Haselnusskerne, geröstet (s. S. 28)

DRESSING:

75 ml Olivenöl
½ Schalotte, fein gehackt
2 Prisen Salz
1 Prise frisch gemahlener Pfeffer

UND SO GEHT'S:

1. Orange, Zitrone und Grapefruit filetieren, dabei den Zitrussaft für das Dressing auffangen. Die Birne in dünne Scheiben schneiden.
2. Alle Dressingzutaten mit dem aufgefangenen Zitrussaft verquirlen.
3. Chicorée waschen, die Blätter ablösen und in eine Schüssel mit Eiswasser legen (so bleibt der Salat knackig und wird weniger bitter). Auf Küchenpapier abtropfen lassen, dann mit den Zitrusfrüchten, der Birne und der Kresse mischen. Auf einer Platte anrichten.
4. Den Salat mit dem Dressing beträufeln und mit den gerösteten Haselnüssen bestreuen.

3. Caesar Salad

Urheber dieses köstlichen Salatklassikers war der italienisch-mexikanische Koch Cesare Cardini. Er erfand ihn in den 1920er-Jahren aus der Not heraus, als einmal mehr Gäste als erwartet im Restaurant erschienen waren. Das Dressing ist der Hammer und schmeckt auch zu gedämpftem Fisch oder Roastbeef.

FÜR 4 PERSONEN

2 kleine Köpfe Romanasalat, grob gezupft

CAESAR-DRESSING:

2 Knoblauchzehen
2 sehr frische Eigelb
7 eingelegte Sardellenfilets
60 g Parmesan, gerieben
abgeriebene Schale und Saft von ½ Bio-Zitrone
150 ml Olivenöl
je 1 Prise Salz und frisch gemahlener Pfeffer

CROÛTONS:

4 Scheiben Weißbrot
2 EL Olivenöl
1 Prise Salz

UND SO GEHT'S:

1. Den Backofen auf 200 °C vorheizen.
2. Für das Dressing Knoblauch, Eigelbe und Sardellen glatt pürieren. Parmesan, Zitronenschale und -saft hinzufügen und alles einige Sekunden weiterpürieren. Bei laufendem Motor nach und nach das Öl hineinträufeln, für eine sämigere Konsistenz mehr Öl dazugeben. Mit Salz und Pfeffer würzen.
3. Das Brot in grobe Stücke reißen und auf ein Backblech legen. Mit Öl beträufeln, salzen und 4–6 Minuten im Ofen goldbraun rösten.
4. Das Dressing unter die Salatblätter heben, den Salat auf einer Platte oder auf Tellern anrichten und mit den Croûtons bestreuen. Den Salat solo oder zu Hähnchen, Rindfleisch oder Schinken servieren.

4. Kressesalat mit Kokos und Limette

Als ich klein war, hat meine Mutter manchmal Kokosnüsse für meinen Bruder und mich gekauft – für jeden eine. Es dauerte lange, bis wir die Nüsse geknackt hatten, und noch länger, bis wir sie aufgegessen hatten, sodass sie zum Schluss schon leicht trocken waren.

Mirin ist ein süßer Reiswein, der in der japanischen Küche häufig zum Einsatz kommt. Wenn Sie partout keine Brunnenkresse bekommen, nehmen Sie stattdessen einfach Babyspinat und ein Kästchen Kresse.

FÜR 4 PERSONEN

70 g Brunnenkresse oder Babyspinat
10 g frisches Kokosnussfleisch, fein gehobelt (mit dem Sparschäler)
2 Limetten, geschält und in dünne Scheiben geschnitten

MIRIN-DRESSING:

3 EL Olivenöl
2 EL Mirin (süßer japanischer Reiswein)
1 EL japanische Sojasauce
1 EL frisch gepresster Limettensaft
frisch gemahlener Pfeffer

UND SO GEHT'S:

1. Alle Dressingzutaten verquirlen.
2. Brunnenkresse, Kokosnuss und Limetten auf Tellern anrichten und mit dem Dressing beträufeln.
3. Schmeckt zum Beispiel zu Frikadellen.

NÜSSE UND MANDELN RÖSTEN

Geröstet schmecken Nüsse und Mandeln noch einen Hauch besser. Geben Sie sie dafür einfach auf ein mit Backpapier ausgelegtes Backblech und rösten sie bei 220 °C 7–10 Minuten im Backofen.

2.

3.

4.

5.

5. Zucchinisalat mit Zuckerschoten und Zitronendressing

Hier spielt das gekochte Zitronendressing die erste Geige – ein sensationelles Dressing, das zu fast allem passt. Im Unterschied zu anderen Vinaigrettes enthält dieses Dressing mehr als nur Öl und Essig.

FÜR 4 PERSONEN

1 Zucchini
250 g Zuckerschoten
½ Bund glatte Petersilie, Blätter grob gezupft
1 Prise Meersalz

ZITRONENDRESSING:

1 EL Honig
abgeriebene Schale und Saft von 1 Bio-Zitrone
½ Schalotte, fein gehackt
3 EL Rapsöl
Salz, frisch gemahlener Pfeffer

UND SO GEHT'S:

1. Die Zucchini mit einem Gemüse- oder Käsehobel längs in feine Scheiben schneiden. Die Zuckerschoten schräg in Streifen schneiden. Gemüse und Petersilie in eine Schüssel geben und salzen. Behutsam mischen und beiseitestellen.
2. Für das Dressing 150 ml Wasser, Honig, Zitronenschale und -saft sowie Schalotte in einem Topf aufkochen und um die Hälfte einkochen. Das Rapsöl hinzufügen, alles salzen und pfeffern und umrühren. Das Dressing abkühlen lassen.
3. Den Zucchinisalat mit dem abgekühlten Zitronendressing mischen und auf einer Platte anrichten.
4. Im Sommer gerne zu gegrilltem Schweinefleisch servieren.

6. Salat mit Tomate, Büffelmozzarella und Basilikum

Die Inspiration für diesen Salat lieferte mir das grandiose Kopenhagener Restaurant *Paté Paté* (na ja, Inspiration ist gut gesagt … wenn ich ehrlich bin, habe ich das Rezept geklaut!). Er besteht aus nur wenigen Zutaten, doch die harmonieren einfach perfekt – und die gebräunte Butter macht süchtig! Mit Aufschnitt ein toller Salat für ein großes Fest.

FÜR 4 PERSONEN

600 g Tomaten, am besten verschiedene Sorten
4 Kugeln Büffelmozzarella (à etwa 125 g)
75 g Butter
Saft von ½ frisch gepressten Zitrone
1 Bund Basilikum, Blätter abgezupft
Salz, frisch gemahlener schwarzer Pfeffer

UND SO GEHT'S:

1. Die Tomaten in Scheiben oder Stücke schneiden. Den Mozzarella in grobe Stücke zupfen und beides auf einer Platte anrichten.
2. Die Butter in einer Pfanne bräunen (siehe unten).
3. Den Salat mit Zitronensaft beträufeln, mit der Butter übergießen und mit Basilikumblättern bestreuen. Salzen und pfeffern.
4. Den Salat sofort servieren, heiß oder lauwarm – je nach Belieben.

BUTTER BRÄUNEN

Keine Bange – Butter zu bräunen ist ein Kinderspiel! Zuerst schmilzt sie, dann blubbert sie und schließlich bräunt sie ganz langsam. Salz und Schwebeteile sinken dabei nach unten und oben schwimmt die goldbraune Butter.

6.

7.

7. Thailändischer Kohl-Sellerie-Salat

Mit dieser spontanen Rezeptidee wollte ich gewöhnlichem Chinakohl ein wenig mehr Schwung verleihen und all diejenigen verführen, die Chinakohl eigentlich grässlich finden. Chinakohl ist ein fantastisches Gewächs, das sich braten lässt, ohne labbrig und schlaff zu werden. Probieren Sie diesen Salat einmal zu Grillfleisch oder Fisch! Er schmeckt solo und in Begleitung wundervoll.

FÜR 4 PERSONEN

1 Stange Staudensellerie
½ Chinakohl
½ rote Chilischote, Samen entfernt
1 EL geröstetes Sesamöl
2 EL Sesamsaat
1 EL Fischsauce
1 EL Reisessig
1 EL Mirin (süßer japanischer Reiswein)
einige Cashewkerne, gehackt (nach Belieben)

UND SO GEHT'S:

1. Den Staudensellerie und den Chinakohl in dünne Streifen schneiden. Die Chilischote in Ringe schneiden.
2. Das Sesamöl in einer Pfanne erhitzen und Sellerie, Chinakohl, Chilischote und Sesamsaat darin kurz scharf anbraten.
3. Das Gemüse in eine Schüssel füllen und Fischsauce, Essig und Mirin unterrühren. Wer will, kann den Thai-Salat noch mit gehackten Cashewkernen bestreuen.

8. Sahniger Salat mit Johannisbeeren

Ich liebe Sahnedressings, denn die Säure der Zitrone und das Fett der Sahne ergänzen sich wunderbar. Zerteilen Sie die Salatherzen wie auf dem Foto, dann bleibt der Salat gut erkennbar und fällt unter dem Dressing nicht zu einem undefinierbaren Haufen zusammen. Köstlich zu gegrilltem Schweinefleisch. Essen Sie ihn, wenn Sie die Sehnsucht nach Sommer überkommt!

FÜR 4 PERSONEN

2 Kopfsalatherzen
125 g Johannisbeeren oder andere rote Beeren

SAHNEDRESSING:

200 g Sahne
3 EL frisch gepresster Zitronensaft
½ EL Zucker
Salz, frisch gemahlener Pfeffer

UND SO GEHT'S:

1. Die Salatherzen waschen und der Länge nach halbieren.
2. Die Dressingzutaten verrühren, bis die Sauce aufgrund der Zitronensäure leicht eindickt. Mit Salz und Pfeffer würzen.
3. Salat und Johannisbeeren im Dressing wenden und auf einer Platte anrichten.

BEEREN IM SALAT

Frische Beeren verleihen nahezu jedem Salat eine wundervoll frisch-fruchtige Note.

8.

9.

9. Kohlrabisalat mit Fenchel, Minze und Ahornsirup

Salate wie diesen liebe ich: Mithilfe von wenigen Zutaten und ein paar einfachen Handgriffen kann man sich damit in eine Küchengöttin oder einen Küchengott verwandeln! Ein feiner Gemüsehobel kostet nicht mehr als ein gutes Essen im Restaurant und erleichtert die Arbeit ungemein. Bereiten Sie am besten gleich einen großen Schwung Ahornsirupdressing zu, denn es lässt sich für viele Salate verwenden.

FÜR 4 PERSONEN

2 Kohlrabi
1 Fenchel
10–15 frische Minzeblätter

AHORNSIRUPDRESSING:

abgeriebene Schale von 1 Bio-Zitrone
Saft von ½ frisch gepressten Zitrone
1½–2 EL Ahornsirup
3 EL Olivenöl
Salz, frisch gemahlener Pfeffer

UND SO GEHT'S:

1. Die Schale vom Kohlrabi dick abschälen. Den Fenchel putzen. Beides mit einem Gemüsehobel in dünne Scheiben schneiden und in einen Frischhaltebeutel füllen.
2. Alle Zutaten für das Dressing verquirlen und mit in den Beutel geben. Den Beutel mit einem Knoten verschließen, schütteln und das Dressing leicht in das Gemüse einreiben.
3. Die Minze grob hacken. Den Salat auf einem Teller anrichten und mit Minze bestreuen.
4. Der Kohlrabisalat passt zu jedem leckeren Mittagessen!

10. Krautschichtsalat

Sieht dieser Picknicksalat im Glas nicht hinreißend aus? Leicht zu machen, superköstlich und gut zu transportieren. Einfach nur alle Zutaten hineinschichten, Deckel drauf und ab in den Kühlschrank! Das perfekte Mitbringsel für ein Grillfest! Bei den Kohlsorten haben Sie die freie Wahl.

FÜR 8 PERSONEN

1 kleine rote Zwiebel
¼ Wirsing
¼ Weißkohl
¼ Rotkohl
1 Chicorée
1 Bund glatte Petersilie, Blätter abgezupft

SENFDRESSING:

2½ EL Dijonsenf
2 EL Rotweinessig
1 sehr frisches Eigelb
1 Knoblauchzehe, gerieben
200 ml Rapsöl
1 TL Salz, frisch gemahlener Pfeffer

UND SO GEHT'S:

1. Die Zwiebel schälen. Alle drei Kohlsorten, Chicorée und Zwiebel mit einem Gemüsehobel in dünne Scheiben schneiden und mit der Petersilie in ein großes Einmachglas schichten.
2. Für das Dressing Senf, Essig, Eigelb und Knoblauch verrühren, dann das Öl tröpfchenweise unter Rühren hinzufügen, bis das Dressing andickt. Mit Salz und Pfeffer würzen, in eine Flasche füllen und verschließen.
3. Zum Servieren das Dressing über die Zutaten im Glas gießen, das Glas verschließen und gut schütteln, bis alles vermischt ist.
4. Den Krautsalat zum Beispiel zu Wurstwaren und Brot servieren. Im Kühlschrank hält er sich eine Woche.

10.

11. Tomatensuppe mit Chili und gebackener Aubergine

Hier ein wunderbares Grundrezept für eine Tomatensuppe, die mit weiteren Zutaten abgewandelt werden kann. Auberginen haben mitunter kaum Eigengeschmack, im Ofen gebacken entfalten sie jedoch ihre süßen Anteile. Der Geschmack intensiviert sich, die Konsistenz wird herrlich weich und zart und erzeugt dieses leichte Kitzeln ganz hinten an Ihrem Gaumen. Eine sättigende, mäßig scharfe Suppe mit reichlich Olivenöl, denn hier wird es nicht nur zum Braten, sondern auch zum Abschmecken verwendet.

FÜR 4 PERSONEN

3 Schalotten
2 Knoblauchzehen
½ rote Chilischote, Samen entfernt
10 große Tomaten (etwa 1 kg)
50 ml hochwertiges Olivenöl
3 Zweige Thymian, Blätter abgezupft, oder ½ EL getrockneter Thymian
1 Dose geschälte Tomaten (etwa 400 g)
Saft von ½ frisch gepressten Zitrone
1 TL Zucker
2 TL Salz, frisch gemahlener Pfeffer
Parmesan, gehobelt, zum Servieren

GEBACKENE AUBERGINE:

1 Aubergine
Olivenöl zum Braten
Salz, frisch gemahlener Pfeffer
1 Zweig Thymian, Blätter abgezupft

UND SO GEHT'S:

1. Die Schalotten schälen und in Scheiben schneiden. Die Knoblauchzehen schälen und mit einer Messerklinge zerdrücken. Die Chilischote in Streifen schneiden.
2. Die Tomaten in Stücke schneiden und in etwas Öl in einem Topf anschwitzen. Schalotten, Knoblauch, Chilischote und Thymian hinzufügen.
3. Dann 500 ml Wasser, Dosentomaten samt Saft, Zitronensaft, Zucker und Salz dazugeben (2 TL Salz wirken vielleicht etwas reichlich, doch die Säure der Tomaten macht viel Salz erforderlich). Die Suppe auf mittlerer Stufe 15–20 Minuten köcheln lassen.
4. Den Backofen auf 220 °C vorheizen.
5. Die Aubergine in lange Stifte schneiden. Das Öl in einer Pfanne erhitzen und die Aubergine darin goldbraun braten. Salzen und pfeffern, in eine Auflaufform setzen und 10 Minuten im Ofen backen.
6. Die Auberginenstifte in eine Schüssel geben und grob zerstampfen. Etwas Öl hineinträufeln, mit Salz, Pfeffer und Thymian würzen.
7. Die Suppe heiß mit gebackenen Auberginen und gehobeltem Parmesan servieren.

PASST AUCH ALS SAUCE ZU SCHWEINERIPPCHEN

Diese Suppe kann man auch über in Scheiben geschnittenen Schweinenacken, den man zuvor braun angebraten hat, gießen und dann bei 150 °C im Ofen etwa 40 Minuten backen.

12.

13.

12. Gazpacho

In einem der Restaurants, in dem ich gearbeitet habe, wurde Gazpacho in einer Küchenmaschine manchmal stundenlang gerührt, um die Zutaten schonend zu zerkleinern und nicht einfach zu pürieren. Und das schmeckte so gut! Dieses Rezept ist für uns Normalsterbliche, die keine 40-Liter-Küchenmaschine besitzen. Servieren Sie die Gazpacho kalt, zimmerwarm oder heiß mit einem Klecks Crème fraîche. Je länger sie durchzieht, desto besser, bereiten Sie sie also einen Tag im Voraus zu. Mit gutem Brot servieren.

FÜR 8 PERSONEN

2 Salatgurken
2 Schalotten
2 Knoblauchzehen
4 Scheiben frisches Weißbrot, entrindet
6 Strauchtomaten
je 1 rote und orangefarbene Paprikaschote, Stielansatz, Samen und Scheidewände entfernt
50 ml Olivenöl
3 EL Rotweinessig
250 ml Tomatensaft
4 EL gehacktes Koriandergrün
Saft von ½ frisch gepressten Zitrone
4 Spritzer roter Tabasco
1 TL Zucker
1 TL Salz, frisch gemahlener Pfeffer

UND SO GEHT'S:

1. Gurken, Schalotten und Knoblauchzehen schälen und mit Brot, Tomaten und Paprikaschoten in grobe Stücke schneiden.
2. Öl, Essig, Tomatensaft, Koriander, Zitronensaft, Tabasco und Zucker verrühren. Das Gemüse in die Marinade einlegen und darin 2 Stunden im Kühlschrank ziehen lassen.
3. Danach alles in mehreren Portionen pürieren und mit Salz und Pfeffer würzen.

13. Topinambursuppe mit *Toast Greta*

Diese Suppe macht süchtig und war daher lange Zeit auf den Speisekarten vieler schwedischer Restaurants fast inflationär vertreten. Der schwedische Klassiker *Toast Greta*, auch *Biff Greta* genannt, ist eine Erfindung der Köchin Lovisa Svanberg, die ihn einmal für Greta Odén, die Frau des Chefsommeliers des Stadthotels in Karlsbad, zubereitet hat.

FÜR 4 PERSONEN

TOPINAMBURSUPPE:

600 g Topinambur
Saft von ½ frisch gepressten Zitrone
1 Zwiebel
2 Knoblauchzehen
Öl zum Braten
100 g Sahne
400 ml Milch
1½ TL Salz, frisch gemahlener Pfeffer

TOAST GRETA:

250 g vorwiegend festkochende Kartoffeln
400 g Rinderfilet
1 Schalotte
Butter zum Braten
Salz, frisch gemahlener Pfeffer
1 EL Dijonsenf
3 EL gehackte Petersilie
4 Scheiben Weißbrot

UND SO GEHT'S:

1. Die Topinambur-Knollen schälen und in kleine Stücke schneiden (ist die Schale hell und dünn, reicht es, sie nur mit einer Wurzelbürste abzureiben). Um eine Braunfärbung zu vermeiden, die Knollen sofort mit etwas Zitronensaft in Wasser legen. Zwiebel und Knoblauchzehen schälen und in Scheiben schneiden.

2. Topinambur, Zwiebel und Knoblauch in wenig Öl anschwitzen. Sahne, Milch, 600 ml Wasser, Zitronensaft und Salz hinzufügen und alles 15–20 Minuten kochen.
3. Die Suppe im Topf mit einem Stabmixer glatt pürieren und leicht pfeffern.
4. Für den Toast Kartoffeln schälen und ebenso wie das Filet würfeln. Schalotte schälen und in Scheiben schneiden. Kartoffelwürfel in Butter goldbraun braten. Fleisch und Schalotte hinzufügen und alles braten, bis Kartoffeln und Fleisch gar sind. Salzen und pfeffern, dann Senf und Petersilie unterrühren.
5. Die Brotscheiben toasten und die Greta-Mischung auf den Scheiben verteilen. Die Toasts sofort zur heißen Suppe servieren.

14. Pilzsuppe mit Ziegenkäse und Thymiansahne

Durch den Ziegenkäse erhält diese simple Pilzsuppe eine ganz besondere Note. Das mit der Sahne als Garnitur ist zwar 1980er-Jahre-Style, doch genau so liebe ich es – und Sie bestimmt auch.

FÜR 4 PERSONEN

700 g gemischte Pilze
2 Schalotten
4 Knoblauchzehen
200 g Ziegenkäserolle
Öl und Butter zum Braten
200 g Sahne
200 ml Milch
1 TL frisch gepresster Zitronensaft
½ TL Zucker
Salz, frisch gemahlener Pfeffer
100 g Sahne, leicht geschlagen
2 Zweige Thymian, Blätter abgezupft
1 Prise Meersalz

UND SO GEHT'S:

1. Die Pilze säubern.
2. Die Schalotten schälen und in feine Scheiben schneiden. Die Knoblauchzehen schälen und mit einer Messerklinge zerdrücken (siehe unten). Den Käse entrinden.
3. Die Hälfte der Pilze mit den Schalotten und 2 Knoblauchzehen in Öl anschwitzen. 500 ml Wasser, Sahne, Milch, Zitronensaft, Zucker und 1 TL Salz hinzufügen und die Suppe 10–15 Minuten köcheln lassen.
4. Den Käse hineinbröckeln und in der Suppe schmelzen lassen, dann den Topf vom Herd nehmen. Die Suppe leicht pfeffern.
5. Die übrigen Pilze mit den restlichen Knoblauchzehen in Butter braten und mit Salz und Pfeffer würzen. Die Suppe auf Teller verteilen, mit den gebratenen Pilzen bestreuen, mit Sahne garnieren und mit Thymian und Meersalz würzen. Sofort servieren.

KNOBLAUCH ZERDRÜCKEN

Wer es eilig hat, braucht Knoblauch nicht unbedingt fein zu hacken oder durchzupressen. Zerdrücken Sie ihn zum Beispiel einfach mit einer Messerklinge und braten Sie ihn dann in Butter oder Öl an. Geschmacklich bleibt es dasselbe.

14.

15.

15. Libanesische Linsensuppe

Meine Tochter und ich lieben Linsen. Jeder, der Linsen für eine braune Pampe hält, sollte schnellstens umdenken! Sie sind lecker, preiswert und höchst vielseitig. Als Sauce zu Dorschfilet aus dem Ofen schmeckt diese Suppe ebenfalls köstlich.

FÜR 4 PERSONEN

1 Zwiebel
4 Knoblauchzehen
250 g Beluga- oder Puy-Linsen
1 TL gemahlener Kreuzkümmel
1 TL Paprikapulver
1 Prise Cayennepfeffer
je ½ TL Salz und frisch gemahlener Pfeffer
2 EL Olivenöl
500 ml Tomatensaft
Saft von ½ frisch gepressten Zitrone
1½ EL gehackte Petersilie

UND SO GEHT'S:

1. Die Zwiebel schälen und fein hacken. Den Knoblauch schälen und in feine Scheiben schneiden.
2. Zwiebel, Knoblauch, Linsen und Gewürze in einen Topf geben, mit etwas Öl beträufeln und wenige Minuten anschwitzen.
3. Den Tomatensaft und 750 ml Wasser zugießen und alles zugedeckt zum Kochen bringen. Dann den Deckel abnehmen und die Suppe offen etwa 20 Minuten köcheln lassen – die Garzeit hängt von der Linsenart ab.
4. Mit Zitronensaft abschmecken und mit gehackter Petersilie bestreuen. Die Suppe heiß mit Brot servieren, zum Beispiel mit Manitoba-Baguette (s. S. 268).

16. Weiße Spargelsuppe mit Salami und Brot

Ich traue mich kaum, es zu sagen, doch für eine weiße Spargelsuppe ist Dosenspargel einfach genial. Diese Suppe kann jeder zubereiten. Punkt, Ende, aus!

FÜR 4 PERSONEN

1 Schalotte
2 Knoblauchzehen
Olivenöl zum Braten
2 Dosen weißer Spargel mit Sud (à etwa 330 g)
300 g Sahne
400 ml Milch
1 TL Salz
Saft von ½ frisch gepressten Zitrone
etwa 8 Scheiben Salami
4 Scheiben Ciabatta oder ähnliches Brot mit feiner Kruste

UND SO GEHT'S:

1. Die Schalotte schälen und hacken. Knoblauch schälen und zerdrücken. Schalotte und Knoblauch in etwas Öl anschwitzen.
2. Den Spargel hinzufügen, Spargelsud, Sahne, Milch, Salz und Zitronensaft dazugeben und alles 10–15 Minuten köcheln.
3. Die Suppe mit einem Stabmixer im Topf glatt pürieren und auf Suppenteller verteilen. Die Salami und das Brot in Stücke reißen und die Suppe damit garnieren. Heiß servieren. Sie können die Suppe auch über ein Fischfilet gießen und das Ganze im Ofen backen.

NUR GUTES BROT FÜR DIE SUPPE

Am besten schmeckt eine Suppe mit ganz frischem Weißbrot. Gutes Brot erkennen Sie daran, dass es in einer Suppe die Form hält – schlechtes Brot löst sich auf und wird breiig.

16.

18.

17. Minestrone mit weißen Bohnen, Safran und Kreuzkümmel

Meine Variante der italienischen Gemüsesuppe enthält Safran, Kreuzkümmel, Bohnen und Linsen. Ein paar vorgegarte Wirsingblätter machen sich auch gut in der Minestrone. Oder Sie können leckere Würste braten, in Scheiben schneiden und in der Suppe kurz mitköcheln lassen. Vegetarier dürfen Sie dann allerdings nicht zu Tisch bitten!

FÜR 4 PERSONEN

1 Möhre
1 Pastinake
1 Zwiebel
2 Knoblauchzehen
2 Stangen Staudensellerie
½ g Safranfäden
2 TL Kreuzkümmelsamen oder 1 TL gemahlener Kreuzkümmel
80 g Beluga- oder Puy-Linsen
2 EL Olivenöl
1 Dose weiße Bohnen (etwa 400 g)
1 TL Meersalz, frisch gemahlener Pfeffer

UND SO GEHT'S:

1. Möhre und Pastinake schälen und in Stücke schneiden. Die Zwiebel schälen und fein hacken, die Knoblauchzehen schälen und zerdrücken. Den Sellerie schräg in möglichst dünne Scheiben schneiden.
2. Gemüse, Safran, Kreuzkümmel und Linsen in etwas Öl anschwitzen, 700 ml Wasser zugießen und alles zugedeckt köcheln, bis die Linsen gar sind. Die weißen Bohnen ohne Sud hinzufügen. Salzen und pfeffern.
3. Die Suppe heiß und zum Beispiel mit einer Scheibe Brie oder einem Klecks Ricotta und gutem hellen Sauerteigbrot servieren.

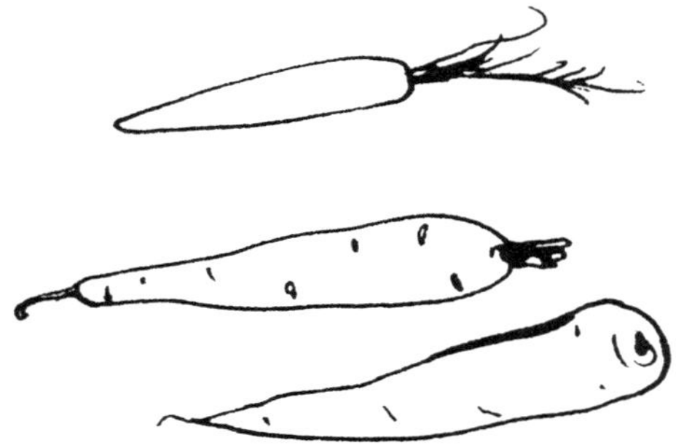

MEINE GEMÜSEBRÜHE

Sei es Suppe, Risotto, Eintopf oder Sauce – das Wasser darin lässt sich herrlich durch eine selbst gemachte Brühe ersetzen. Auch Gemüse kann man in dieser Brühe kochen, wie zum Beispiel Blumenkohl (s. S. 65).

1 Pastinake, in Stücke geschnitten
1 Möhre, in Stücke geschnitten
4–5 Stangen Staudensellerie, in Scheiben geschnitten
1 Zwiebel, gewürfelt
3 Knoblauchzehen
3–4 getrocknete Pflaumen (Backpflaumen)
1 Bund Petersilie und Estragon
3 Sternanis
4–5 weiße Pfefferkörner
½ TL Salz

UND SO GEHT'S:

Alle Zutaten in einen Topf füllen, mit Wasser knapp bedecken und etwa 1 Stunde langsam köcheln lassen. Die Brühe abseihen und im Kühlschrank abkühlen lassen.

18. Grünkohlsuppe

In der Schulmensa liebte ich die Grünkohlsuppe, weil es danach immer Birneneis zum Nachtisch gab. Es geht aber nichts über die Grünkohlsuppe meiner Oma mit Eiern und ihren tollen Frikadellen. Die Muskatnuss verleiht der Suppe eine gewisse Finesse.

FÜR 4 PERSONEN

500 g gehackter TK-Grünkohl
1 Zwiebel
1 Knoblauchzehe
2 EL Butter
½–1 TL gemahlene Muskatnuss
1 EL Mehl
1½ TL Salz
frisch gemahlener Pfeffer
4-Minuten-Eier zum Servieren (nach Belieben; Rezept s. S. 93)

UND SO GEHT'S:

1. Den Grünkohl auftauen lassen.
2. Die Zwiebel schälen und fein hacken. Die Knoblauchzehe schälen und zerdrücken. Die Butter in einem großen Topf schmelzen und Zwiebel, Knoblauchzehe und Muskat darin anschwitzen.
3. Den Grünkohl hinzufügen und einige Minuten anschwitzen. Das Mehl unterrühren, 800 ml Wasser zugießen und alles etwa 20 Minuten köcheln lassen. Dann die Suppe salzen und pfeffern.
4. Die Grünkohlsuppe heiß und nach Belieben mit den gekochten Eiern servieren.

19. Kartoffel-Lauch-Suppe

Eine Suppe ist schnell zubereitet, schont den Magen und verleiht ein angenehmes Sättigungsgefühl. Hier meine Version einer Kartoffel-Lauch-Suppe mit leichter Schärfe. Die Garnelen können Sie auch durch Krebsfleisch oder etwas geräucherten Schinken ersetzen. Wie immer zählt Ihr Geschmack!

FÜR 4 PERSONEN

400 g mehligkochende Kartoffeln
1 kleine Lauchstange
3 Knoblauchzehen
Olivenöl zum Braten und Servieren
½ TL Salz, frisch gemahlener Pfeffer
3 Spritzer Tabasco (nach Belieben)
150–200 g gegarte, geschälte Garnelen
2 große Scheiben helles Sauerteigbrot

UND SO GEHT'S:

1. Die Kartoffeln schälen und in Stücke schneiden. Den Lauch putzen und in Stücke schneiden. Die Knoblauchzehen schälen und fein hacken.
2. Kartoffeln, Lauch und Knoblauchzehen in wenig Öl anschwitzen, 800 ml Wasser zugießen und alles zugedeckt in etwa 15 Minuten weich kochen.
3. Die Suppe mit einem Stabmixer direkt im Topf glatt pürieren und mit Salz, Pfeffer und Tabasco würzen (wer es richtig scharf mag, sollte die rote Tabasco-Variante wählen, ich selbst bevorzuge die etwas mildere grüne).
4. Die Suppe auf Suppenteller verteilen und mit Garnelen und Sauerteigbrot anrichten. Mit etwas Öl beträufeln und sofort servieren.

20. Kürbissuppe mit Hackbällchen

Bei TV-Aufnahmen in Vemdalen, einem schwedischen Skiort, habe ich einmal diese ungewöhnliche Suppe gekocht. Das Haus, in dem damals gedreht wurde, hat meinem Mann und mir so gut gefallen, dass wir es später gekauft haben. Jetzt sitze ich dort oft im Wohnzimmer und schreibe, während der Wind draußen um die Ecke pfeift. Vielen Dank, liebe Suppe, dass du uns hierher geführt hast!

FÜR 4 PERSONEN

250 g Kürbis, z. B. Muskat-, Hokkaido- oder Butternusskürbis
1 Zwiebel
4 Knoblauchzehen
1 Pastinake
Olivenöl zum Braten
1 Dose cremige Kokosmilch (etwa 400 ml)
2 TL Salz
frisch gemahlener Pfeffer
1 EL frisch gepresster Zitronensaft

HACKBÄLLCHEN:

400 g Gehacktes (Sorte nach Belieben)
100 g Doppelrahmfrischkäse
½ EL grüne Currypaste
1 EL eingelegtes, gehacktes Koriandergrün (aus dem Asia-Laden; ersatzweise frischer Koriander)
1 TL Salz

UND SO GEHT'S:

1. Den Kürbis eventuell schälen, dann zerteilen, entkernen und in grobe Stücke schneiden. Zwiebel, Knoblauchzehen und Pastinake schälen und klein schneiden. Sie müssen weder gleich groß noch optisch ansprechend sein. Alles in wenig Öl in einem großen Topf anschwitzen.
2. Kokosmilch und 600 ml Wasser zugießen, alles salzen und köcheln lassen, bis das Gemüse gar ist. Die Garzeit hängt von der Größe der Gemüsestücke ab.
3. Die Suppe im Topf mit einem Stabmixer glatt pürieren und mit Pfeffer und Zitronensaft abschmecken.
4. Das Hackfleisch mit Frischkäse, Currypaste, Koriandergrün und Salz mischen und mit angefeuchteten Händen zu Fleischbällchen formen. Die Bällchen 7–10 Minuten in der Suppe garen lassen.
5. Die Kürbissuppe heiß und mit Hackbällchen und gutem Brot servieren.

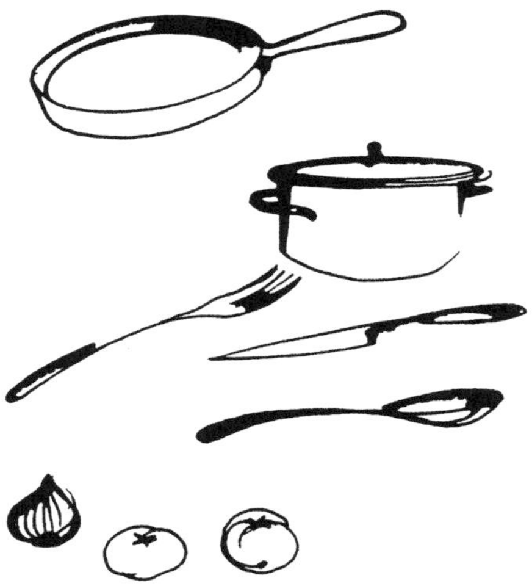

KÜRBISKERNE RÖSTEN

Heben Sie die Kürbiskerne aus dem Kürbis auf und rösten Sie sie auf einem mit Backpapier ausgelegten Blech im Ofen. Sie schmecken großartig in Salaten!

19.

20.

21.

21. Tortilla mit Oliven und Petersilie

Im Sommer esse ich oft spanische Tortilla mit Graved Lachs, am liebsten mit einem Klecks saurer Sahne und etwas Kresse. Das schmeckt warm und kalt super! Man kann die Tortilla auch einen Tag im Voraus zubereiten und dann in Stücke geschnitten als Snack oder mit *pa amb tomàquet* (s. S. 281) zu Wurst servieren. Ein leckeres Mittagessen für wenig Geld!

FÜR 4 PERSONEN

2 große vorwiegend festkochende Kartoffeln oder 4–5 normale Kartoffeln
1 Zwiebel
Butter und Olivenöl zum Braten
3 Eier
80 g grüne Oliven ohne Stein, gehackt
1 Bund Petersilie, Blätter gehackt
Salz, frisch gemahlener Pfeffer

UND SO GEHT'S:

1. Den Backofen auf 175 °C vorheizen.
2. Kartoffeln und Zwiebel schälen und in dünne Scheiben schneiden. Wenige Minuten in Butter und Öl anschwitzen, bis sie beginnen weich zu werden.
3. Die Eier in einer Schüssel mit einer Gabel verquirlen. Gehackte Oliven, Petersilie und angeschwitzte Kartoffeln und Zwiebel hinzufügen und alles mit Salz und Pfeffer würzen.
4. In einer ofenfesten Pfanne Butter und Öl erhitzen, die Eiermischung hineingießen und die Tortilla auf einer Seite braten. Dann die Pfanne in den Ofen schieben und die Tortilla darin in etwa 25 Minuten fertig garen, bis sie goldbraun und knusprig ist. Mit einer Gabel prüfen, ob die Kartoffeln gar sind. Die Tortilla erst zum Servieren wenden.

22. Frittata mit Erbsen, Basilikum und Mascarpone

Superlecker mit einer guten Bratwurst – ein wohltuendes Alltagsgericht.

FÜR 4 PERSONEN

1 Knoblauchzehe, in Scheiben geschnitten
60 g Lauch, in feine Ringe geschnitten
1 Prise Cayennepfeffer
Butter und Olivenöl zum Braten
4 Eier
½ TL Salz

ERBSEN:

100 g TK-Erbsen, aufgetaut
100 g Mascarpone
4 EL Parmesan, gerieben
1 Bund Basilikum, Blätter abgezupft
2 EL Olivenöl
1 Knoblauchzehe, gerieben
½ TL Salz

UND SO GEHT'S:

1. Die Zutaten für die Erbsenfüllung grob mit einer Gabel zerdrücken.
2. Knoblauchzehe und Lauch mit Cayennepfeffer in einer Pfanne in wenig Butter und Öl anschwitzen.
3. Die Eier in einer Schüssel nur kurz verquirlen – sie müssen nicht ganz glatt gerührt sein – und salzen. Die Eier zu Knoblauch und Lauch in die Pfanne geben und die Frittata wenige Minuten braten.
4. Dann die zerdrückten Erbsen auf der Eiermasse verteilen und die Frittata fertig garen.

22.

23. Eier im Näpfchen

Diese *Œufs cocotte* habe ich einmal an einem Sommermorgen auf dem Torekov-Campingplatz gemacht. Sommergeschmack pur!

FÜR 4 PERSONEN

weiche Butter für die Näpfchen
70 g frischer Spinat
1 Knoblauchzehe, gerieben
Olivenöl zum Braten
Salz, frisch gemahlener Pfeffer
4 Eier
½ TL Cayennepfeffer
1 Prise Meersalz

UND SO GEHT'S:

1. Den Backofen auf 150 °C vorheizen. Vier Ramequin-Förmchen mit Butter einfetten.
2. Spinat und Knoblauch kurz in Öl anschwitzen, salzen und pfeffern. Den Spinat auf die Formen verteilen und je 1 Ei hineingeben.
3. Ein tiefes Backblech bis zur Hälfte mit heißem Wasser füllen, die Formen in das heiße Wasserbad stellen und in den Ofen schieben. Die Eier 10–12 Minuten im Ofen backen, bis sie gerade gestockt sind.
4. Aus dem Ofen nehmen, mit Cayennepfeffer und Meersalz würzen und sofort servieren.

24. Ratatouille mit Ei

Perfekt beim Zelten! Auch auf einem Campingkocher kann man dieses leckere Pfannengericht gut zubereiten und hat danach kaum etwas abzuspülen!

FÜR 4 PERSONEN

4 Eier
Salz, frisch gemahlener Pfeffer

RATATOUILLE:

½ Aubergine, in Stücke geschnitten
½ Zucchini, in Stücke geschnitten
je 1 rote und gelbe Paprikaschote, Stielansatz, Samen und Scheidewände entfernt, in Stücke geschnitten
2 rote Zwiebeln, in Stücke geschnitten
3 Knoblauchzehen, gerieben
Olivenöl zum Braten
½ TL gemahlener Kreuzkümmel
1–2 TL Paprikapulver
5 Tomaten, klein geschnitten
Salz, frisch gemahlener Pfeffer

UND SO GEHT'S:

1. Gemüse, Zwiebeln und Knoblauch in etwas Öl anschwitzen. Gewürze und Tomaten hinzufügen und alles etwa 10 Minuten sämig einköcheln. Mit Salz und Pfeffer würzen.
2. Die Eier direkt in die Ratatouille aufschlagen und darin zugedeckt auf kleiner Stufe stocken lassen. Salzen, pfeffern und sofort servieren.

25. Rührei de luxe

Etwas fetter als normales Rührei, aber lecker!

FÜR 4 PERSONEN

4 Eier, 75 g Sahne
Butter zum Braten
Salz, frisch gemahlener Pfeffer
1 Bund Schnittlauch, gehackt

UND SO GEHT'S:

1. Eier und Sahne verquirlen. Butter zerlassen und die Eimasse hineingeben. Auf kleiner Stufe rühren, bis das Ei etwas gestockt ist. Mit Salz, Pfeffer und Schnittlauch würzen.
2. Sofort servieren, am besten mit in Butter ausgebackenen Brotscheiben.

23.
24.
25.

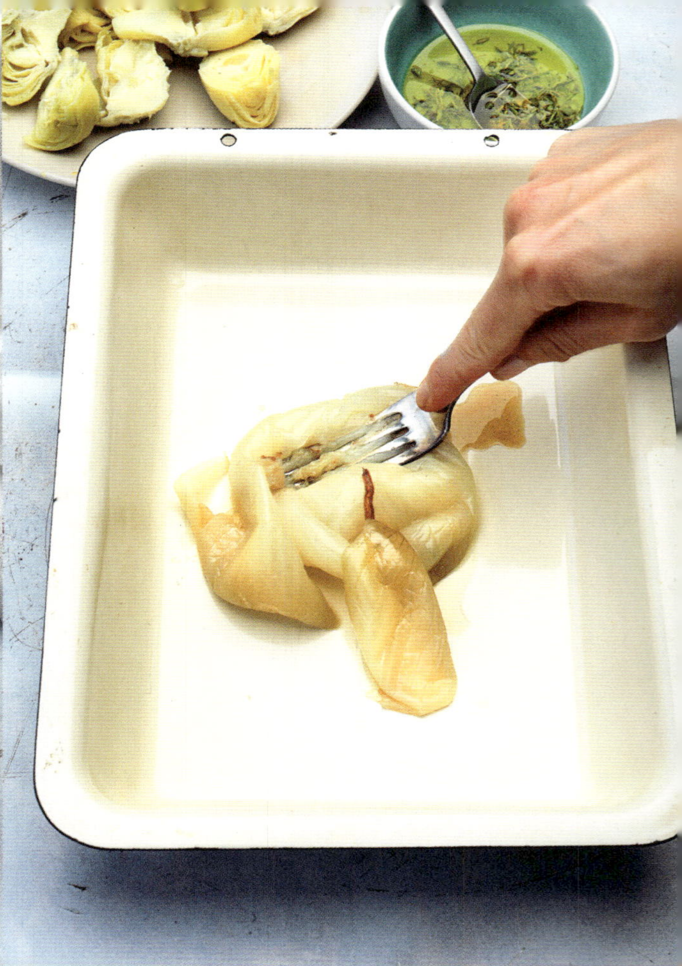

26.

26. Artischocken mit gebackenen Zwiebeln

Hier ein tolles Sommergericht, das super zu gegrilltem Fisch passt – zum Beispiel mit Sauce hollandaise (s. rechts) oder Mayonnaise (s. S. 109). Sogar solo schmeckt es großartig!

FÜR 4 PERSONEN

2 Zwiebeln
1 Dose Artischockenherzen (etwa 400 g)
3 EL Olivenöl
abgeriebene Schale und Saft von 1 Bio-Zitrone
1 EL frischer oder 1½ TL getrockneter Thymian
Salz, frisch gemahlener Pfeffer

UND SO GEHT'S:

1. Den Backofen auf 200 °C vorheizen.
2. Die Zwiebeln mit Schale in Alufolie einwickeln und etwa 1 Stunde im Ofen backen, bis sie schön weich sind.
3. Die Artischocken halbieren und mit Öl, Zitronenschale und -saft, Thymian, Salz und Pfeffer in einem Topf auf kleiner Stufe kurz erhitzen.
4. Die gebackenen Zwiebeln aus der Schale auf einen Teller drücken und mit einer Gabel zerdrücken. Die Zwiebeln mit den Artischocken belegen und mit dem Sud aus dem Topf beträufeln.

»HOLLANDAISE« UND »BEARNAISE«

Der Unterschied zwischen Sauce hollandaise und Sauce béarnaise liegt in der Würze. Zwar sind beide emulgierte Saucen auf Eierbasis, doch die »Hollandaise« wird mit Zitronensaft, die »Bearnaise« dagegen mit Essig und Kräutern abgeschmeckt.

27. Grüner und weißer Spargel mit Sauce hollandaise

Spargel mit Sauce hollandaise mag fast jeder. Falls die Sauce gerinnt, in einem separaten Topf mit einem neuen Eigelb von vorne beginnen und die geronnene Sauce vorsichtig unterrühren. Eine zu dicke Sauce mit einem Teelöffel Wasser oder Zitronensaft verdünnen.

FÜR 4 PERSONEN

8 längliche festkochende Kartoffeln
Salz
je 1 Bund grüner und weißer Spargel
1 Prise Zucker
einige Dillspitzen zum Servieren

SAUCE HOLLANDAISE:

3 EL frisch gepresster Zitronensaft
1 Schalotte, fein gehackt
3 sehr frische Eigelb
200 g zerlassene Butter
Salz, frisch gemahlener Pfeffer
einige Tropfen Worcestersauce

UND SO GEHT'S:

1. Kartoffeln in Salzwasser garen, abgießen und warm halten. Spargel in Salzwasser mit 1 Prise Zucker 3–4 Minuten »al dente« garen.
2. Zitronensaft, 2 EL Wasser und Schalotte in einem Topf aufkochen und auf die Hälfte einkochen. Vom Herd nehmen und abseihen. Eigelbe und Reduktion verquirlen und auf kleiner Stufe oder über dem heißen Wasserbad mit einem Schneebesen sämig aufschlagen. Unter Rühren tropfenweise die Butter hinzufügen, die Sauce dabei auf 50 °C halten. Weiterrühren, bis die Sauce eindickt. Mit Salz, Pfeffer und Worcestersauce würzen.
3. Kartoffeln halbiert mit dem Spargel anrichten und mit Dill bestreuen. Sauce dazu servieren.

27.

28. Gebackener Kürbis mit Ricotta und Salbei

Perfekt zum Essen am Schreibtisch – das habe ich selbst bei der Arbeit an diesem Buch feststellen können. Zudem supereinfach in der Zubereitung, also ran an die Kürbisse! Wer diesen köstlichen Ofenkürbis einmal probiert hat, verfällt ihm auf Lebenszeit.

FÜR 4 PERSONEN

1 mittelgroßer Butternusskürbis
100 g Blauschimmelkäse
4 EL Ricotta
Saft von ½ frisch gepressten Zitrone
2 EL Olivenöl
2 EL Ahornsirup oder heller Sirup
2 Zweige frischer Salbei
Salz, frisch gemahlener Pfeffer

UND SO GEHT'S:

1. Den Backofen auf 200 °C vorheizen.
2. Den Kürbis längs halbieren, entkernen und in eine ofenfeste Form legen.
3. Blauschimmelkäse und Ricotta verrühren und in die Mulde füllen, die die Kerne hinterlassen haben. Mit Zitronensaft, Öl und Sirup beträufeln, mit Salbeizweigen belegen, salzen und pfeffern.
4. Den Kürbis 35–40 Minuten im Ofen backen, bis der Käse gebräunt ist.
5. Als Beilage zu gebratener Hähnchenbrust oder als Teil eines Buffets servieren. Dazu einfach die Form auf den Tisch stellen und die Gäste das köstliche Kürbisfleisch selbst auslöffeln lassen. Ein echt soziales Gericht!

29. Gekochter Blumenkohl mit Béchamelsauce, Ei und Schnittlauch

Als ich meinem Vater dieses Gericht servierte, platzte der alte Koch in ihm heraus: »Blumenkohl *polonaise*!« Beeindruckendes Gedächtnis, er beherrscht sein Küchenfranzösisch noch immer! Servieren Sie das Gericht solo, denn es braucht Ihre ungeteilte Aufmerksamkeit.

FÜR 4 PERSONEN

1 Blumenkohl
Salz
3–4 hart gekochte Eier, fein gehackt
1 Bund Schnittlauch, gehackt

BÉCHAMELSAUCE:

½ Schalotte, fein gehackt
Butter zum Braten
2 EL Mehl
300 g Sahne
300 ml Milch
Salz, frisch gemahlener Pfeffer

UND SO GEHT'S:

1. Den Blumenkohl putzen und den Strunk entfernen, dann in leicht gesalzenem Wasser garen. Ab und zu mit einer Gabel testen, ob er schon weich ist. Wenn sich die Gabel mit leichtem Druck einstechen lässt, ist er fertig.
2. Für die Béchamelsauce die Schalotte in etwas Butter anschwitzen und mit dem Mehl bestäuben. Sahne und Milch zugießen und die Sauce unter Rühren 10 Minuten einköcheln lassen. Salzen und pfeffern.
3. Den Blumenkohl auf eine Platte geben und mit der Sauce übergießen. Mit den gehackten Eiern und dem Schnittlauch garnieren.

30. Beluga-Linsen mit Äpfel, Ingwer und gelben Ofentomaten

Einen Augenschmaus kann man dieses Gericht vielleicht nicht nennen, doch der Geschmack wird Sie überzeugen! Die Tomaten nur vorsichtig unter die Linsen rühren, denn es ist ein tolles Gefühl, wenn sie beim Essen im Mund platzen! Beluga-Linsen schmecken köstlich einfach nur mit saurer Sahne oder als Beilage zu gekochtem oder gebratenem Fisch und Fleisch.

FÜR 4 PERSONEN

2 Äpfel, z. B. Ingrid-Marie oder Cox Orange
250 g Beluga-Linsen
300 ml Apfelsaft
50 ml japanische Sojasauce
½ EL brauner Zucker

GELBE OFENTOMATEN:

250–300 g gelbe Kirschtomaten
1 EL Olivenöl
Salz, frisch gemahlener Pfeffer
2 Knoblauchzehen

ZUM SERVIEREN:

1 EL Butter
1 Bund Minze, Blätter gehackt
1 EL frisch geriebener Ingwer
1 Schalotte, fein gehackt

UND SO GEHT'S:

1. Den Backofen auf 220 °C vorheizen.
2. Die Äpfel schälen, das Kerngehäuse entfernen und die Äpfel in Stücke schneiden. Zunächst Linsen und Äpfel in Apfelsaft, 200 ml Wasser, Sojasauce und Zucker weich kochen. Dann alles weiter einköcheln lassen, bis der Sud regelrecht an den Linsen »klebt«. Zum Servieren Butter, Minze, Ingwer und Schnittlauch unterrühren.
3. Die Tomaten auf ein Backblech setzen, mit Öl beträufeln, salzen und pfeffern. Die Knoblauchzehen schälen, zerdrücken und ebenfalls auf das Backblech legen. Alles etwa 10 Minuten im Ofen backen.
4. Die Linsen auf einem Teller anrichten, mit den Ofentomaten belegen und nach Belieben mit Brot servieren.

DER ROLLS-ROYCE UNTER DEN LINSEN

Beluga-Linsen sind kleine schwarze Linsen, die beim Kochen nicht zerfallen und leicht nussig schmecken. Diese wunderbaren Hülsenfrüchte sind inzwischen in jedem Supermarkt erhältlich. Falls Sie doch keine Beluga-Linsen finden können, weichen Sie einfach auf Puy-Linsen aus.

31. Risotto mit Spargel und Majoran

Bitte sehr! Hier kommt mein geniales Grundrezept für Risotto – Sie müssen sich nur den Spargel und den Majoran wegdenken. Verwenden Sie keinen salzigen Brühwürfel, sondern einfach heißes Wasser. Noch besser ist eine selbst gemachte Gemüsebrühe (s. S. 50).

FÜR 4 PERSONEN

2 Schalotten, fein gehackt
1 Bund Majoran, Blätter abgezupft
50 ml Olivenöl
320 g Arborio-Reis (Risottoreis)
300 ml Weißwein
1 l heißes Wasser oder Gemüsebrühe
1 Bund grüner Spargel, in Scheiben geschnitten
100 g Parmesan, gerieben
Salz, frisch gemahlener Pfeffer

UND SO GEHT'S:

1. Schalotten und Majoran in Öl anschwitzen, bis die Schalotten weich sind. Reis hinzufügen und unter Rühren glasig werden lassen. Mit Wein ablöschen und den Wein fast vollständig verdampfen lassen. Dann nach und nach das heiße Wasser zugießen und vom Reis unter Rühren aufsaugen lassen. Insgesamt etwa 15 Minuten köcheln.
2. Spargel dazugeben und alles noch 5 Minuten köcheln. Parmesan unterrühren, Risotto salzen und pfeffern und sofort servieren.

WEIN IM RISOTTO

Wein im Risotto ist wichtig, doch er lässt sich auch durch drei Teile Wasser und einen Teil Zitronensaft ersetzen. Ohne Majoran und Spargel und stattdessen mit ½ g Safranfäden gewürzt, ergibt sich eine herrliche Beilage zum Ossobuco *(s. S. 198)*.

32. Risotto mit Ripasso und Roter Bete

Risotto und Ripasso – das klingt nicht nur nach einem italienischen Liebespaar, hier werden sie tatsächlich dazu. Ripasso ist übrigens ein leichter Amarone-Wein, und den Rote-Bete-Saft, eine wichtige Zutat in diesem Rezept, finden Sie in Reformhäusern oder Bioläden. Dieses Luxusrisotto ist eine wahre Liebeserklärung an Ihre Gäste!

FÜR 4 PERSONEN

2 Schalotten, fein gehackt
1 Knoblauchzehe, gerieben
2 Rote-Bete-Knollen, geschält und gewürfelt
50 ml Olivenöl
320 g Arborio-Reis (Risottoreis)
600 ml Ripasso (Rotwein)
500 ml Rote-Bete-Saft
100 g Parmesan, gerieben
Salz, frisch gemahlener Pfeffer

UND SO GEHT'S:

1. Schalotten, Knoblauchzehe und Rote Bete in Öl braten, bis sie weich sind. Den Reis hinzufügen und unter Rühren leicht glasig werden lassen.
2. Mit der Hälfte des Weins ablöschen und den Wein fast vollständig verdampfen lassen. Dann nach und nach den Rote-Bete-Saft zugießen und vom Reis unter Rühren aufsaugen lassen. Den Risotto insgesamt 15–20 Minuten köcheln.
3. Den Parmesan unterrühren und den Risotto mit Salz und Pfeffer würzen. Sofort servieren, beispielsweise zu Brathähnchen.

32.

33. Gnudi mit Salbeitomaten und gebräunter Butter

Gnudi wird *njudi* ausgesprochen und ist eine italienische »Blitzpasta« aus Ricotta und Hartweizen. Nudelmaschine oder Nudelholz sind hier nicht gefragt, man formt den Teig einfach mit den Händen zu kleinen Kugeln.

FÜR 4 PERSONEN

100 g Parmesan, gerieben, und Parmesan zum Servieren
250 g Ricotta
Salz, frisch gemahlener Pfeffer
500 g Hartweizenmehl (Durum-Mehl)

SALBEITOMATEN:

1 Knoblauchzehe
500 g bunte Kirschtomaten
1 Handvoll frische Salbeiblätter
Butter oder Öl für die Form
2 EL Olivenöl
Saft von ½ frisch gepressten Zitrone
Salz, frisch gemahlener Pfeffer

GEBRÄUNTE BUTTER:

100 g Butter

UND SO GEHT'S:

1. Den Parmesan und den Ricotta in einer Schüssel glatt rühren und mit ½ Prise Salz und Pfeffer würzen.
2. Die Hälfte des Mehls in eine flache Form geben. Den Teig mit angefeuchteten Händen zu kleinen Kugeln formen, in die Form legen und mit dem restlichen Mehl bedecken. Die Gnudi sollen rundum komplett vom Mehl bedeckt sein. Mit Frischhaltefolie zugedeckt etwa 24 Stunden kühl stellen, damit die Gnudi vollständig trocknen können.
3. Am nächsten Tag den Backofen auf 200 °C vorheizen.
4. Knoblauch halbieren und mit Tomaten und Salbei in eine gefettete Auflaufform setzen. Mit Öl und Zitronensaft beträufeln und mit Salz und Pfeffer würzen. Die Tomaten etwa 15 Minuten im Ofen backen. Herausnehmen und mit einer Gabel leicht zerdrücken.
5. Einen großen Topf mit gesalzenem Wasser zum Kochen bringen. Die Gnudi behutsam aus der Form heben und überschüssiges Mehl abschütteln. Die Gnudi 2–3 Minuten kochen und sofort herausheben, sobald sie an die Wasseroberfläche gestiegen sind.
6. Die Butter in einem Topf bräunen. Die Tomaten mit den Gnudi auf einer Platte anrichten, mit gebräunter Butter beträufeln und mit geriebenem Parmesan bestreuen.

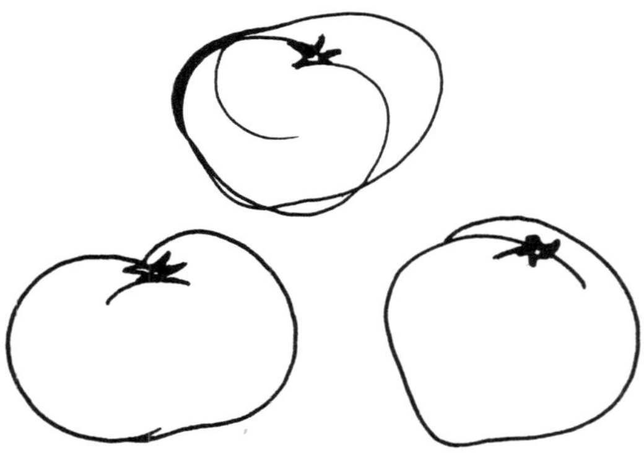

33.

34. Kartoffelgratin à la Tina

Mein Lieblingsrezept! Deshalb war ein neues Kochbuch ohne dieses Rezept auch undenkbar. Kartoffeln saugen gierig Salz in sich auf und müssen daher immer kräftig gesalzen werden. In einem perfekten Gratin sollte das Salz ganz hinten im Gaumen spürbar sein.

FÜR 8 PERSONEN

1½ kg festkochende Kartoffeln, geschält
½ Lauchstange
3 Knoblauchzehen
Olivenöl zum Braten
500 g Sahne
500 ml Milch
1½–2 TL Salz
frisch gemahlener Pfeffer

UND SO GEHT'S:

1. Den Backofen auf 180 °C vorheizen.
2. Die Kartoffeln in dünne Scheiben schneiden, möglichst mit einer Küchenmaschine. Den Lauch in feine Streifen schneiden, die Knoblauchzehen schälen und zerdrücken.
3. Lauch und Knoblauchzehen in wenig Öl anschwitzen, aber nicht anbräunen. Sahne und Milch zugießen und alles aufkochen lassen. Die Kartoffeln hinzufügen und das Ganze großzügig salzen und pfeffern. Die Kartoffeln kochen, bis sich die Stärke gelöst hat und eine sämige, cremige Mischung entstanden ist. Dabei ständig rühren, da das Ganze leicht anbrennt.
4. Alles in eine Auflaufform füllen (bis hierher lässt sich das Gratin gut vorbereiten). Das Gratin im Ofen 30–40 Minuten goldbraun backen, dabei mit einem Spieß prüfen, ob die Kartoffeln gar sind.
5. Zu Rinderfilet (s. S. 176) servieren.

35. Gefüllte Ofenkartoffeln

Auch die Ofenkartoffeln sind gut vorzubereiten. Vegetarier lassen den Speck einfach weg.

FÜR 4 PERSONEN

4 große mehligkochende Kartoffeln à 150–250 g
280 g Speck
1 rote Zwiebel
1 Bund Petersilie, Blätter gehackt
120 g reifer Käse, gerieben
1 EL Butter
2 EL Rapsöl
Saft von ½ frisch gepressten Zitrone
Salz, frisch gemahlener Pfeffer

UND SO GEHT'S:

1. Den Backofen auf 200 °C vorheizen.
2. Die Kartoffeln waschen und mit einer Gabel rundum mehrmals einstechen (wer's eilig hat, kann die Kartoffeln 15 Minuten auf voller Leistung in der Mikrowelle vorgaren, bevor sie in den Ofen kommen). Die Kartoffeln in eine Auflaufform oder auf ein Backblech setzen und etwa 1 Stunde im Ofen backen. Die Garzeit hängt von der Größe der Kartoffeln ab.
3. Inzwischen den Speck würfeln und in einer Pfanne knusprig braten. Die Zwiebel schälen und in dünne Scheiben schneiden.
4. Die Kartoffeln aus dem Ofen nehmen und längs halbieren. Das Innere mit einem Löffel vorsichtig herauslösen, die Schale aufbewahren. Das Innere mit Speck, Zwiebel, Petersilie und 75 g Käse verrühren. Butter und Öl hinzufügen, alles gut mischen und mit Zitronensaft, Salz und Pfeffer würzen.
5. Die Füllung auf die Schalen verteilen und mit übrigem Käse bestreuen. Kartoffeln unter dem heißen Backofengrill kurz schmelzen.

36.

36. Gebackenes Wurzelgemüse mit Haselnüssen und Limettendressing

Hier eine ungewöhnliche Variante für Ofengemüse, die warm oder kalt als vegetarisches Gericht serviert werden kann. Lecker auch zu Steak mit Sauce béarnaise oder zu Fisch!

FÜR 4 PERSONEN

2 Schwarzwurzeln
2 Pastinaken
2 Petersilienwurzeln
½ Knollensellerie
5 rotschalige Äpfel, z. B. Aroma Best
1 Knoblauchknolle
½ TL Salz, frisch gemahlener Pfeffer
100 ml Olivenöl
60 g Haselnusskerne, geröstet (s. S. 28)

LIMETTENDRESSING:

50 ml Olivenöl
abgeriebene Schale und Saft von 1 Bio-Limette
2 Prisen Salz

UND SO GEHT'S:

1. Den Backofen auf 230 °C vorheizen.
2. Das Wurzelgemüse schälen und in gleich große Stücke schneiden. Äpfel und Knoblauchknolle quer halbieren. Ein Backblech mit den Knoblauchhälften einreiben und darauf Wurzelgemüse, Äpfel und Knoblauch verteilen. Alles salzen und pfeffern, mit 150 ml Wasser und dem Öl beträufeln und 30–35 Minuten im Ofen backen.
3. Inzwischen alle Dressingzutaten verquirlen.
4. Die Haselnusskerne grob hacken. Das Dressing unter das heiße Gemüse heben und mit den Haselnusskernen bestreuen.

37. Wurzelgemüsepüree mit Austernpilzen und Äpfeln

Dieses vegetarische Gericht ist kinderleicht herzustellen. Ich bin zwar keine Vegetarierin, betrachte Fleisch oder Fisch aber dennoch nur als Beilage für das Grünzeug. Die Austernpilze sollten hier leicht knusprig gebraten werden.

FÜR 4 PERSONEN

¼ Knollensellerie (etwa 300 g)
½ Steckrübe (etwa 400 g)
1 Pastinake
3 Möhren
2 mehligkochende Kartoffeln
2½ TL Salz
1–2 EL Butter
frisch gemahlener Pfeffer

BELAG:

2 Äpfel, z. B. Ingrid-Marie, klein geschnitten
200 g Austernpilze oder andere Pilze, gesäubert
Butter zum Braten
Salz, frisch gemahlener Pfeffer

UND SO GEHT'S:

1. Den Backofen auf 225 °C vorheizen.
2. Wurzelgemüse und Kartoffeln schälen, in Stücke schneiden und in Wasser mit 1½ TL Salz in einem Topf garen. Dann mit etwa 300 ml Kochwasser zerstampfen. Die Butter hinzufügen und das Püree mit 1 TL Salz und Pfeffer würzen. Alles in eine Auflaufform füllen und 3–5 Minuten im Ofen backen.
3. Äpfel und Pilze in Butter anbräunen und mit Salz und Pfeffer würzen.
4. Das Wurzelgemüsepüree mit Pilzen und Äpfeln garnieren und solo oder zum Beispiel zu gegrilltem Schweinenacken servieren.

37·

38. Kartoffel-Pie mit Dill und Kümmelkäse

Endlich habe ich ein Rezept für eine gedeckte Pie entwickelt, die auch mir schmeckt! Mein Verhältnis zu Pies ist nämlich eher distanziert, da ich die Ei-Milch-Pampe darin einfach nicht mag. Die finde ich schlimmer als Fertigkartoffelbrei! Meine Füllung besteht aus Ei, Quark und ganz viel Kümmelkäse – mmmmh, das schmeckt toll! Sie können den Teigdeckel gerne weglassen; professioneller wirkt es allerdings mit Teigdeckel, und der ist gar nicht schwer herzustellen.

FÜR 4 PERSONEN

PIE-TEIG:

240 g Mehl und Mehl für die Arbeitsfläche
50 g zimmerwarme Butter
150 ml Milch
2 TL Backpulver
½ TL Salz

FÜLLUNG:

400 g vorwiegend festkochende Kartoffeln, gekocht
1 rote Zwiebel, fein gehackt
1 Bund Dill, Blätter gehackt
175 g Totentrompeten (oder Champignons)
Butter zum Braten
250 g Quark
150 g reifer Kümmelkäse, gerieben
1 Ei

PIE-DECKEL:

1 TK-Blätterteigplatte, ausgerollt (nach Belieben)
1 Ei, verquirlt

UND SO GEHT'S:

1. Den Backofen auf 200 °C vorheizen.
2. Alle Teigzutaten zu einem glatten Teig verkneten.
3. Teig auf der bemehlten Arbeitsfläche ausrollen und eine Kastenform damit auskleiden.
4. Für die Füllung die Kartoffeln in grobe Stücke schneiden und mit roter Zwiebel und gehacktem Dill mischen.
5. Die Pilze in Butter braten und unter die Kartoffeln mischen.
6. Quark, Käse und Ei glatt rühren und unter die Kartoffel-Pilz-Mischung geben. Alles in die vorbereitete Form füllen. Nach Belieben die Pie noch mit einem Blätterteigdeckel belegen und diesen mit dem verquirlten Ei bestreichen. Die Pie 35–40 Minuten im Ofen goldbraun backen. Wenn sie zu dunkel wird, bereits nach der Hälfte der Backzeit mit Alufolie abdecken.
7. Die Pie heiß oder lauwarm servieren.

DER PERFEKTE PIE-TEIG

Dieser einfache Pie-Teig kann für jede Art von herzhafter Pie verwendet werden. Er braucht nicht im Kühlschrank zu ruhen, sondern kann direkt in die Form gedrückt werden. Durch das Backpulver wird der Teig schön knusprig – ganz ohne die viele Butter, die sonst in Mürbeteig zum Einsatz kommt. Das Beste ist: Er braucht nicht vorgebacken zu werden – für so einen Schnickschnack haben wir keine Zeit!

Fisch & Meeresfrüchte

Warum beißt keiner an?

FISCH IST EINE BLITZZUTAT! Ja, tatsächlich ist Fisch in der Küche eine der unkompliziertesten Zutaten überhaupt: mit Zitrone beträufeln, salzen und pfeffern und dann ab in den Ofen! Etwas ganz anderes ist es, wenn der Fisch noch lebt und man ihn fangen will. Oft zeigt er sich dann nämlich als äußerst unzuverlässiger Zeitgenosse, der gerne mit Abwesenheit glänzt, wenn man ihn am nötigsten braucht. Fische scheinen irgendwie zu spüren, wenn es ihnen an den Kragen geht.

So war es zumindest bei der Aufzeichnung einer Kochsendung für das amerikanische Fernsehen in Göteborg, wo wir mit dem ganzen Team in einer am Strand aufgebauten Küche darauf warteten, dass uns eine kleine Makrele an den Haken ging. Fehlanzeige.

Früh am nächsten Morgen machten wir uns deshalb in einem Boot, das unter anderem mit Kameraausrüstung, Programmleiter und Küchenutensilien schwer beladen war, auf den Weg zu einem Makrelenschwarm, der sich dort angeblich aufhalten sollte. Ich setzte mich in Positur, übte meinen englischen Text und warf die Angel aus. Ich habe übrigens nie verstanden, welchen Sinn diese farbenfrohen Köder haben sollen. Wenn ich eine Makrele wäre, würde ich den Köder für eine Krabbe in Strapsen halten und lieber schnell das Weite suchen. Aber zurück zum Thema. Wir saßen also da und warteten und warteten, doch keine einzige Makrele ließ sich blicken.

Was aber soll man tun, wenn die ganze Sendung darauf aufbaut, dass man einen Fisch an die Angel bekommt, und das

gesamte Team stattdessen im Minutentakt Geld aus dem Fenster – oder besser aus dem Boot – wirft? Man sollte es sich eine Lehre sein lassen und zukünftig keine Sendungen mehr auf Ereignissen aufbauen, die vielleicht gar nicht eintreten. Ja, und man braucht einen guten Plan B und sollte improvisieren können. Wir machten uns damals eilig auf die Suche nach einer toten Makrele (die aber noch nicht ihren Kopf verloren hatte) und durchkämmten sämtliche Tiefkühlfächer der Stadt. Schließlich fanden wir ein hübsches Exemplar vom letzten Jahr.

Wir ließen die kleine Makrele langsam auf Zeitungspapier auftauen, trugen sie vorsichtig zum Boot und setzten sie so behutsam wie möglich auf den Angelhaken. Dann hieß es nur noch Daumen drücken, dass der Kopf dranblieb. Das tat er, es gab keine Nahaufnahmen und der Rest war Theater:

Ich sitze achtern im Boot und sage meinen Text auf, als plötzlich ein Fisch anbeißt. Ich ziehe den Fisch hoch, wedele ihn ordentlich hin und her, damit die Zuschauer glauben, er zappele schön, werfe ihn dann in einen Eimer und sage:

»Wow, look, it's truly alive …«

Wenn es an die Zubereitung von Fisch geht, trauen sich versierte Hobbyköche oft nicht viel zu. Sie haben Angst, den Fisch zu zerkochen und finden es schwer, richtig zu würzen und die passenden Beilagen zu finden. Für sie habe ich die Rezepte im Kapi-

tel »Fisch sucht Dose – eine ungewöhnliche Liebesgeschichte« (s. S. 118–120) entwickelt, die wirklich »idiotensicher« (Entschuldigung!) sind. So mancher hat sich zudem ein oder zwei Fischsorten verschrieben und rührt nichts anderes an. Das ist schade, da wir heutzutage so viel Auswahl haben. Probieren Sie auf jeden Fall einmal eine gebratene Goldbrasse mit Zitronenkartoffelbrei (s. S. 239). Ein geniales Alltagsgericht! Und noch eins: Jeder macht Fehler, und die müssen auch sein. Andernfalls lernt man nie, wie's richtig geht.

TINAS TIPPS

WIE ERKENNE ICH, OB EIN FISCH WIRKLICH FRISCH IST?

Ein frischer Fisch riecht herrlich nach Meer. Er hat glänzende, klare Augen und feuchte, tiefrote Kiemen.

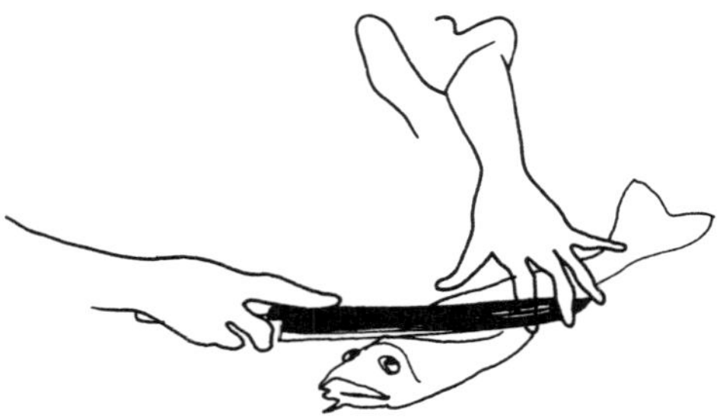

RIGOR MORTIS

Ein Fisch schmeckt am besten, bevor der *rigor mortis*, die Totenstarre, eingetreten ist. Ein Fisch wird zunächst steif wie ein Brett, dann legt sich die Starre langsam wieder. Anschließend beginnt der Zersetzungsprozess, in dem das Eiweiß durch Enzyme abgebaut wird.

ROHER LACHS

Wer Wildlachs kauft, sollte diesen sicherheitshalber drei Tage tiefkühlen, bevor er roh verzehrt wird. Bei Zuchtlachs ist das nicht nötig.

FISCH NUR KÖCHELN

Fisch niemals kochen, da er sonst auseinanderfällt. Fisch immer nur behutsam köcheln.

NIEDRIGE OFENTEMPERATUR

Im Ofen ist eine Gartemperatur von 90–120 °C für Fisch am vorteilhaftesten. Dabei bleibt der Fisch schön saftig.

WANN IST DER FISCH GAR?

Wenn ein Fisch im Ganzen zubereitet wird, sollte die Kerntemperatur bei 55 °C liegen. Bei Fischfilets sind 48–52 °C ausreichend. Ausnahme ist Lachs, der sogar schon bei einer Kerntemperatur von 45–48 °C gar ist. Das ist zwar Detailwissen, doch damit prahlt man ganz gerne mal. Die Kerntemperatur lässt sich leicht mit einem mechanischen oder digitalen Bratenthermometer ermitteln und hilft, einen perfekt gegarten Fisch zuzubereiten.

FISCH LEICHT EINSALZEN

Man kann Fisch vor der Zubereitung in 1 EL Salz pro 1 kg Fisch 20 Minuten lang einsalzen. Diese Vorbehandlung verbessert den Fischgeschmack und macht das Fischfleisch fester.

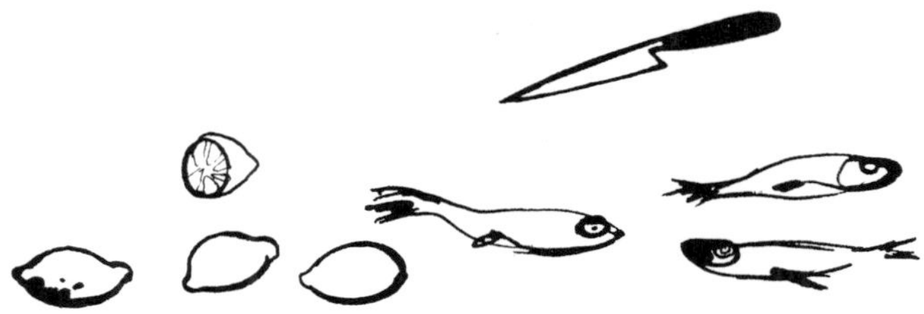

AUF DER HAUTSEITE BRATEN

Wenn man Fischfilets mit Haut braten möchte, sollte man dies möglichst nur auf der Hautseite tun. Besonders für fettreiche Fische ist diese Garmethode gut geeignet.

FISCH MIT ODER OHNE FETT BRATEN

Fettreiche Fischfilets mit Haut wie die von Lachs oder Makrele kann man auch ohne Fett braten. Weniger fette Sorten wie Süßwasserfische oder Dorsch sollten immer in Öl und etwas Butter gebraten werden.

IN BUTTER UND ÖL BRATEN

Die Butter ist für den Geschmack verantwortlich und das Öl dafür, dass die Butter auch höhere Temperaturen verträgt.

FISCH UND ZITRONE

Wenn man Zitronensaft zum Beispiel über Lachs träufelt, beginnt die Säure sofort, das Eiweiß im Fisch abzubauen und setzt so eine Art Garprozess in Gang. Man sieht es daran, dass der Fisch etwas »blass um die Nase« wird. Bei der peruanischen Ceviche wird Fisch auf diese Weise »gegart«.

GARNELEN UND KAISERGRANATE

Man braucht nicht viel, um Garnelen und Kaisergranate (Scampi) zu einem Genuss der besonderen Art zu machen. Servieren Sie sie einfach mit Zitronen-Spargel-Sauce (s. S. 107) oder Erbsen-Guacamole (s. S. 154).

39.

40.

39. Västervik-Salat mit *boquerones* und Oliven

Diesen Salat habe ich nach der Stadt in Schweden getauft, in der ich ihn für eine Fernsehsendung zubereitet habe. *Boquerones* zuzubereiten braucht zwar etwas Zeit, doch es ist die Mühe wert. Wenn's schnell gehen soll, können Sie auch Sardellenfilets verwenden.

FÜR 4 PERSONEN

300 g Frühkartoffeln
Salz
100 g grüne Bohnen
300 g Kirschtomaten
4 4-Minuten-Eier (s. S. 93)
1 Schalotte, fein gehackt
80 g Kalamata-Oliven
16 boquerones (s. S. 143) oder eingelegte Sardellenfilets
frisch gemahlener Pfeffer

DRESSING:

5 EL Olivenöl
1 TL Dijonsenf
1 TL trockener Sherry oder Weißwein (nach Belieben)
1 TL Honig
Saft von ½ frisch gepressten Zitrone
1 Prise Salz, frisch gemahlener Pfeffer

UND SO GEHT'S:

1. Die Kartoffeln in gesalzenem Wasser garen. Am Ende der Kochzeit die grünen Bohnen ins Kochwasser geben und wenige Minuten mitgaren. Tomaten, Kartoffeln und Bohnen in unterschiedlich große Stücke schneiden. Die Eier halbieren und beiseitestellen.
2. Alle Dressingzutaten mit 1 EL Wasser in ein Schraubglas füllen, verschließen und gut schütteln – perfekt zum Mitnehmen.
3. Tomaten, Kartoffeln, Bohnen, Schalotte und Oliven in einer Schüssel mit etwas Dressing mischen. Die Tomaten dabei leicht ausdrücken, damit sich ihr Saft mit dem Dressing mischen kann. Den Salat auf Tellern oder einer Platte anrichten, mit den Eierhälften und *boquerones* belegen, mit dem restlichen Dressing beträufeln und abschmecken. Am besten schmeckt der Salat mit noch lauwarmen Kartoffeln.

40. Garnelensalat mit Gurke und Zitronenmayonnaise

Dieses Dressing war eine Herausforderung, doch ich habe mich an einer Variante des Rhode-Island-Klassikers versucht, in der leicht gesalzene Gurken vorkommen und die Mayonnaise etwas säuerlicher ist als gewöhnlich.

FÜR 4 PERSONEN

etwa 1,2 kg gegarte Garnelen mit Schalen (geschält etwa 1 kg)
½ Lauchstange oder einige Frühlingszwiebeln
Salatblätter nach Wahl
4 4-Minuten-Eier (s. S. 93)

GESALZENE GURKEN:

1 Salatgurke
1 TL Salz
1 TL Zucker

ZITRONENMAYONNAISE:

1–2 TL Senf
2 sehr frische Eigelb
abgeriebene Schale von 1 Bio-Zitrone
1 EL frisch gepresster Zitronensaft
300 ml Öl, z. B. neutrales Rapsöl
¼ TL Salz, frisch gemahlener Pfeffer

UND SO GEHT'S:

1. Die Garnelen auslösen und kühl stellen. Die Schalen eventuell für eine Garnelensuppe (s. S. 94) verwenden.
2. Den Lauch waschen und schräg in möglichst dünne Scheiben schneiden.
3. Die Gurke schälen und in 1 cm dicke Scheiben schneiden. Die Scheiben mit Salz und Zucker in einen Frischhaltebeutel geben, schütteln und die Gurken bei Zimmertemperatur etwa 15 Minuten ziehen lassen. Wenn die Gurken zu salzig geworden sind, kurz unter kaltem Wasser abspülen.
4. Für die Mayonnaise Senf, Eigelbe, Zitronenschale und -saft verrühren. Nach und nach unter Rühren das Öl hinzufügen. Mit Salz und Pfeffer würzen.
5. Salatblätter, Garnelen, Lauch, Gurken und Eier auf einer Platte oder Tellern anrichten und mit der Mayonnaise beträufeln. Mit gutem Brot servieren.

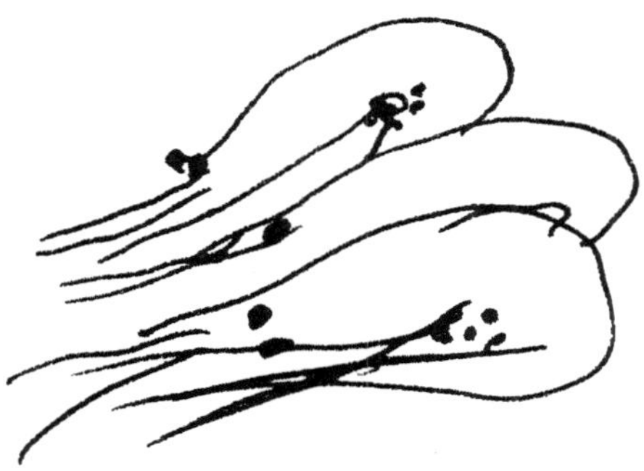

41. Mit dreierlei Fisch gefüllte Eier

Der ideale Mittagssnack mit vier verschiedenen leckeren Füllungen. Meersalz ist zwar kein Fisch, verbreitet aber trotzdem maritimes Aroma!

FÜR 4 PERSONEN

8 zimmerwarme Eier

FÜLLUNGEN:

- *1 Dose Makrele in Tomatensauce (etwa 125 g)*
- *¼ Salatgurke, fein gewürfelt, mit Kaviarcreme (aus der Tube)*
- *weiche Butter, mit Meersalz verrührt*
- *kalt geräucherter Lachs mit Dill*

UND SO GEHT'S:

1. Die Eier in einen Topf mit kaltem Wasser legen und das Wasser zum Kochen bringen. Sobald das Wasser kocht, sollen die Eier exakt 4 Minuten garen (siehe unten).
2. Das Wasser abgießen und die Eier unter kaltem Wasser abschrecken.
3. Die Eier köpfen und mit einer Füllung nach Wahl garnieren.

OMAS PERFEKTE 4-MINUTEN-EIER

Die besten gekochten Eier machte meine Oma väterlicherseits. Sie legte sie stets in kaltes Wasser, kochte das Wasser auf und ließ die Eier dann genau 4 Minuten kochen.

42. Garnelensuppe mit Sherrysahne

Als ich klein war, hat Papa im *Ramlösa Wärdshus* oft Garnelenschalen geröstet. Damals roch das für mich widerlich, inzwischen habe ich mich mit dem Geruch versöhnt.

FÜR 4 PERSONEN

1 kg gegarte Garnelen mit Schalen
Butter und Öl zum Braten
1 EL Tomatenmark
2 Prisen Cayennepfeffer
2 TL Paprikapulver
1 Zwiebel, gewürfelt
1 Möhre, in Stücke geschnitten
300 g Crème fraîche
Salz, frisch gemahlener Pfeffer

SHERRYSAHNE:

100 g Sahne, geschlagen
1 EL Sherry
1 Prise Salz

UND SO GEHT'S:

1. Die Hälfte der Garnelen schälen.
2. Etwas Butter und Öl in einem großen Topf erhitzen und Tomatenmark und Gewürze darin unter Rühren einige Minuten anbraten. Die ungeschälten Garnelen, die ausgelösten Schalen und das Gemüse hinzufügen. Alles unter Rühren etwa 10 Minuten anbräunen, dann 1½ l Wasser zugießen und das Ganze offen 20 Minuten köcheln.
3. Die Suppe mit einem Stabmixer im Topf glatt pürieren und dann portionsweise mit einem Löffel durch ein Sieb passieren.
4. Die Suppe erneut aufkochen und die Crème fraîche hinzufügen. Mit Salz und Pfeffer würzen. Die Sahne mit Sherry und Salz verrühren.
5. Die Suppe heiß mit Sherrysahne, geschälten Garnelen und Grissini (s. S. 269) servieren.

GARNELENSCHALEN RÖSTEN

Die Garnelenschalen für die Suppe gut rösten, das gibt einen guten Geschmack. Das Tomatenmark röstet man in erster Linie wegen der schönen Farbe, doch auf diese Weise verschwindet auch der leicht stechende Tomatengeschmack.

MEIN GARNELENFOND

Brühe oder Fond – ein liebes Kind hat viele Namen. Ein guter Fond lässt sich aus etlichen Dingen herstellen, zum Beispiel aus Garnelenschalen. Köche haben da einen Trick und geben viel Butter in den Fond. Diese steigt später an die Oberfläche und kann abgeschöpft werden. Abgekühlt wird daraus eine leckere Garnelenbutter, zerlassen kann man sie über Suppen oder Gemüse träufeln. Verwenden Sie den Fond für Fischsuppen oder Fischsaucen.

150 g Butter
1 kg rohe, geschälte TK-Garnelen
1 EL Tomatenmark
1 Fenchel, in Stücke geschnitten
¼ Knollensellerie, in Stücke geschnitten
1 Pastinake, in Stücke geschnitten
2 Zwiebeln, gewürfelt
1 Knoblauchknolle, halbiert
3 Lorbeerblätter
1 TL Thymian
5 schwarze Pfefferkörner
Salz, frisch gemahlener Pfeffer

UND SO GEHT'S:

Die Butter in einem Topf goldbraun werden lassen. Garnelen und Tomatenmark dazugeben und gut anrösten. Gemüse, Zwiebeln, Knoblauch und Gewürze hinzufügen und alles knapp mit Wasser bedecken. Das Ganze 20–25 Minuten leicht köcheln lassen. Den fertigen Fond abseihen und mit Salz und Pfeffer würzen. Im Kühlschrank aufbewahren.

43. Clam Chowder

In dieser klassischen Muschelsuppe können Sie die Muscheln problemlos durch Miesmuscheln ersetzen. Diese dann aber erst am Ende nur 5 Minuten mitkochen!

FÜR 4 PERSONEN

1 kg Herz-, Schwert- oder Venusmuscheln
2 EL Butter
1 Knoblauchknolle, quer halbiert
1 Stängel Petersilie
150 g durchwachsener Speck, grob gewürfelt
1 große weiße Zwiebel, fein gehackt
2 Knoblauchzehen, zerdrückt
2 EL Olivenöl
2–3 Lorbeerblätter
500 g Kartoffeln, in grobe Stücke geschnitten
100 g Knollensellerie, gewürfelt
½ Fenchel, in Streifen geschnitten
200 ml Weißwein
100 g Sahne
100 g Crème fraîche
4 EL fein gehackte krause Petersilie
½ TL Salz, 1 Prise frisch gemahlener Pfeffer
Bio-Zitronenspalten zum Servieren

UND SO GEHT'S:

1. Bereits geöffnete Muscheln aussortieren. Butter, halbierte Knoblauchknolle, Petersilie, Muscheln und 200 ml Wasser in einem Topf zugedeckt auf mittlerer Stufe 2–3 Minuten kochen, bis sich die Muscheln geöffnet haben. Beiseitestellen, noch geschlossene Muscheln ebenfalls entfernen.
2. Speck, Zwiebel und Knoblauch in Öl auf kleiner Stufe 10 Minuten leicht anbräunen. Lorbeer, Kartoffeln, Sellerie, Fenchel und Wein hinzufügen und 2–3 Minuten garen. 700 ml Wasser zugießen, Sahne und Crème fraîche einrühren und alles 20–25 Minuten köcheln, bis die Kartoffeln gar sind.
3. Muscheln mit Sud zur Suppe geben und mit gehackter Petersilie, Salz und Pfeffer würzen. Mit Zitronenspalten servieren.

MUSCHELSUD ABSEIHEN

Da Venusmuscheln oft sehr sandig sind, muss der Sud durch ein Mulltuch abgeseiht werden. Alternativ die noch lebenden Muscheln in kaltes Wasser legen und warten, bis sie den Sand von allein »ausspucken«. Das Wasser ein paar Mal wechseln.

MEIN FISCHFOND

Wer einen ganzen Fisch gekauft und nach dem Filetieren Fischabschnitte übrig hat, sollte daraus einen Fond kochen. In Suppen und Saucen kann ein Fischfond wahre Wunder bewirken – tauschen Sie das Wasser im Rezept einfach durch Ihren selbst gemachten Fond aus! Den Fischfond einfrieren und bei Bedarf auftauen.

1 kg Fischabschnitte, am besten von Plattfischen
1 Zwiebel, in Scheiben geschnitten
1 Fenchel, in Scheiben geschnitten
5–7 weiße Pfefferkörner, grob zerstoßen
2–3 Stängel Petersilie
½ TL getrockneter oder 2 Zweige frischer Thymian
3–4 Lorbeerblätter

UND SO GEHT'S:

Fischgräten und -köpfe gut unter kaltem Wasser waschen. Dann mit Zwiebel, Fenchel, Gewürzen und Kräutern in einen großen Topf füllen. Kaltes Wasser zugießen, bis der Fisch knapp bedeckt ist, und alles langsam aufkochen. Den Schaum abschöpfen und alles 10–15 Minuten köcheln. Den Fond abseihen und im Kühlschrank abkühlen lassen.

44. Dorsch mit Erbsenpesto und Kartoffelstampf

In dieses Erbsenpesto bin ich regelrecht verschossen! Allerdings muss ich die Lorbeeren dafür an Ebba Cederberg weiterreichen, die dieses köstliche Fischgericht erfunden hat. Danke, Ebba!

FÜR 4 PERSONEN

2 große Dorsch- bzw. Kabeljaufilets ohne Haut (à etwa 400 g)
1 Prise Salz, frisch gemahlener Pfeffer

ERBSENPESTO:

100 g TK-Erbsen, aufgetaut
30 g Cashewkerne
1 Handvoll Rucola (etwa 50 g)
50 g krause Petersilie
40 g Parmesan oder reifer Hartkäse, gerieben
5 Tropfen grüner Tabasco
50 ml Olivenöl
1 Prise Salz

KARTOFFELSTAMPF:

400 g festkochende Kartoffeln
Salz
1 Schalotte, fein gehackt
etwas Olivenöl
2 Prisen frisch gemahlener Pfeffer
Saft von ½ frisch gepressten Zitrone

UND SO GEHT'S:

1. Den Backofen auf 175 °C vorheizen.
2. Die Fischfilets salzen, pfeffern und übereinander in eine Auflaufform legen.
3. Für das Pesto Erbsen, Cashewkerne, Rucola, Petersilie, Parmesan und grünen Tabasco mit einem Stabmixer glatt pürieren. Nach und nach das Öl hinzufügen und salzen. Die Fischfilets mit dem Erbsenpesto bedecken und 30–35 Minuten im Ofen backen.
4. Inzwischen für den Stampf die Kartoffeln in leicht gesalzenem Wasser garen, danach abgießen. Mit Schalotte und etwas Öl zerstampfen und den Stampf mit Salz, Pfeffer und Zitronensaft abschmecken.
5. Den überbackenen Fisch sofort mit dem Kartoffelstampf servieren.

FRISCH SCHMECKT'S AM BESTEN

Machen Sie sich die Mühe und kaufen Sie immer möglichst frischen Fisch bei einem guten Fischhändler – er schmeckt viel besser! Das Erbsenpesto kann man auch als Sauce zu anderen Fischsorten oder als Dip für Gemüse und Brot servieren.

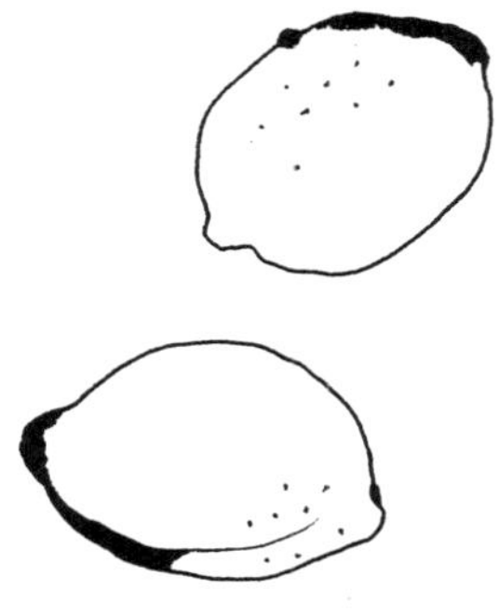

45. Dorschpäckchen aus dem Ofen mit Wurzelgemüse und Oliven

Damit sie die Form besser halten, werden hier zwei Dorschfilets aufeinandergelegt und zusammengebunden. Übrigens ist der Unterschied zwischen tiefgekühltem und frischem Fisch vergleichbar mit dem Unterschied zwischen echtem Kartoffelbrei und der Tütenvariante. Daher kaufe ich so oft es geht frischen Fisch.

FÜR 4–6 PERSONEN

2 dicke Mittelstücke Dorsch- bzw. Kabeljaufilet mit Haut (à 500–600 g)
Meersalz, frisch gemahlener Pfeffer
1 Bund Thymian
5–6 Lorbeerblätter
2 EL Olivenöl

WURZELGEMÜSE:

8 junge Möhren mit Grün
4 Pastinaken
3–4 Zweige Thymian
120 g Kalamata-Oliven mit Stein und etwa 50 ml Einlegeflüssigkeit
3 Knoblauchzehen, in Scheiben geschnitten
300 ml Weißwein
2–3 EL Olivenöl
Salz, frisch gemahlener Pfeffer

UND SO GEHT'S:

1. Den Backofen auf 150 °C vorheizen.
2. Die Filets mit Salz und Pfeffer würzen, aufeinanderlegen (mit der Hautseite nach außen) und den Großteil von Thymian und Lorbeerblättern dazwischen platzieren. Die Filets mit den restlichen Kräutern bedecken und mit Küchengarn zusammenbinden. Die Päckchen mit Öl beträufeln und mit etwas Meersalz bestreuen und leicht pfeffern.
3. Den Fisch in eine Auflaufform legen und etwa 50 Minuten im Ofen backen, bis eine Kerntemperatur von 48–52 °C erreicht ist (digitales Bratenthermometer).
4. Das Wurzelgemüse abbürsten, waschen und längs halbieren oder vierteln. Gemüse, Thymian, Oliven und Knoblauch mit 300 ml Wasser, Wein und 2–3 EL Öl in einem Topf zugedeckt dünsten, bis das Gemüse »al dente« gegart ist. Den Kochsud abseihen und auf die Hälfte einkochen.
5. Den Kochsud vorsichtig mit Öl, Salz und Pfeffer verrühren. Zum Servieren den gegarten Fisch auf das Gemüse legen und mit dem Kochsud beträufeln.
6. Zum Beispiel mit Kartoffelschnee (durch eine Kartoffelpresse gedrückte gegarte Kartoffeln, die nicht verrührt werden) und Beurre blanc (s. S. 105) servieren.

46. Fischcurry mit Kokosmilch und Wasserkastanien

Wörtlich übersetzt bedeutet Garam masala »heißes Gewürz«. Diese Gewürzmischung kennt viele Varianten, fast immer enthält sie jedoch schwarzen Pfeffer, Chili, Koriander, Kreuzkümmel, Kardamom, Zimt, Muskat und Gewürznelke. Die in Indien sehr beliebte Gewürzmischung kommt meist erst ganz am Ende in das Gericht.

FÜR 4 PERSONEN

1 Stängel Zitronengras
60 g Lauch, in Ringe geschnitten
1 Dose Wasserkastanien (etwa 140 g)
1 TL frisch geriebener Ingwer
2 TL Garam masala
1 EL Olivenöl
1 Dose Kokosmilch (etwa 400 ml)
etwa 800 g Schellfisch- oder Dorschfilet, in grobe Stücke geschnitten
1 TL Salz
frisch gepresster Saft von 1 Limette

UND SO GEHT'S:

1. Mit einem Messergriff leicht auf das Zitronengras klopfen, damit sich das Aroma beim Kochen gut entfalten kann. Lauch, Wasserkastanien ohne Einlegeflüssigkeit, Ingwer, Garam masala und Zitronengras 2 Minuten in Öl anschwitzen.
2. Dann die Kokosmilch zugießen und alles 5–8 Minuten einköcheln lassen.
3. Die Fischstücke in den Sud geben und 6–7 Minuten garen. Mit Salz und Limettensaft abschmecken.
4. Nach Belieben mit Reis (s. S. 236) servieren.

47. Miso-Goldbrasse aus dem Ofen mit Nudeln

Goldbrasse, Dorade, Dorade Royal – der im Atlantik und im Mittelmeer beheimatete Fisch eignet sich toll zum Grillen und ist inzwischen überall erhältlich. Salzen Sie ihn ordentlich, denn er besitzt ein sehr festes Fleisch. Was aber ist Miso? Nun, das sind fermentierte Sojabohnen, die als Beize für den Fisch dienen.

FÜR 4 PERSONEN

4 Goldbrassenfilets mit Haut (à etwa 150 g)
150 g asiatische Reisbandnudeln
600 g Gemüse, in Streifen geschnitten, z. B. Möhren, Zucchini, rote Paprikaschote und Lauch
Olivenöl zum Braten und Servieren

MISO-MARINADE:

100 g Miso-Paste
1 EL brauner Zucker
3 EL Mirin (süßer japanischer Reiswein)
3 EL Reisweinessig oder Sake

UND SO GEHT'S:

1. Den Backofen auf 225 °C vorheizen.
2. Für die Marinade Miso-Paste, Zucker, Mirin und Essig verrühren. Die Fischfilets in 5–6 EL Marinade 20 Minuten marinieren (Rest für später beiseitestellen).
3. Den Fisch aus der Marinade heben, in eine Auflaufform setzen und 8–10 Minuten im Ofen backen.
4. Währenddessen die Nudeln nach Packungsanweisung garen.
5. Die Gemüsestreifen in einer Pfanne kurz in etwas Öl anbraten. Die Nudeln abgießen, mit dem Gemüse mischen und mit der Marinade würzen. Alles auf Tellern anrichten und mit 2 EL Öl beträufeln.

46.

47.

48. Steinbutt mit Kräutern und Beurre blanc

Der Steinbutt auf dem Foto war eines unserer ersten Motive für dieses Buch. Wir hatten den besten und teuersten Steinbutt gekauft und in unserem alten »Schrott«-Ofen (Entschuldigen Sie die Ausdrucksweise!) gebacken. Er schmeckte so unglaublich gut! Auch ich, die so oft kocht, wundere mich manchmal darüber, wie einfach es ist, ein leckeres Fischgericht zuzubereiten. Zusammen mit der Sauce wird es ein Essen, von dem Ihre Gäste noch lange schwärmen werden, versprochen! Variieren Sie auch einmal mit anderen Plattfischen wie Seezunge oder Scholle.

FÜR 4 PERSONEN

1 Steinbutt (2–2½ kg)
Olivenöl für das Blech
5–6 Lorbeerblätter
1 Bund Petersilie, Blätter abgezupft
1 Bund Estragon, Blätter abgezupft
1 Bund Thymian, Blätter abgezupft
100 g Butter
Meersalz, frisch gemahlener Pfeffer

BEURRE BLANC:

1 Schalotte, fein gehackt
Butter und Öl zum Braten
50 ml Weißweinessig
50 ml Weißwein
250–300 g zimmerwarme Butter
Salz, frisch gemahlener Pfeffer
1 Prise Zucker

UND SO GEHT'S:

1. Den Backofen auf 150 °C vorheizen.
2. Den Steinbutt auf ein gefettetes Backblech legen. Den Fisch entlang der Wirbelsäule einschneiden und den Spalt mit Kräutern und Butterflocken füllen. Großzügig mit Meersalz bestreuen und mäßig pfeffern.
3. In den dicksten Teil des Fischs ein digitales Bratenthermometer stechen und den Fisch 45–60 Minuten im Ofen backen, bis die Kerntemperatur 55 °C beträgt.
4. Für die Beurre blanc die Schalotte in Butter und Öl in einem Topf anschwitzen. Essig und Wein zugießen und alles bis auf etwa 3 EL einkochen. Die Sauce mit etwas Fischsud verdünnen. Die zimmerwarme Butter in Stücken unter Rühren hinzufügen, bis eine glatte, sämige Sauce entstanden ist. Mit Salz, Pfeffer und Zucker würzen.
5. Den Steinbutt mit der Beurre blanc und zum Beispiel mit Dillsalzkartoffeln servieren.

BRATENTHERMOMETER

Nicht jedes Bratenthermometer kann während des gesamten Garvorgangs im Backofen bleiben. Einige digitale Modelle werden nur kurz ins Gargut gesteckt, um die Temperatur abzulesen, und dann wieder entfernt.

Eine Fischfarce – viele Gerichte

Ich kann mich eigentlich nicht daran erinnern, dass Mama, Papa oder Oma jemals eine Fischfarce gemacht hätten. Die Inspiration dazu kam eher von unseren Nachbarn in der Hausnummer 28, die ich ab und zu mal besuche. Einmal gab es dort zum Abendessen Nudeln mit Fischfrikadellen in weißer Sauce aus der Dose. Ich meinte es nicht böse, aber mir rutschte heraus: »Was, gibt es wirklich Leute, die so was essen?« Ich nahm das als Ansporn, eine wirklich gute Fischfarce zuzubereiten – in einer Küchenmaschine geht das auch richtig schnell.

Als ich den Kindern dann zum ersten Mal eine Fischfarce aus Seelachs und Dorsch, umhüllt von einer in Butter knusprig gebratenen Panko-Mehl-Panade, mit Gurkensalat vorgesetzt habe, sind sie regelrecht darüber hergefallen!

Auf der nächsten Seite finden Sie mein Grundrezept, das Sie mit anderen Gewürzen und Zutaten nach Ihrem Geschmack abwandeln können. Zwei köstliche Varianten habe ich auch angehängt: feine Fischklößchen und knusprige Fischfrikadellen.

49. Grundrezept für Fischfarce

Bei einer Fischfarce ist es wichtig, nicht zu lange zu pürieren, denn sonst kann sich das Fett von der Farce trennen und die Masse grießelig werden.

FÜR 4 PERSONEN

200 g Lachsfilet
200 g Dorsch-, Hecht- oder Seelachsfilet
½ TL Salz
1 EL Dijonsenf
1 sehr frisches Eiweiß
150 g Sahne
frisch gemahlener Pfeffer

UND SO GEHT'S:

1. Den Fisch in Stücke schneiden und in eine Küchenmaschine geben. Die übrigen Zutaten hinzufügen und nur kurz pürieren, bis eine Farce entstanden ist.
2. Die Farce abschmecken – der Geschmack muss harmonisch sein (wer will, kann sie danach wieder ausspucken). 15 Minuten im Kühlschrank durchziehen lassen.
3. Die Farce nach Belieben in Fischfrikadellen, Fischklößchen oder auch eine leckere Fischpastete verwandeln.

FARCE MIT FRISCHEM FISCH

Am besten gelingt eine Fischfarce mit frischem Fisch. Mit tiefgekühltem Fisch wird sie ein wenig weicher, schmeckt aber ebenso gut!

50. Fischklößchen mit Zitronen-Spargel-Sauce

Weißer Dosenspargel schmeckt püriert wunderbar und passt großartig zu den cremigen Fischklößchen.

FÜR 4 PERSONEN

1 Grundrezept Fischfarce (siehe links)
1 Bund grüner Spargel
Olivenöl zum Braten
1 Prise Salz
2 Stängel Petersilie, Blätter gezupft

ZITRONEN-SPARGEL-SAUCE:

1 Schalotte, fein gehackt
1 Knoblauchzehe, gerieben
Olivenöl zum Braten
200 g Sahne
1 Dose weißer Spargel mit Sud (etwa 330 g)
100 ml Milch
Salz, frisch gemahlener Pfeffer

UND SO GEHT'S:

1. Für die Sauce Schalotte und Knoblauch in einem Topf in Öl anschwitzen. Sahne und Dosenspargel mit Sud hinzufügen und 8–10 Minuten einkochen. Die Milch zugießen und die Sauce im Topf glatt pürieren, dann mit Salz und Pfeffer würzen.
2. Die Farce mit zwei Esslöffeln zu länglichen Klößchen formen. Die Löffel dabei immer wieder in Wasser tauchen, damit die Farce nicht zu sehr anhaftet. Die Klößchen in der Sauce auf kleiner Stufe 5 Minuten köcheln. Den Topf vom Herd nehmen und die Klößchen noch 5 Minuten gar ziehen lassen.
3. Den grünen Spargel in Stücke schneiden (bei Bedarf schälen) und in einer Pfanne in etwas Öl und Salz 2–3 Minuten braten.
4. Die Klößchen mit der Sauce, den Spargelstücken und der Petersilie servieren.

49.

49.

50.

51.

51. Fischfrikadellen mit Grillpaprika und Mayonnaise

Japanisches Panko-Mehl, das in Asia-Läden erhältlich ist, ist zu meinem Paniermehl Nummer eins geworden. Damit gelingt die Panade viel besser und wird auch nicht so kompakt wie mit gewöhnlichem Paniermehl.

FÜR 4 PERSONEN

1 Grundrezept Fischfarce (s. S. 107)
½ Lauchstange, in feine Streifen geschnitten
200 g gegarte, geschälte Garnelen, gehackt
½ rote Chilischote, Samen entfernt und fein gehackt
abgeriebene Schale von 1 Bio-Zitrone
150 g Panko-Mehl (japanisches Paniermehl)
Butter zum Braten

GRILLPAPRIKA:

etwa 16 Spitzpaprikaschoten
2 EL Olivenöl
1½ EL Meersalz
frisch gemahlener Pfeffer

MAYONNAISE:

1 sehr frisches Eigelb
1 EL schonischer körniger Senf oder Dijonsenf
200 ml neutrales Öl, z. B. Raps- oder Sonnenblumenöl
abgeriebene Schale von 1 Bio-Zitrone
1 Knoblauchzehe, gerieben
¼ TL Salz, 1 Prise frisch gemahlener Pfeffer

ZUM SERVIEREN:

1 Bund Koriandergrün, Blätter gehackt
Fruchtfleisch von 1 Zitrone, gehackt
1 Knoblauchzehe, gerieben
1 Salatkopf, z. B. Salarico (eine Kreuzung aus Eisberg- und Romanasalat)

UND SO GEHT'S:

1. Den Backofen auf 275 °C vorheizen.
2. Für die Grillpaprika die Paprikaschoten im Ganzen auf ein Backblech setzen, mit Öl beträufeln und mit Salz und Pfeffer würzen. Die Paprikaschoten etwa 10 Minuten im Ofen rösten, bis sie goldbraun oder fast schwarz geworden sind.
3. Für die Frikadellen die Farce mit Lauch, Garnelen, Chili und Zitronenschale gut verrühren und die Masse mit angefeuchteten Händen zu flachen Frikadellen formen. Das Panko-Mehl auf einem Teller verteilen und die Frikadellen darin wenden. Dann auf mittlerer Stufe 3–5 Minuten auf jeder Seite in Butter goldbraun braten.
4. Für die Mayonnaise Eigelb und Senf verrühren. Nach und nach das Öl unterrühren, bis die Masse andickt. Mit Zitronenschale, Knoblauch, Salz und Pfeffer würzen.
5. Koriander, Zitronenfleisch und Knoblauch mischen.
6. Die Grillpaprika mit den Fischfrikadellen anrichten und mit Salat, Zitronen-Koriander-Mischung und Mayonnaise servieren.

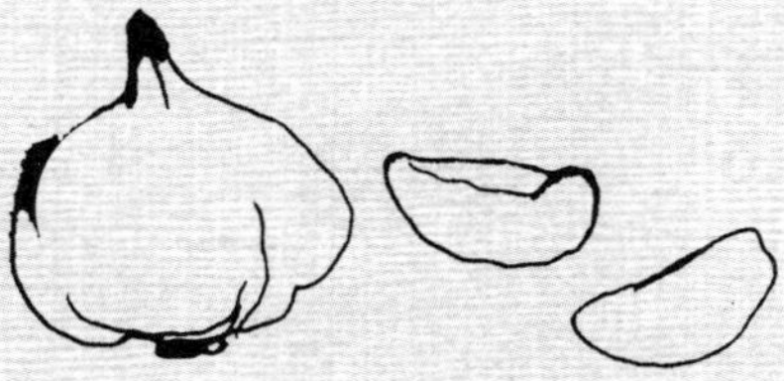

52. Senfströmling mit Kartoffelbrei und Cognacpreiselbeeren

Als ich meinen Mann kennenlernte, hatte ich echte Pausbäckchen und sah aus wie ein Ballon kurz vor dem Platzen. Das lag an dem vielen Kartoffelbrei à la Joël Robuchon, den ich damals verschlungen habe. Grund: Ich habe den Kartoffelbrei des berühmten französischen Kochs, der sehr viel Butter und Sahne enthält, tagtäglich im Restaurant des *Hotels Kattegat* in Torekov angerührt. Ein äußerst lieb gewonnenes Rezept!

FÜR 4 PERSONEN

12 Strömlingfilets mit Haut (Ostseehering; etwa 500 g)
3 EL schonischer oder anderer süßer Senf
1½ EL gehackter Dill
Salz, frisch gemahlener Pfeffer
Roggenmehl zum Panieren
Butter und Öl zum Braten

COGNACPREISELBEEREN:

225 g frische oder TK-Preiselbeeren
120 g Zucker
50 ml Cognac

KARTOFFELBREI:

500 g mehligkochende Kartoffeln, geschält
Salz
150 g zimmerwarme Butter
100 g Sahne
frisch gemahlener Pfeffer

UND SO GEHT'S:

1. Für die Beilage die Preiselbeeren mit Zucker und Cognac verrühren (siehe rechts). Mit Frischhaltefolie zugedeckt ein bis zwei Tage durchziehen lassen, bis der Zucker sich vollständig aufgelöst hat. Bei Bedarf mehr Zucker oder Cognac hinzufügen.
2. Die Kartoffeln in leicht gesalzenem Wasser garen. Durch eine Kartoffelpresse drücken und die zimmerwarme Butter unterrühren. Dann die Sahne hinzufügen und alles mit Salz und Pfeffer abschmecken.
3. Die Flossen der Strömlinge abtrennen. Die Fische auf der Fleischseite mit Senf bestreichen, mit Dill bestreuen, salzen und pfeffern. Je zwei Filets aufeinanderlegen und leicht in Roggenmehl wenden, das zuvor auf einem Teller verteilt wurde. Die Filetsandwichs auf jeder Seite 4–5 Minuten in Butter und Öl braten, bis sie braun und knusprig sind.
4. Sofort mit Kartoffelbrei und Cognacpreiselbeeren servieren.

KALT GERÜHRTE PREISELBEEREN

Rühren Sie die Preiselbeeren nicht zu lange, sondern lassen Sie den Zucker einfach langsam schmelzen. Rühren Sie sie am besten am Tag zuvor an, decken Sie sie mit Frischhaltefolie ab und lassen Sie sie bei Zimmertemperatur durchziehen. Wer leicht vergisst, sie rechtzeitig vorzubereiten – so wie ich –, kann die Preiselbeeren auch ganz vorsichtig in einem Topf anwärmen, damit sie möglichst ganz bleiben. Wenn Sie es sich einfach machen wollen, können Sie auch Preiselbeerkompott aus dem Glas kaufen und mit etwas Cognac und Zitronenschale verfeinern.

52.

C14 Det händer Onsdag
helsingborg

53. Fish and Chips von der Scholle mit Remouladensauce

Einmal habe ich hochschwanger (mein Sohn war gerade unterwegs) im Restaurant *Cirkus Maximum* in Östhammar gemeinsam mit dem Journalisten Pelle Westman gekocht. Damals habe ich Fish and Chips gemacht und im obligatorischen Zeitungspapier serviert. Dieses urenglische Rezept schmeckt viel besser als sein Ruf – zumindest, wenn man es richtig zubereitet. Manchmal wird es wirklich arg misshandelt und ist dann mehr oder weniger ungenießbar. Mit dem richtigen Know-how und frischem Fett in der Fritteuse wird es aber ein Hochgenuss.

FÜR 4 PERSONEN

4 Eier
150 g Speisestärke
etwa 500 ml Maiskeimöl zum Frittieren
8 Schollenfilets (etwa 600 g)
Salz, frisch gemahlener Pfeffer
einige Stängel krause Petersilie

REMOULADENSAUCE:

60 g Mixed Pickles
3 EL fein gehackter Lauch
100 g Mayonnaise (s. S. 109)
200 g Crème fraîche
1½ Currypulver
Meersalz, frisch gemahlener Pfeffer
etwas frisch gepresster Zitronensaft
2 EL frisch geriebener Meerrettich

ZUM SERVIEREN:

Bio-Zitronenspalten

UND SO GEHT'S:

1. Für die Remoulade die Pickles hacken und mit Lauch, Mayonnaise und Crème fraîche in einer Schüssel mischen. Das Currypulver unterrühren und alles mit Salz, Pfeffer und etwas Zitronensaft abschmecken. Mit dem geriebenen Meerrettich bestreuen. Wer Mayonnaise gerne selbst macht, findet ein Rezept im Buch (s. S. 109).
2. Für den Fisch Eier und Speisestärke glatt rühren. Einen Topf mit reichlich Öl füllen (mehr zu Frittieren s. S. 248) und erhitzen. Die Schollenfilets salzen und pfeffern, im Eierteig wenden und jeweils 3–4 Minuten frittieren, bis sie sich kräuseln und goldbraun sind. Die Petersilie ebenfalls in den Teig tauchen und kurz frittieren.
3. Alles mit Remoulade und Zitronenspalten servieren, dabei die Zitronen eventuell auf die russische Weise aufschneiden (s. S. 188). Dazu knusprige Pommes servieren – und warum nicht auf Zeitungspapier?

54. Fischzopf mit Sektsauce wie in den 1980ern

In den 1980ern, als ich noch ein Kind war, wurde im Restaurant meines Vaters genau diese Art von Gerichten serviert: Suppen mit einem Sahnehäubchen und Kartoffelschnee mit »Rinderfilet *black and white*«.

Heute bin ich froh, ein Gastronomenkind zu sein, damals aber habe ich noch nicht begriffen, welches Geschenk mir damit in die Wiege gelegt worden ist. Mein Bruder und ich aßen lieber bei Oma und Opa väterlicherseits, wo es normales Essen gab und nicht diesen, wie wir fanden, merkwürdigen Schnickschnack.

Frischen Sie für dieses Rezept noch flink Ihre alten Flechtkenntnisse auf, denn der Fisch wird hier geflochten! Und merken Sie sich diese etwas gediegenere Sektsauce, da sie zu jedem Fisch passt.

FÜR 4 PERSONEN

400 g Lachsfilet
400 g Rotzungen- oder Schollenfilet
Butter für das Backpapier

SEKTSAUCE:

2 Schalotten
6 weiße Pfefferkörner
1 EL Butter
200 ml trockener Weißwein
200 ml Fischfond oder Wasser
100 ml Sekt oder Prosecco
200 g Sahne
½ TL Salz
2 TL frisch gepresster Zitronensaft
frisch gemahlener Pfeffer

ZUM SERVIEREN:

150 g Zuckerschoten
80 g Lachsrogen
1 kleines Bund Schnittlauch

UND SO GEHT'S:

1. Den Backofen auf 130 °C vorheizen.
2. Die Fischfilets längs in insgesamt zwölf Streifen schneiden und zu vier hübschen Zöpfen flechten. Auf ein leicht mit Butter gefettetes Stück Backpapier geben und etwa 10 Minuten im Ofen backen.
3. Für die Sauce die Schalotten schälen und in feine Scheiben schneiden. Die Pfefferkörner zerstoßen und mit den Schalotten in der Butter anschwitzen. Weißwein, Fond und 50 ml Sekt zugießen und alles auf die Hälfte einkochen lassen. Die Sahne hinzufügen und weiter einköcheln, bis die Sauce eindickt. Die Sauce abseihen, salzen und mit Zitronensaft und Pfeffer abschmecken. Bis zum Servieren warm halten.
4. Die Zuckerschoten in wenigen Esslöffeln Sauce in einem Topf erhitzen. Auf vier Tellern ein Bett aus Zuckerschoten anrichten und je 1 Fischzopf darauf platzieren. Mit Lachsrogen und ein paar Schnittlauchhalmen garnieren.
5. Den restlichen Sekt in die Sauce gießen und die Sauce mit einem Stabmixer direkt im Topf aufschäumen.
6. Den Fischzopf sofort mit der Sektsauce und nach Belieben mit Kartoffelschnee servieren, salzen und pfeffern – und nicht den großzügigen Butterklecks in der Mitte der Kartoffeln vergessen.

55. Eingelegter Saibling mit Salsa verde

Es gibt eine Sauce, die so unerhört wandelbar ist wie ein Chamäleon und ihr Kleid schneller wechseln kann als ein Topmodel. Mal kuschelt sie ein wenig mit Herrn Saibling, mal spielt sie Billard mit dem schönsten aller Roastbeefs. Ich spreche von einer Sauce, die auf Italienisch *Salsa verde* heißt und einfach zu allem passt, sogar zu Tacos (s. S. 248). Besonders im Sommer perfekt!

Hier habe ich die Sauce mit einem Saibling kombiniert, doch im Prinzip kann man den Fisch auch einfach weglassen und sich nur über die Sauce hermachen. Nein Quatsch, natürlich hat der eingelegte Saibling seinen Platz verdient. Ein wunderbares Gericht, das gar nicht misslingen kann.

FÜR 4 PERSONEN

2 Saiblingfilets mit Haut (à etwa 400 g)

LAKE:

60 g Salz
1½ EL Zucker

SALSA VERDE:

1 Bund glatte Petersilie, Blätter abgezupft
1 Bund frischer Estragon, Blätter abgezupft
1 Bund frische Minze, Blätter abgezupft
50 g frischer Spinat
2 EL Kapern
2 Knoblauchzehen, geschält
2 EL Dijonsenf
100 ml Olivenöl
1 Prise Salz, frisch gemahlener Pfeffer

ZUM SERVIEREN:

1 Zitrone
1 Bund glatte Petersilie, Blätter gehackt
2 EL Olivenöl
2 kleine Salatköpfe

UND SO GEHT'S:

1. Die Fischfilets in eine Form mit hohem Rand legen. Für die Lake 1 l Wasser mit Salz und Zucker aufkochen. Die Lake heiß über den Fisch gießen und die Form sofort mit Frischhaltefolie abdecken. Abkühlen lassen, dann in den Kühlschrank stellen.
2. Währenddessen die Salsa zubereiten. Dafür alle Zutaten bis auf Öl, Salz und Pfeffer mit 2 EL Wasser mit einem Stabmixer glatt pürieren. Tropfenweise das Öl hinzufügen und die Salsa mit Salz und Pfeffer abschmecken. In den Kühlschrank stellen.
3. Die Zitrone schälen und mit einem scharfen Messer filetieren. Das Fruchtfleisch klein würfeln und mit Petersilie und Öl mischen.
4. Die Salatköpfe längs halbieren und mit der Zitronen-Petersilien-Mischung beträufeln.
5. Den Fisch aus der Lake heben, die Haut nach Belieben abziehen, die Filets auf Tellern anrichten und mit Salsa verde und Salat servieren.

RESTEVERWERTUNG

Kartoffeln vom Vortag schmecken kalt und mit ein paar Esslöffeln Salsa verde ganz himmlisch – zum Beispiel zu kalten Roastbeefscheiben.

Fisch sucht Dose – eine ungewöhnliche Liebesgeschichte

Vorsicht, im folgenden Kapitel müssen Sie sich auf Product Placement und Dosennostalgie einstellen! Viele halten ein Fischgratin für feine Küche, die nicht unbedingt alltagstauglich ist. Mit gewitzten Tricks – und in meiner Küche wimmelt es nur so vor Tricks – kann man es aber ratzfatz dazu machen. Im Folgenden zeige ich Ihnen, wie Sie frischen oder tiefgekühlten Fisch mit verschiedenen Dosensuppen zu köstlichen Alltagsgerichten verwenden, die im Ofen fast von allein garen.

Ich liebe die einfachen, unkomplizierten Lösungen und habe daher ein entspanntes Verhältnis zu Dosensuppen und -saucen – solange sie gut schmecken. Und genau deshalb mag ich die Dosen von Campbell's (in Deutschland kann man sie im Internet bestellen). Auf die richtige Weise eingesetzt, finde ich Fertiggerichte in der Küche völlig in Ordnung. Legen Sie sich gleich einen kleinen Dosensuppenvorrat an und verfeinern Sie damit Lachs, Dorsch, Makrele, Scholle und Co. Der Dosenstapel sieht im Vorratsschrank dann sogar fast wie ein kleines Kunstwerk aus!

56. Schollengratin mit Hummersuppe, Brokkoli und Zucchini

Dieses Gratin habe ich vor fast zehn Jahren für eine Kochsendung gemacht und ich koche es immer noch gerne – werktags oder samstags. Eins noch: Wenn Sie die Familie »Wählerisch« zu Besuch haben, machen Sie ihr ruhig weis, die Hummersuppe sei selbst gemacht.

FÜR 4 PERSONEN

8 Schollenfilets (etwa 600 g)
Salz, frisch gemahlener Pfeffer
1 Zucchini
1 Brokkoli
2 Knoblauchzehen, zerdrückt
Olivenöl zum Braten
1 Dose (280 ml) Hummersuppe
½ Dose Milch, Wasser oder Sahne
200 g Sahne
1 Eigelb

UND SO GEHT'S:

1. Den Backofen auf 250 °C vorheizen. Die Fischfilets salzen, pfeffern, mit der Innenseite nach innen aufrollen und in eine ofenfeste Form legen.
2. Zucchini und Brokkolistrunk in Scheiben schneiden, Brokkoliröschen in Stücke brechen. Gemüse und Knoblauch kurz in Öl anschwitzen, dann salzen und pfeffern.
3. Das Gemüse zum Fisch in die Form geben. Die Suppe mit Milch, Wasser oder Sahne mischen und über Fisch und Gemüse gießen. Alles etwa 10 Minuten im Ofen backen.
4. Die Sahne aufschlagen und das Eigelb unterrühren. Die Eigelbsahne über das Gratin geben und noch 5 Minuten backen. Mit Kartoffelschnee oder Reis (s. S. 236) servieren.

57. Dorschgratin mit Spargel, Zuckerschoten und Zitrone

Ich bereite dieses Gratin am liebsten mit Sahne zu, das schmeckt einfach am besten. Wenn Sie Dorsch bzw. Kabeljau im Fischgeschäft kaufen, bitten Sie den Händler darum, Ihnen grätenfreie Filets zu geben.

FÜR 4 PERSONEN

700 g Dorsch- bzw. Kabeljaufilet
Saft von 1 Zitrone
Salz, frisch gemahlener Pfeffer
1 Lauchstange
150 g Zuckerschoten
1 Bund grüner Spargel
Olivenöl zum Braten
1 Dose (280 ml) Tomatensuppe
½ Dose Milch, Wasser oder Sahne
1 Bund Dill oder Kerbel

UND SO GEHT'S:

1. Den Backofen auf 250 °C vorheizen. Die Fischfilets, falls nötig, vollends entgräten, indem man die kleinen Gräten, die nebeneinander im dicksten Teil sitzen, herausschneidet. Die Fischfilets in eine Auflaufform legen, mit Zitronensaft beträufeln, salzen und pfeffern.
2. Lauch und Zuckerschoten klein schneiden. Den unteren Teil der Spargelstangen entfernen, die Stangen in Stücke schneiden. Das Gemüse in Öl in einer Pfanne anbräunen, salzen und pfeffern und in die Form dazugeben.
3. Die Suppe mit Milch, Wasser oder Sahne mischen und über Fisch und Gemüse gießen. Alles etwa 20 Minuten im Ofen backen.
4. Mit grob gezupftem Dill oder Kerbel garnieren und mit Reis (s. S. 236) servieren.

56.

57.

58.

59.
Campbell's

58. Lachs-Seehecht-Gratin mit Pilzen und Blumenkohl

Wenn kein Seehecht aufzutreiben ist, kann das Gratin auch nur mit Lachs zubereitet werden. Da spricht nichts dagegen.

FÜR 4 PERSONEN

300 g Lachsfilet
300 g Seehechtfilet
350 g gemischte Pilze
½ Blumenkohl
1 Bund Estragon
Olivenöl zum Braten
Salz, frisch gemahlener Pfeffer
1 Dose (280 ml) Hummersuppe
½ Dose Milch, Wasser oder Sahne
100 g Käse, gerieben

UND SO GEHT'S:

1. Den Backofen auf 250 °C vorheizen.
2. Den Fisch in etwa 5 cm große Stücke schneiden. Die Pilze säubern, den Blumenkohl in kleine Röschen zerteilen und den Estragon grob hacken. Pilze, Blumenkohl und Estragon in einem Topf in etwas Öl anschwitzen. Mit Salz und Pfeffer würzen.
3. Fischwürfel und Gemüse in eine Auflaufform geben.
4. Die Pilzsuppe mit Milch, Wasser oder Sahne mischen und in die Form gießen. Alles mit dem geriebenem Käse bestreuen und 10–12 Minuten im Ofen gratinieren. Sofort mit Kartoffelschnee servieren.

59. Makrelenauflauf mit Tomaten, Fenchel und Petersilie

Mit den geräucherten Makrelenfilets schmeckt das Gericht fast wie Makrele in Tomatensauce aus der Dose – nur viel besser.

FÜR 4 PERSONEN

4 geräucherte Makrelenfilets mit Haut (etwa 600 g)
½ Fenchel
2 Stangen Staudensellerie
1 Bund Petersilie, Blätter gehackt
Olivenöl zum Braten
Salz, frisch gemahlener Pfeffer
1 Dose (280 ml) Tomatensuppe
1 EL Semmelbrösel
2 EL Butter

UND SO GEHT'S:

1. Den Backofen auf 250 °C vorheizen.
2. Die Haut der Makrelen mehrmals einschneiden. Fenchel und Staudensellerie putzen, in Scheiben schneiden und mit der Petersilie kurz in Öl anschwitzen. Mit Salz und Pfeffer würzen.
3. Das Gemüse in eine Auflaufform geben, mit dem Fisch belegen und die Tomatensuppe darüberlöffeln. Alles mit Semmelbröseln bestreuen und mit Butterflocken belegen. Etwa 10–12 Minuten im Ofen backen. Sofort mit Reis (s. S. 236) servieren.

FISCH RICHTIG AUFTAUEN

Tiefgekühlten Fisch sollte man mit ein wenig Salz bestreuen und dann etwa 15 Minuten auftauen lassen. So verliert der Fisch bei der Zubereitung nicht ganz so viel Flüssigkeit und zerfällt weniger.

60.

61.

60. Warm geräucherter Lachs mit Béchamelkartoffeln und Dill

Diesen schwedischen Klassiker liebe ich sehr. Er ist kinderleicht herzustellen, denn den Lachs kauft man fertig, und Kartoffeln und Béchamelsauce kann wirklich jeder kochen. Also los! Milch brennt leicht an, rühren Sie sie daher beim Erwärmen ständig. Angebrannte Sauce einfach wegwerfen und neue machen.

FÜR 4 PERSONEN

4 Stücke warm geräucherter Lachs mit Haut (à etwa 150 g)

DILL-BÉCHAMEL-KARTOFFELN:

500 g kleine vorwiegend festkochende Kartoffeln
Salz
½ weiße Zwiebel
2 EL Butter
2 EL Mehl
300 ml Milch
frisch gemahlener Pfeffer
1 Bund Dill

UND SO GEHT'S:

1. Den geräucherten Lachs in Alufolie eingewickelt im Backofen oder auf dem Grill aufwärmen. Die Kartoffeln mit Schale in leicht gesalzenem Wasser garen.
2. Die Zwiebel schälen, fein hacken und in der Butter glasig dünsten. Das Mehl unterrühren, dann nach und nach unter Rühren die Milch hinzufügen. Aufkochen, mit Salz und Pfeffer abschmecken.
3. Die Kartoffeln abgießen, quer halbieren und in die heiße Sauce geben. Den Dill grob hacken und darüberstreuen.
4. Die Kartoffeln zum Lachs servieren.

61. Lachs mit neuen Kartoffeln und Kaviarsahne

Das perfekte Resteessen im Sommer! Übrig gebliebene kalte Kartoffeln vom Vortag einfach mit einer Gabel leicht andrücken und in Kaviarcreme und Sahne baden lassen. Schmeckt unverschämt lecker – auch ganz ohne Lachs oder mit gekochten, halbierten Eiern. Man kann sogar den Käse weglassen und das Ganze einfach so in den Ofen schieben. Das perfekte »Ich hab nichts zu Hause«-Gericht. Dazu passen gesalzene Gurken (s. S. 252).

FÜR 4 PERSONEN

400 g gekochte Kartoffeln vom Vortag
600 g Lachsfilet ohne Haut
200 g Sahne
½ Tube Kaviarcreme (etwa 95 g)
frisch gemahlener Pfeffer
50 g reifer schwedischer gräddost oder Gratinkäse, gerieben

UND SO GEHT'S:

1. Den Backofen auf 225 °C vorheizen.
2. Die gekochten Kartoffeln in eine Auflaufform geben und mit einer Gabel andrücken.
3. Den Lachs in 2 cm dicke Scheiben schneiden und ebenfalls in die Form schichten.
4. Die Sahne aufschlagen, mit Kaviarcreme und Pfeffer abschmecken und über Lachs und Kartoffeln gießen. Mit geriebenem Käse bestreuen und 15 Minuten im Ofen gratinieren.
5. Zum Abendessen servieren oder schnell zubereiten, wenn hungrige Überraschungsgäste auftauchen.

62. Lachs mit warmem Limetten-Schalotten-Dressing

Als Vorspeise oder als Beilage zu gekochten Kartoffeln servieren. Die Schalotten verleihen dem Lachs einen milden, leicht süßen Geschmack – so einfach und so lecker!

FÜR 4 PERSONEN

1 Bananenschalotte (längliche Schalotte; ersatzweise 2 kleine Schalotten)
½ rote Zwiebel
Öl zum Braten
3 Bio-Limetten
2 EL Honig
100 ml Olivenöl
400 g Lachsfilet ohne Haut
1 Prise Meersalz
1 Prise frisch gemahlener Pfeffer

UND SO GEHT'S:

1. Schalotte und Zwiebel schälen und fein hacken. In etwas Öl in einem Topf anschwitzen, bis sie weich sind.
2. Die Schale von 1 Limette abreiben und alle 3 Limetten auspressen. Saft und Schale zu den Zwiebeln geben, dann Honig und Öl unterrühren. Alles sämig einkochen lassen.
3. Den Lachs in möglichst dünne Scheiben schneiden und auf vier Teller verteilen. Salzen und pfeffern. Das heiße Dressing über den rohen Lachs gießen und sofort servieren.

LACHS DÜNN AUFSCHNEIDEN

Wer seinen Lachs hauchdünn aufschneiden möchte, kann ihn zuvor kurz ins Gefrierfach legen. So lässt er sich leichter in schräg angesetzte Scheiben schneiden. Alternativ zerteilen Sie ihn wie ein Brot, also ganz gerade. Wichtig ist nur, dass der Lachs grätenfrei ist.

63. Lachs mit warmen Trauben und Kapern

Dieses Lachsgericht habe ich einmal mit meinem Kollegen Benny im *La Boqueria* in Barcelona gegessen. Die Trauben waren kurz vor dem Platzen – also auf den Punkt gegart. Wir hatten einen Riesenspaß beim Essen und notierten uns, wie das Gericht vermutlich zubereitet war. Das Traubendressing mit Kapern schmeckt kalt ebenfalls köstlich und kann auch zu feinem Aufschnitt serviert werden.

FÜR 4 PERSONEN

2 Schalotten, fein gehackt
50 ml Olivenöl
2 EL weißer Balsamico-Essig
175 g kernlose weiße Trauben
2 EL Kapern
400 g Lachsfilet ohne Haut
1 Prise Meersalz
½ Prise frisch gemahlener Pfeffer

UND SO GEHT'S:

1. Die Schalotten mit Öl und Essig in einen heißen Topf geben. Trauben und Kapern hinzufügen und alles etwa 7 Minuten einkochen lassen, bis die Trauben schön weich sind. Dabei einen Deckel auflegen, um das Ganze zu beschleunigen.
2. Den Lachs in möglichst dünne Scheiben schneiden (siehe links) und die Scheiben auf vier Teller verteilen. Salzen und pfeffern und die heißen Weintrauben auf dem rohen Lachs verteilen. Sofort servieren.

63.

64. Graved Lachs mit Zitrone und Pfeffer

Fisch zu beizen ist toll, denn es macht Spaß und geht fast von allein. Sie sollten natürlich nur mit sauberen Händen arbeiten, den Lachs während des Beizens immer wieder wenden und ihn im Kühlschrank lagern. Dann kann nichts schiefgehen – versprochen!

FÜR 4–6 PERSONEN

5 Lorbeerblätter (am besten frische)
2 EL weiße Pfefferkörner
3 Bio-Zitronen
80 g Zucker
60 g Meersalz
3 EL grob gehackter Dill
1½ kg Lachsfilet mit Haut

UND SO GEHT'S:

1. Lorbeerblätter und Pfefferkörner in einem Mörser zerstoßen. Die Zitronen waschen und in dünne Scheiben schneiden.
2. Zucker, Salz, Dill sowie zerstoßene Lorbeerblätter und Pfefferkörner mischen. Den Lachs mit der Gewürzmischung einreiben, dann mit den Zitronenscheiben belegen. Etwa 1 Stunde bei Zimmertemperatur ziehen lassen, bis die Gewürzmischung zu schmelzen beginnt.
3. Dann den Lachs in Frischhaltefolie einwickeln und am besten mit einem Gewicht beschwert mindestens 24 Stunden in den Kühlschrank stellen.
4. Zum Servieren den Lachs schräg oder wie ein Brot senkrecht in feine Scheiben schneiden. Nach Belieben mit Béchamel-Kartoffeln (s. S. 124) als Hauptgericht oder als Teil eines Buffets servieren.

GEBRATENER GRAVED LACHS

Eine etwas dickere Scheibe Graved Lachs ohne Fett in einer heißen Pfanne auf jeder Seite 30 Sekunden braten. Mit Artischockencreme (s. S. 292) servieren.

Viermal Muscheln essen mit Freunden

Miesmuscheln sind köstlich und leicht zuzubereiten – kurz, ein echtes Festessen! Servieren Sie sie gekocht, gratiniert, mit Chili, Kaffir-Limettenblättern und Kokosmilch aromatisiert oder mit Zimt und Kardamom gewürzt. Wenn man mit unterschiedlicher Würze Variation schafft, kann man noch häufiger Muscheln essen!

Muscheln müssen noch leben, wenn sie zubereitet werden. Prüfen können Sie dies, indem Sie bei noch geöffneten Exemplaren gegen die Schale klopfen. Wenn sich die Muschel nicht schließt, muss sie aussortiert werden.

Am besten schmecken Muscheln im Frühjahr, wenn sie sich noch nicht fortgepflanzt haben. Man sagt gemeinhin, dass man Muscheln nur in Monaten mit »r« am Ende essen sollte, doch diese Regel gilt inzwischen als überholt.

Im folgenden Kapitel stelle ich vier teilweise ungewöhnliche Muschelrezepte vor, die Sie dazu inspirieren sollen, beim Würzen von Muscheln ruhig etwas mutiger zu sein.

65. Weißweinmuscheln mit Fenchel und Knoblauch

Dieses Gericht ist bei mir zu Hause am Wochenende ein echter Klassiker. Ich stelle die gekochten Muscheln in einer großen Schüssel auf den Tisch und serviere sie mit knusprigem Brot und einem Stapel Servietten. Dann wird reingehauen! Dazu gibt es einen Drink oder ein Glas Wein.

FÜR 4 PERSONEN

1 kg frische Miesmuscheln
2 Schalotten, fein gehackt
3 Knoblauchzehen, gerieben
½ Fenchel, in Streifen geschnitten
Olivenöl zum Braten
200 ml trockener Weißwein oder Wasser
200 g Sahne
1 TL Salz
3 EL grob gezupfte Petersilie

UND SO GEHT'S:

1. Die Muscheln gründlich abbürsten und die Bärte entfernen. Bereits geöffnete Muscheln, die sich auch nach Anklopfen nicht schließen, wegwerfen.
2. Schalotten, Knoblauch und Fenchel in einem großen Topf in Öl anschwitzen. Die Muscheln hinzufügen und auf hoher Stufe wenige Minuten kochen. Wein (oder Wasser) und Sahne zugießen. Den Deckel auflegen und die Muscheln etwa 5 Minuten kochen, bis sie sich geöffnet haben. Dabei zweimal am Topf rütteln. Salzen. Noch geschlossene Exemplare am Ende aussortieren.
3. Die Petersilie grob hacken. Die Muscheln anrichten und mit der Petersilie bestreuen. Sofort servieren.

66. Muscheln in Kokosmilch mit Chili und Limettenblättern

Oh, so cremig und lecker! Durch Kokosmilch und Kaffir-Limettenblätter schmeckt das Ganze fast wie eine Tom-Kha-Gai-Suppe (s. S. 232) an einem thailändischen Strand.

FÜR 4 PERSONEN

1 kg frische Miesmuscheln
1 große Schalotte, fein gehackt
3 Knoblauchzehen, gerieben
Olivenöl zum Braten
1 rote Chilischote, Samen entfernt und in Streifen geschnitten
5 Kaffir-Limettenblätter
1 Dose Kokosmilch (etwa 400 g)
1 TL Salz
1 Bund Koriandergrün, Blätter gehackt

UND SO GEHT'S:

1. Die Muscheln gründlich abbürsten und die Bärte entfernen. Bereits geöffnete Muscheln, die sich auch nach Anklopfen nicht schließen, wegwerfen.
2. Schalotte und Knoblauch in einem großen Topf in Öl anschwitzen. Chilischote, Limettenblätter und Muscheln hinzufügen und alles auf hoher Stufe 1–2 Minuten kochen.
3. Kokosmilch und etwa 100 ml Wasser zugießen, den Deckel auflegen und die Muscheln etwa 5 Minuten kochen, bis sie sich geöffnet haben. Währenddessen zweimal am Topf rütteln. Noch geschlossene Exemplare am Ende aussortieren. Die Muscheln salzen und das Koriandergrün unterrühren. Sofort servieren.

65.

66.

67.

68.

67. Würzige Muscheln mit Tomaten und Limetten

Mit diesem würzigen Muschelgericht möchte ich Sie inspirieren, beim Einsatz von Gewürzen ruhig etwas mutiger zu sein. Die Muscheln werden sich über die Gewürze freuen – garantiert!

FÜR 4 PERSONEN

1 kg frische Miesmuscheln
2 Schalotten, in dünne Scheiben geschnitten
3 Knoblauchzehen, gerieben
Olivenöl zum Braten
1 Zimtstange
1 TL gemahlener Kardamom
1 TL gemahlene Fenchelsamen
1 TL Senfkörner
1 Dose stückige Tomaten (etwa 400 g)
Saft von 1 frisch gepressten Limette
1 TL Salz
knuspriges Brot zum Servieren

UND SO GEHT'S:

1. Die Muscheln gründlich abbürsten und die Bärte entfernen. Bereits geöffnete Muscheln, die sich auch nach Anklopfen nicht schließen, wegwerfen.
2. Die Schalotten und den Knoblauch in einem großen Topf in etwas Öl anschwitzen. Dann die Gewürze hinzufügen und alles 1 Minute anrösten. Die Muscheln, die Tomatenstücke und 200 ml Wasser dazugeben und leicht am Topf rütteln. Alles zugedeckt etwa 5 Minuten kochen. Noch geschlossene Exemplare am Ende aussortieren.
3. Mit Limettensaft und Salz würzen. Die Muscheln in tiefen Tellern anrichten und sofort mit Brot servieren.

68. Scharfe gratinierte Muscheln mit Estragon

Mmmmh, die Muscheln sind der Hammer! Bei diesem Gericht ist gutes Brot wichtig, mit dem man den leckeren Sud auftunken kann. Helles Sauerteigbrot ist nicht geeignet, da seine Krume einfach nicht weich und saugfähig genug ist. Perfektes Fingerfood!

FÜR 4 PERSONEN

1 kg frische Miesmuscheln
1 Scheibe Weißbrot vom Vortag
75 g zimmerwarme Butter
2 TL Sambal Oelek
abgeriebene Schale von 1 Bio-Limette
2 EL gehackter Estragon
1 Prise Salz
1 Knoblauchzehe, zerdrückt

UND SO GEHT'S:

1. Den Backofen auf 275 °C vorheizen.
2. Die Muscheln gründlich abbürsten und die Bärte entfernen. Bereits geöffnete Muscheln, die sich auch nach Anklopfen nicht schließen, wegwerfen.
3. Die Muscheln mit 100 ml Wasser in einen großen Topf geben, aufkochen und zugedeckt etwa 5 Minuten kochen lassen. Noch geschlossene Exemplare am Ende aussortieren. Die Muscheln aus den Schalen lösen, das Muschelfleisch in je eine Muschelschale legen und in eine Auflaufform setzen. Den Sud abseihen und als Brühe für Fischsuppe oder für die Sektsauce (s. S. 114) verwenden.
4. Das Brot reiben und mit Butter, Sambal Oelek, Limettenschale, Estragon, Salz und Knoblauch mischen. Die Würzbutter in Flöckchen auf den Muscheln verteilen.
5. Dann 3–5 Minuten auf der obersten Schiene im Ofen gratinieren und sofort servieren.

69. Nudeln mit Thunfisch, Mozzarella und karamellisierter Zitrone

Thunfisch aus der Dose gibt es in unterschiedlicher Qualität. Bei der etwas teureren Variante werden ganze Filets in Olivenöl eingelegt.

FÜR 4 PERSONEN

400 g Nudeln, z. B. Bucatini
60 g helles Brot, grob in Stücke geschnitten
Olivenöl zum Braten
1 Bio-Zitrone
½ rote Zwiebel, fein gehackt
2 Knoblauchzehen, gerieben
2 Dosen Thunfisch in Öl (à etwa 200 g)
2 Kugeln Mozzarella (à etwa 125 g)
Salz, frisch gemahlener Pfeffer

UND SO GEHT'S:

1. Die Nudeln nach Packungsanweisung garen und abgießen.
2. Währenddessen das Brot bei 225 °C im Ofen oder in wenig Öl in einer Pfanne rösten. Beiseitestellen.
3. Die Zitrone halbieren und in einer heißen Pfanne rösten, bis sie eine dunkelbraune Farbe angenommen hat und der Fruchtzucker karamellisiert ist. Die Zitrone beiseitestellen.
4. Die gegarten Nudeln in die Pfanne geben und mit roter Zwiebel, Knoblauch und wenig Thunfisch-Einlegeöl mischen.
5. Die Nudeln auf einer Platte anrichten, grob gezupften Mozzarella und Thunfisch sowie geröstetes Brot darüberstreuen. Salzen und pfeffern und die karamellisierte Zitrone darüber auspressen. Sofort servieren.

70. Schnelle Paella mit Lachs, Garnelen und Blumenkohl

Diese Paella ist nicht wählerisch und freut sich auch über Muscheln oder Räucherschinken.

FÜR 4 PERSONEN

2 Möhren
1 rote Zwiebel
2 Knoblauchzehen
½ Blumenkohl
Olivenöl zum Braten
250 g Arborio-Reis (Risottoreis)
½ g Safranfäden
½ TL Cayennepfeffer
2 TL Paprikapulver
1 Dose Kirschtomaten (etwa 400 g)
600 ml kochendes Wasser
1½ TL Salz, frisch gemahlener Pfeffer
200 g gegarte, geschälte Garnelen
100 g warm geräucherter Lachs, in Stücke geschnitten
1 Bund Schnittlauch, gehackt

UND SO GEHT'S:

1. Möhren und Zwiebel schälen und klein schneiden. Knoblauch schälen und zerdrücken. Blumenkohl in Röschen zerteilen.
2. Das Gemüse in einem Topf mit dickem Boden in Öl anbraten, Reis und Gewürze hinzufügen und kurz mitbraten.
3. Tomaten und kochendes Wasser dazugeben und alles auf kleiner Stufe unter Rühren etwa 20 Minuten köcheln, bis der Reis fast die gesamte Flüssigkeit aufgenommen und bissfest gegart ist. Mit Salz und Pfeffer würzen und zuletzt Garnelen und Lachs unterrühren. Mit Schnittlauch bestreuen.
4. Mit knusprigem Brot und zum Beispiel einem Glas trockenem Sherry servieren.

70.

71.

71. Krustentierlasagne mit Spinat und Pfifferlingen

Ein absolutes Muss in diesem Buch war eine gute Krustentierlasagne, die mit frischen Krustentieren zum Festessen und mit Dosenware zum köstlichen Alltagsessen wird. Wer will, kann die Krustentierchen auch ganz weglassen und durch Pilze ersetzen – da werden sich die Vegetarier freuen!

FÜR 4 PERSONEN

2 Zwiebeln
1 Knoblauchzehe
300 g Pfifferlinge, gesäubert
3 EL Butter
400 g gegarte, geschälte Garnelen
400 g Krebsfleisch (in Lake; Nettogewicht)
Salz, frisch gemahlener Pfeffer
250 g TK-Blattspinat, aufgetaut
1 Prise Zucker
etwas frisch geriebene Muskatnuss
200 g frische Lasagneplatten

BÉCHAMELSAUCE:

2 EL Butter
2 EL Mehl
300 g Sahne
300 ml Milch
Salz, frisch gemahlener Pfeffer

UND SO GEHT'S:

1. Den Backofen auf 200 °C vorheizen.
2. Für die Béchamelsauce die Butter in einem Topf mit dickem Boden zerlassen. Das Mehl hinzufügen und kurz anschwitzen. Nach und nach die Sahne und die Milch zugießen und alles unter Rühren aufkochen. Mit Salz und Pfeffer würzen.
3. Die Zwiebeln schälen und fein hacken. Die Knoblauchzehe schälen und zerdrücken. Die Hälfte von Zwiebel und Knoblauch mit den Pfifferlingen in einer Pfanne in 2 EL Butter anschwitzen. Vom Herd nehmen, 2 EL Pilze für später beiseitelegen und den Rest mit Garnelen und Krebsen mischen. Salzen und pfeffern.
4. Den Rest von Zwiebeln und Knoblauch mit dem Spinat in 1 EL Butter anschwitzen. Mit 1 Prise Salz, Pfeffer, Zucker und etwas geriebener Muskatnuss würzen.
5. Pilze, Béchamelsauce, Spinat und Lasagneplatten in eine Auflaufform schichten, dabei mit der Béchamelsauce enden, und die Lasagne 40 Minuten im Ofen backen.
6. Die Lasagne mit den beiseitegestellten Pfifferlingen garnieren und sofort servieren.

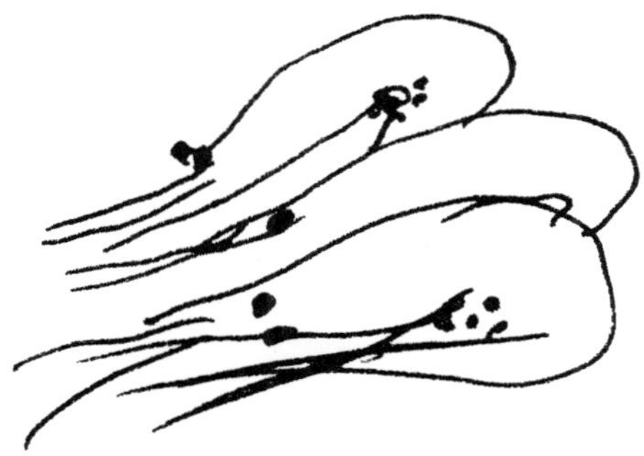

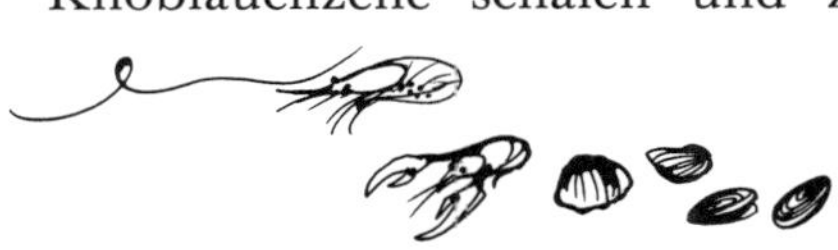

72. Matjes mit Knoblauch und Limette

Mein Mann mag keinen rohen Knoblauch, und ich habe mir daher angewöhnt, Knoblauch für ihn immer zu garen. Beim Garen löst sich die Schärfe des Knoblauchs in Luft auf und er wird mild und leicht süßlich. Ihnen schmeckt's hoffentlich auch!

FÜR 4–6 PERSONEN

10 Knoblauchzehen
Öl zum Braten
6 Matjesfilets (etwa 500 g)
200 g Mayonnaise (s. S. 109)
300 g Sahne
3 EL fein gehackte Petersilie
1 rote Zwiebel, fein gehackt
abgeriebene Schale und Saft von 1 Bio-Limette
Salz, frisch gemahlener Pfeffer

UND SO GEHT'S:

1. Die Knoblauchzehen schälen und in einer Pfanne in etwas Öl goldbraun rösten, bis sie weich geworden sind. Die Knoblauchzehen zerdrücken.
2. Die Matjesfilets schräg in Stücke schneiden und mit Knoblauch, Mayonnaise, Sahne, Petersilie, roter Zwiebel sowie Saft und Schale der Limette mischen. Mit Salz und Pfeffer würzen.
3. Vor dem Servieren 24 Stunden im Kühlschrank durchziehen lassen.

73. Würziger Ramlösa-Matjes

Dieses Matjesrezept habe ich vor ein paar Jahren einmal für ein Catering bei Ikea zubereitet. Danach haben mich so viele Leute wie noch nie zuvor per Mail um das Rezept gebeten. Leider hatte ich aber bis jetzt gar kein richtiges Rezept, schließlich wird bei Ikea der Hering stets tonnenweise berechnet, was für einen gewöhnlichen Haushalt eher unpraktisch ist. Ich bereite Ramlösa-Matjes zu Hause immer an Weihnachten zu und nehme ihn über Neujahr mit ins Ferienhaus. Er wird von Tag zu Tag besser.

FÜR 4–6 PERSONEN

8 Matjesfilets (etwa 650 g)

WÜRZLAKE:

4 TL Fenchelsamen
4 TL Anissamen
3 Sternanis
1 TL Pfefferkörner
1 weiße Zwiebel, fein gehackt
1 rote Zwiebel, fein gehackt
abgeriebene Schale und Saft von ½ Bio-Zitrone
100 ml Matjeseinlegesud
50 ml Rapsöl

UND SO GEHT'S:

1. Für die Würzlake Fenchel- und Anissamen sowie Sternanis und Pfefferkörner zerstoßen. Die Gewürze mit weißer und roter Zwiebel, Zitronenschale und -saft, Matjeseinlegesud und Öl mischen.
2. Die Würzlake mit den Matjesfilets in eine Form schichten und über Nacht oder besser zwei bis drei Tage durchziehen lassen.

74. Strömling in Senfsauce

Wenn Sie den Strömling in diesem Rezept weglassen, bleibt Ihnen eine wunderbare Senfsauce.

FÜR 4–6 PERSONEN

10 Strömlingfilets (Ostseehering; etwa 400 g)

LAKE:

150 ml Branntweinessig (12 %)
1 TL Salz

SENFSAUCE:

150 g schonischer oder anderer körniger Senf
4 EL Weißweinessig
4 EL Zucker
300 ml Rapsöl
4 EL fein gehackter Dill
½ TL Salz, frisch gemahlener Pfeffer

UND SO GEHT'S:

1. Die Flossen der Strömlingfilets abschneiden und die Haut der Filets abziehen.
2. Für die Lake Essig und Salz mit 500 ml Wasser verrühren und die Fischfilets darin im Kühlschrank über Nacht ziehen lassen.
3. Am nächsten Tag den Fisch aus der Lake heben und mit Küchenpapier leicht trocken tupfen.
4. Alle Zutaten für die Senfsauce verrühren und die Sauce abschmecken. Die Strömlingfilets hineinlegen und vor dem Servieren mindestens 24 Stunden im Kühlschrank durchziehen lassen.

75. Eingelegter gebratener Strömling

Das Panieren von Strömlingen mit Roggenmehl ist eine Art Spezialität von mir, da ich zu Hause im *Ramlösa Wärdshus* zu Weihnachten immer massenweise davon zubereiten musste. Papa hatte eine riesige Bratplatte, auf der bestimmt hundert Strömlinge Platz fanden.

FÜR 4–6 PERSONEN

10 Strömlingfilets (Ostseehering; etwa 400 g)
Salz, frisch gemahlener Pfeffer
100 g Roggenvollkornmehl
Butter und Öl zum Braten

LAKE:

3 Möhren
2 kleine Zwiebeln
150 g Zucker
100 ml Branntweinessig (12 %)
½ EL Pimentkörner, zerstoßen
2 Lorbeerblätter

UND SO GEHT'S:

1. Die Flossen der Strömlingfilets abschneiden. Die Filets salzen und pfeffern und in der Mitte quer falten (Haut außen).
2. Das Mehl auf einem großen Teller verteilen und die Filets darin wenden. Dann in Butter und Öl schön goldbraun braten.
3. Für die Lake die Möhren und die Zwiebeln schälen und in Scheiben schneiden. Zucker, Essig und Pimentkörner mit 300 ml Wasser mit einem Schneebesen verquirlen, bis sich der Zucker aufgelöst hat. Möhren, Zwiebeln und Lorbeerblätter unterrühren.
4. Die gebratenen Filets in einer Schüssel mit der Lake vollständig bedecken. Vor dem Servieren mindestens zwei Tage im Kühlschrank durchziehen lassen. Je länger die Filets durchziehen, desto besser werden sie.

72. 73.

74. 75.

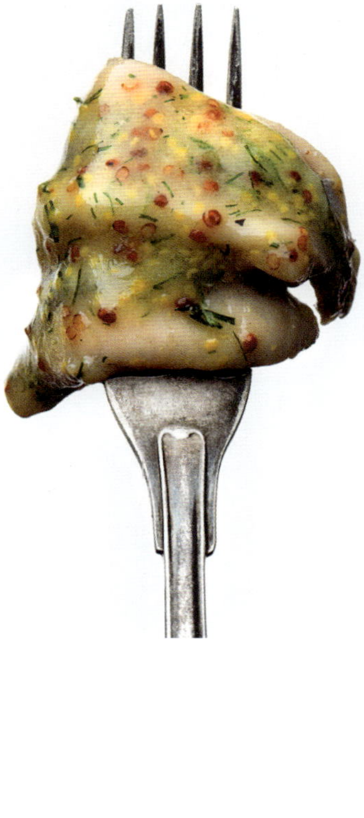

76.

77. 78.

76. Gebackener Tomaten-Sherry-Strömling

Schmeckt lecker zu Kartoffelbrei (s. S. 239)!

FÜR 4 PERSONEN

15 Strömlingfilets (Ostseehering; etwa 600 g)
Salz, frisch gemahlener Pfeffer
Butter für die Form
180 g Tomatenmark
2 EL Zucker
1 EL Branntweinessig (12 %)
100 g eingelegte Perlzwiebeln, abgetropft
75 ml Sherry
3 EL grob gehackte Petersilie

UND SO GEHT'S:

1. Den Backofen auf 180 °C vorheizen. Die Flossen der Strömlingfilets abschneiden. Filets salzen und pfeffern, aufrollen und in eine gefettete Auflaufform setzen.
2. Tomatenmark, Zucker, Essig, Perlzwiebeln, Sherry, 50 ml Wasser und Petersilie mischen, salzen und pfeffern. Die Mischung über die Fischfilets gießen und alles 20–30 Minuten im Ofen backen.

77. Kaviarströmling à la Kerstin

Ein Rezept aus dem *Ramlösa Wärdshus.*

FÜR 4 PERSONEN

15 Strömlingfilets (Ostseehering; etwa 600 g)
Butter für die Form
Salz
200 g Mayonnaise (s. S. 109)
100 ml Milch
2 EL Kaviarcreme (aus der Tube)
½ rote Zwiebel, fein gehackt
3 EL fein gehackter Dill

UND SO GEHT'S:

1. Den Backofen auf 180 °C vorheizen.
2. Die Rückenflossen der Strömlinge abschneiden. Die Filets salzen, aufrollen und in eine gefettete Auflaufform legen.
3. Mayonnaise, Milch und Kaviarcreme glatt rühren. Die Zwiebel und die Hälfte des Dills untermischen und alles über dem Fisch verteilen. Mit übrigem Dill bestreuen und 20–30 Minuten im Ofen backen. Zum Beispiel mit Kartoffelbrei servieren.

78. Eingelegter Strömling – *boquerones*

Eigentlich sind *boquerones* eingelegte Sardellen, die man in Spanien oft als Tapa serviert. Ich habe sie durch Strömlinge ersetzt.

FÜR 4 PERSONEN

15 Strömlingfilets (Ostseehering; etwa 600 g)
250 ml frisch gepresster Zitronensaft
1½ TL Salz
Schale von 2 Bio-Zitronen, in feinen Streifen
300 ml Olivenöl zum Einlegen
frisch gemahlener schwarzer Pfeffer
3 Knoblauchzehen, zerdrückt
1 Bund frische Kräuter

UND SO GEHT'S:

1. Die Haut der Strömlingfilets abziehen. Die Filets in Zitronensaft und Salz 6–8 Stunden im Kühlschrank beizen, bis das Fleisch weiß geworden ist.
2. Saft abseihen. Filets mit übrigen Zutaten in ein Einmachglas schichten. Mit Öl bedeckt 24 Stunden kühl durchziehen lassen.

Vom Grill

Gegrillte Wassermelone mit Erdnuss-Sauce
Hummer mit Dill-Zitronen-Butter
Gegrillte Austern mit Zitrone und grünem Tabasco
Auf Birkenholz gegrillter Lachs mit Erbsen-Guacamole
Texasburger mit Edelpilzkäsecreme
Fetasalat mit Minze und Ahornsirup
Glasierter Bauchspeck mit Aprikosen
Koreanisches Bulgogi mit Beilagen
Kimchi – koreanischer Sauerkohl
Sprossen mit Sesam
Chiligurken
Lammkeule vom Grill mit Tomaten-Brot-Salat
Würzketchup
Barbecuesauce
Chimichurri

IM FRÜHJAHR GRAUT es mir jedes Mal davor, den Grill vor dem ersten, meist spontanen Einsatz auszumotten. Was mich wohl diesmal auf dem Grillrost erwarten wird? Bauchspeck vom vergangenen Jahr? Ein Stückchen vertrocknetes Maishähnchen? Oder die von mir den ganzen Winter über schmerzlich vermisste Schale, die unter dem Grill stand, und in der ein ganzer Schwimmverein von Ohrenkneifern im ersten Frost zu Eis erstarrt ist? Brrr, nein, Schluss mit dem Thema und lieber zu meinen etwas ungewöhnlichen Grilltipps und den verschiedenen Grilltechniken!

Holzkohle oder Briketts? Holzkohle wird, wie der Name schon sagt, aus Holz hergestellt, verhilft zu einem guten Grillgeschmack. Sie staubt nur wenig, wodurch der Grill im Anschluss leichter zu reinigen ist. Die Kohle erreicht schnell hohe Temperaturen, was bei einigen Grilltechniken wichtig ist. Briketts bestehen aus komprimiertem Kohlenstaub und halten die Temperatur länger und gleichmäßiger als Holzkohle. Nachteilig ist, dass sie wirklich viel Dreck machen. Meine Lösung: beide Varianten mischen! Ich verwende Briketts für eine gleichmäßige Wärme und Kohle für hohe Hitze und Geschmack.

Marinieren oder nicht? Viele marinieren, als gäbe es kein Morgen mehr, und legen alles ein, was sie den Sommer über zwischen die Finger bekommen. Die Wahrheit jedoch ist: Marinieren bringt nicht viel, wenn man es nicht richtig macht. Es eignet sich nämlich nur durchwachsenes Fleisch zum Marinieren, und dieses sollte sehr lange, möglichst mehrere Tage, eingelegt werden, damit die Marinade die Fleischfasern aufbricht und das Fleisch schön mürbe macht. Wer dennoch unbedingt marinieren möchte, sollte dies lieber während des Grillens tun und das Fleisch entweder auf dem Grill mehrfach mit Marinade bestreichen oder im Anschluss. Ich finde es besonders schön, das Fleisch kurz vor dem Servieren mit Chimichurri (s. S. 164) zu bestreichen. Möglich ist auch, Fleisch kurz vor dem Grillen mit einem *rub,* also einer Trockenmarinade, einzureiben.

Direktes Grillen. Das normale Grillen direkt über der heißen Glut. Eine sehr schnelle Zubereitungsart.

Indirektes Grillen. Fast mit einem Ofen vergleichbar. Man platziert das Grillgut nicht direkt über der Glut, sondern daneben, und schließt den Deckel, damit die Hitze das Grillgut sowohl von oben als auch von unten erreicht.

Asado-Grillen. Hier wird Fleisch an einem aufrecht stehenden Metallkreuz befestigt und über Holzkohle oder Holzfeuer gegrillt. Diese Technik stammt ursprünglich aus Südamerika.

79. Gegrillte Wassermelone mit Erdnuss-Sauce

Als ich eines Sommers auf dem Torekov-Campingplatz eine Wassermelone auf den Grill legte, rümpften viele die Nase. Dabei ist die Kombination mit der Erdnuss-Sauce einfach genial. Ohnehin lässt sich Melone gut grillen. Man muss sie dann nur noch mit der Sauce bestreichen und auf einem großen Buffet servieren.

FÜR 6–8 PERSONEN

1 kleine Wassermelone (etwa 2 kg)
Olivenöl zum Bestreichen

ERDNUSS-SAUCE:

120 g geröstete, gesalzene Erdnüsse
Saft von ½ frisch gepressten Zitrone
2 EL Olivenöl
Salz (nach Belieben)

UND SO GEHT'S:

1. Für die Sauce die Erdnüsse mit etwa ½ EL Wasser im Mixer zu einer glatten Paste zerkleinern. Noch 1½ EL Wasser, Zitronensaft und Öl hinzufügen und kurz weitermixen. Nach Belieben mit Salz abschmecken.
2. Die Melone, wie auf dem Bild (s. S. 149) zu sehen, in Spalten oder dicke Scheiben schneiden. Die Melone leicht mit Öl bestreichen und 2 Minuten auf jeder Seite grillen. Das Grillmuster sollte am Ende deutlich zu sehen sein.

80. Hummer mit Dill-Zitronen-Butter

Der Hummer in allen Ehren, doch hier ist die Butter der Star. Sie schmeckt großartig zu allen Arten von Krustentieren oder auf einer knusprigen Scheibe Brot. Da Hummer nicht gerade billig ist, sollten Sie ihn mit Sorgfalt zubereiten.

FÜR 2–4 PERSONEN

1 lebender Hummer (etwa 350 g)
Salz

DILL-ZITRONEN-BUTTER:

200 g zimmerwarme Butter
1 rote Zwiebel, fein gehackt
3 EL grob gehackter Dill
abgeriebene Schale von 1 Bio-Zitrone
2 EL frisch gepresster Zitronensaft
½ TL Salz, frisch gemahlener Pfeffer

UND SO GEHT'S:

1. Für die Würzbutter alle Zutaten verrühren und im Kühlschrank durchziehen lassen.
2. Den Hummer in reichlich gesalzenem Wasser 3 Minuten kochen. Herausnehmen, kalt abschrecken und abtropfen lassen. Hummer mit einem großen Messer längs halbieren.
3. Die Hummerhälften mit der Innenseite nach oben in eine Alu-Grillschale legen und die Würzbutter darauf verteilen. Die Schale auf den Rost setzen und die Hummerschalen rot grillen. Die Alu-Schale an den Rand schieben, damit er keiner direkten Hitze mehr ausgesetzt ist. Den Grill mit einem Deckel zudecken und den Hummer noch 10 Minuten indirekt (abseits der Glut!) grillen, bis sich das Fleisch bei Fingerdruck fest anfühlt.
4. Den Hummer anrichten, mit der geschmolzenen Butter aus der Schale beträufeln und mit Erbsen-Guacamole (s. S. 252) servieren.

81. Gegrillte Austern mit Zitrone und grünem Tabasco

Für vier Personen sind acht Austern ausreichend, es sei denn, Sie möchten alle acht selbst essen! Passen Sie beim Schlürfen der heißen Austern gut auf Ihre Zunge auf – ich habe mich beim ersten Mal verbrannt. Also pusten, pusten und nochmals pusten! Übrigens sind rohe Austern noch recht lebendig, wenn Sie sie essen, sie sterben erst auf dem Weg in Ihren Bauch. Ja, bei Austern ist das so! Bereits geöffnete Austern, die schon vorher tot sind, sollten Sie aussortieren. Und noch etwas: Grüner Tabasco ist geschmacklich milder als roter.

FÜR 4 PERSONEN

8 frische Austern
Saft von 1 Zitrone
einige Spritzer grüner Tabasco

UND SO GEHT'S:

1. Die Austern öffnen, dazu mit der gewölbten Seite nach unten in ein gefaltetes Küchentuch legen. Mit einem speziellen Austernmesser oder einem kurzen kräftigen Messer den Muskel der Auster durchtrennen und die Auster mit einer kräftigen Drehbewegung öffnen. Mit einem Pinsel eventuell Sand und Schalenreste entfernen.
2. Die Austern direkt auf die Glut im Grill legen. 2–3 Minuten grillen, bis sie heiß sind und die Austernflüssigkeit zu köcheln beginnt.
3. Die Austern auf einer Platte anrichten, mit Zitronensaft beträufeln und mit Tabasco würzen. Sofort servieren.

82. Auf Birkenholz gegrillter Lachs mit Erbsen-Guacamole

Auf einem schönen Holzscheit, zum Beispiel auf Birkenholz, lässt sich Lachsfilet wunderbar grillen und anschließend auch servieren. Die Gäste können sich den Fisch dann einfach direkt vom Holz schneiden. Lecker mit Caesar Salad (s. S. 28).

FÜR 6–8 PERSONEN

1 längliches Birkenscheit (kein geleimtes Brett)
800 g–1 kg Lachsfilet mit Haut

TERIYAKI-MARINADE:

100 ml Teriyaki-Sauce
2 EL grüne Currypaste
1 Prise gemahlene Kurkuma
½ TL Salz, frisch gemahlener Pfeffer

ERBSEN-GUACAMOLE:

Rezept s. S. 252

UND SO GEHT'S:

1. Wichtig: Zunächst das Birkenscheit 24 Stunden wässern, da das Holz sonst Feuer fängt!
2. Alle Marinadenzutaten verrühren.
3. Den Lachs so zuschneiden, dass er gut auf das Scheit passt, und mit der Hautseite nach unten auf das Holz legen. Großzügig mit Marinade bestreichen. Dann das Scheit mit Lachs mittig auf die Glut legen und den Deckel schließen. Der Rauch verleiht dem Fisch einen leckeren Rauchgeschmack. Den Deckel daher erst einmal nicht anheben!
4. Nach 15 Minuten prüfen, ob der Lachs an den Seiten gar und in der Mitte noch fast roh ist, so ist er servierfertig. Nach Belieben noch 5 Minuten grillen, die Kerntemperatur soll 45–48 °C (Bratenthermometer) betragen.
5. Den Lachs sofort auf dem Holzscheit mit Erbsen-Guacamole und Kartoffeln servieren.

82.

83. Texasburger mit Edelpilzkäsecreme

Besonders lecker wird dieser Burger mit Wildschweinfleisch, doch jedes andere Hackfleisch ist ebenso geeignet. Zu einem Burger »mit dickem B« wird er durch Edelpilzkäsecreme und gebackene Zwiebeln. Die Käsecreme ist auch ein toller Dip zu Möhren-Rohkost-Sticks oder einer Quiche.

FÜR 4 PERSONEN

800 g Rinder- oder Wildschweingehacktes
2 EL Dijonsenf
½ EL Paprikapulver
1 TL gemahlene Muskatnuss
1 Prise Cayennepfeffer
2 TL geräuchertes Ancho-Chili-Pulver
2 TL Salz

EDELPILZKÄSECREME:

200 g Crème fraîche
100 g Blauschimmelkäse, zerbröckelt
abgeriebene Schale und Saft von ½ Bio-Zitrone
Salz, frisch gemahlener Pfeffer

ZUM SERVIEREN:

4 kleine Zwiebeln
1 Knoblauchzehe
4 Hamburgerbrötchen
Olivenöl zum Beträufeln
8 Scheiben luftgetrockneter Schinken
einige Blätter Romanasalat

UND SO GEHT'S:

1. Die Zwiebeln einzeln in Alufolie einwickeln, in die Glut legen und etwa 20 Minuten grillen, bis sie weich sind. Ab und zu wenden.
2. Alle Zutaten für die Käsecreme verrühren und mit Salz und Pfeffer abschmecken.
3. Das Hackfleisch mit Senf und Gewürzen mischen, zu Burgern formen und auf den Grill legen. Rindfleisch kann in der Mitte ruhig noch ein wenig rot sein. Bei Wildfleisch ist es wichtig, dass die Kerntemperatur mindestens 68 °C beträgt bzw. das Fleisch durchgebraten ist.
4. Die Knoblauchzehe halbieren und die Schnittseiten der Hamburgerbrötchen mit der Schnittseite des Knoblauchs einreiben. Mit etwas Öl beträufeln und auf dem Grill ein wenig Farbe annehmen lassen.
5. Die Schinkenscheiben nur ganz kurz grillen, bis sie knusprig geworden sind.
6. Die Zwiebeln aus dem Grill nehmen und aus den Schalen drücken.
7. Auf der unteren Brötchenhälfte ein wenig Käsecreme verstreichen, dann mit einem Salatblatt, einem Burger, einer Zwiebel und zwei Scheiben knusprigem Schinken belegen. Die Brötchenoberseite auflegen und die Burger sofort servieren.

84. Fetasalat mit Minze und Ahornsirup

Kaufen Sie einen hochwertigen griechischen Feta, dann wird dieser Salat ein Fest!

FÜR 4 PERSONEN

300 g griechischer Feta (Schafskäse)
Saft von ½ frisch gepressten Zitrone
1 Bund frische Minze, Blätter abgezupft
frisch gemahlener schwarzer Pfeffer
2–3 EL Ahornsirup

UND SO GEHT'S:

Den Feta mit den Händen zerbröckeln und auf einer Platte anrichten. Mit Zitronensaft beträufeln und mit der grob gezupften Minze bestreuen. Alles leicht pfeffern und zuletzt mit Ahornsirup beträufeln. Den Salat zu gegrilltem Fleisch oder Geflügel servieren.

83. 84.

85.

85.

85. Glasierter Bauchspeck mit Aprikosen

Zu diesem Rezept hat mich die Metzgerei Heberleins in Förslöv inspiriert – manchmal habe ich mir dort ein Stück Bauchspeck auf einer Scheibe dunklem Roggenbrot gegönnt. Himmlisch! In diesem Rezept habe ich den Speck am Stück zubereitet, manchmal lasse ich Aprikosen und Thymian auch weg und würfele den Speck nur grob. Bauchspeck schmeckt super als Beilage zu anderem Grillgut – sowohl zu Fleisch als auch zu Fisch.

FÜR 4 PERSONEN

600 g geräucherter Bauchspeck mit Schwarte am Stück
60 g getrocknete Aprikosen
2 EL heller Zuckerrübensirup
2 EL Weißweinessig
1 TL gemahlener Zimt
1 Bund Thymian
frisch gemahlener Pfeffer

UND SO GEHT'S:

1. Die Schwartenseite in dünnen Streifen einschneiden, bis sie gerippt wirkt. Den Speck rundum mehrmals einstechen und mit den Aprikosen spicken.
2. Den Speck mit der Schwarte nach unten bis zu einer Kerntemperatur von 70 °C am besten indirekt grillen (digitales Bratenthermometer).
3. Den Speck vom Grill nehmen, auf doppelt gelegte Alufolie setzen, mit Sirup und Essig beträufeln, mit Zimt bestäuben und mit Thymianzweigen belegen.
4. Einwickeln und zurück auf die direkte Grillglut legen. Dort etwa 30 Minuten schön heiß werden lassen und ab und zu wenden, um die Glasur gut zu verteilen. Den Speck zum Servieren in Scheiben schneiden und pfeffern.

86. Koreanisches Bulgogi mit Beilagen

Bulgogi ist ein koreanisches Gericht, bei dem mariniertes Fleisch mit Beilagen wie Kimchi, Sprossen mit Sesam und eingelegten Chiligurken serviert wird. Planen Sie für die Zubereitung dieser Köstlichkeiten ein wenig Zeit ein.

FÜR 4 PERSONEN

1 kg Entrecôte am Stück
2 EL Öl zum Braten

MARINADE:

100 ml japanische Sojasauce
100 ml Sherry, Sake oder Rotwein
½ EL geröstetes Sesamöl
⅓ Lauchstange, fein gehackt
1 Knoblauchzehe, gerieben
1 TL frisch gemahlener Pfeffer
1 EL Zucker

ZUM SERVIEREN:

Kimchi, Sprossen mit Sesam und eingelegte Chiligurken (s. S. 160)

UND SO GEHT'S:

1. Das Entrecôte in ½–1 cm dicke Scheiben schneiden (siehe unten).
2. Alle Marinadenzutaten in einem großen Frischhaltebeutel mischen. Das Fleisch dazugeben, den Beutel verschließen und die Marinade ins Fleisch massieren. Mindestens 24 Stunden im Kühlschrank marinieren.
3. Das Fleisch aus der Marinade heben, trocken tupfen und mit Öl bepinseln. Auf einem sehr heißen Grill nur kurz auf jeder Seite grillen und sofort mit den Beilagen servieren.

FLEISCH DÜNN SCHNEIDEN

Entrecôte lässt sich leicht in feine Scheiben schneiden, wenn man es zuvor gut 30 Minuten tiefkühlt.

87. Kimchi – koreanischer Sauerkohl

Kimchi ist die koreanische Antwort auf unser Sauerkraut und in Korea fester Bestandteil jeder Mahlzeit. Der Kohl wird durch Milchsäuregärung haltbar gemacht.

FÜR 4–6 PERSONEN

1 Chinakohl

LAKE:

3½ EL Salz

KIMCHI-PASTE:

120 g Rettich, gerieben
½ EL Paprikapulver
2 EL Sambal Oelek
2 Knoblauchzehen, gerieben
3 EL Austernsauce
2 EL frisch geriebener Ingwer
1 EL Zucker

UND SO GEHT'S:

1. Für die Lake das Salz in 2 l Wasser auflösen und den Chinakohl darin über Nacht im Kühlschrank einlegen.
2. Am nächsten Tag die Lake abgießen und den Kohl unter fließendem kaltem Wasser etwa 10 Minuten waschen, um den Großteil des Salzes abzuwaschen.
3. Die Zutaten für die Kimchi-Paste mischen. Die Paste zwischen die einzelnen Kohlblätter streichen und den Kohl anschließend in einem Frischhaltebeutel verschließen. Den Kohl 24 Stunden bei Zimmertemperatur ziehen lassen, dann mindestens fünf Tage in den Kühlschrank legen. Je länger, desto besser für den Geschmack.
4. Den Kohl in Scheiben schneiden und mit weiteren Beilagen als Bulgogi servieren.

88. Sprossen mit Sesam

Sprossen und Bohnen sind preisgünstige Zutaten und tolle Beilagen zu fast allen Speisen. Wer die Sprossen mit etwas fein gehacktem Dill und Zitronensaft würzt, kann auf den Sesam auch ganz verzichten.

FÜR 4 PERSONEN

200 g Mungobohnensprossen
½ Lauchstange, in feine Scheiben geschnitten
3 TL geröstetes Sesamöl
1 EL kaltgepresstes Rapsöl
2 EL Sesamsaat, geröstet
Salz, frisch gemahlener Pfeffer

UND SO GEHT'S:

Alle Zutaten mischen und mit Salz und Pfeffer abschmecken. Mit Kimchi und eingelegten Chiligurken als Bulgogi servieren.

89. Chiligurken

Köstlicher spritzig-scharfer Gurkensalat.

FÜR 4 PERSONEN

2 Salatgurken
3 EL Branntweinessig (12 %)
2 EL Zucker
4 TL Sambal Oelek
2 Knoblauchzehen, gerieben
60 g Mandeln, geschält und geröstet

UND SO GEHT'S:

Die Gurken waschen und mit einem Sparschäler längs in dünne Scheiben schneiden. Den Innenteil mit den Kernen wegwerfen. Alle Zutaten mischen und etwa 30 Minuten oder länger ziehen lassen. Mit Kimchi und Sesamsprossen als Bulgogi servieren.

86.

86.
88.
87.

89.

90.

90. Lammkeule vom Grill mit Tomaten-Brot-Salat

Als Grillfleisch ist eine Lammkeule zwar eher ungewöhnlich, für sie spricht aber, dass sie bei uns meist recht günstig zu haben ist. Lassen Sie sie am besten vom Ihrem Metzger entbeinen. Der eigentliche Star in diesem Rezept ist jedoch das Apfeldressing, denn die Kombination von Apfelmus und Senf schmeckt unverschämt lecker und hat echtes Lieblingsrezeptpotenzial! Ein perfektes Gericht für eine Grillparty oder ein Familienfest.

FÜR 6–8 PERSONEN

1 entbeinte Lammkeule (etwa 2 kg)
1 Knoblauchknolle, Zehen geschält und in Scheiben geschnitten
1 Bund Rosmarin, Nadeln abgezupft
1 EL Salz, frisch gemahlener schwarzer Pfeffer
100 ml Olivenöl

TOMATEN-BROT-SALAT:

1 kg bunte Kirschtomaten
Bratensaft vom Lamm
200 g helles Sauerteigbrot vom Vortag

APFELDRESSING:

2 Schalotten, fein gehackt
100 ml Olivenöl
2 TL Muscovadozucker oder brauner Zucker
Saft von 1 Zitrone
250 g Apfelmus
2 EL grober Dijonsenf
Salz, frisch gemahlener Pfeffer

UND SO GEHT'S:

1. Zunächst das Fleisch rundum grillen, bis es ein schönes Grillmuster zeigt. Die Keule in eine Auflaufform legen und mit Knoblauch, Rosmarin, Salz, Pfeffer und der Hälfte des Öls einreiben.
2. Die glühenden Kohlen an den Rand des Grills schieben und die Form zum indirekten Grillen mittig auf den Grillrost setzen. Den Deckel schließen und die Belüftung öffnen. Nach 10 Minuten beginnen, die Lammkeule mit dem restlichen Öl zu bestreichen. Ab und zu wenden.
3. Die Keule 20–30 Minuten grillen, bis die Kerntemperatur 58 °C beträgt (digitales Bratenthermometer). Das Fleisch vom Grill nehmen und auf einer Platte etwa 10 Minuten ruhen lassen, dann zerteilen. Den Bratensaft für den Tomatensalat auffangen.
4. Für das Dressing Schalotten, Öl, Zucker, Zitronensaft und 3 EL Wasser in einem Topf aufkochen und etwa 5 Minuten köcheln lassen. Apfelmus und Senf unterrühren. Das Dressing sollte sämig, nicht flüssig sein. Mit Salz und Pfeffer würzen.
5. Die Tomaten halbieren. In eine Schüssel geben, 3–4 EL Bratensaft und das Dressing untermischen.
6. Das Brot in dicke Scheiben schneiden und goldbraun grillen. Dann zerbröseln und unter den Tomatensalat mischen.
7. Die Lammkeulenstücke mit dem Tomaten-Brot-Salat servieren.

91. Würzketchup

Hier das einfachste Rezept der Welt – toll, wenn man mit wenigen Zutaten im Gaumen eine solche Geschmacksexplosion erzeugen kann! Passt zu allem Gegrillten.

FÜR ETWA 600 ML

120 g Meerrettich, frisch gerieben
1 EL frisch geriebener Ingwer
250 g Tomatenketchup
200 g Chilisauce
abgeriebene Schale von 1 Bio-Limette
1 Prise Salz

UND SO GEHT'S:

Meerrettich, Ingwer, Ketchup, Chilisauce und Limettenschale in einer Schüssel verrühren. Mit Salz abschmecken.

92. Barbecuesauce

Diese hausgemachte BBQ-Sauce passt zu allem Gegrillten – Fisch, Geflügel, Fleisch und Gemüse.

FÜR ETWA 500 ML

1 rote Zwiebel
3 Knoblauchzehen
½ rote Chilischote, Samen entfernt
1 EL Fenchelsamen
1 EL Koriandersamen
1 EL Paprikapulver
½ TL schwarze Pfefferkörner
50 ml japanische Sojasauce
1 EL Weißweinessig
2–3 EL Rohrohrzucker
350 g Tomatenketchup

UND SO GEHT'S:

1. Zwiebel schälen und fein hacken. Knoblauch schälen. Knoblauch, Chilischote und Gewürze in einem Mörser zerstoßen.
2. Zwiebel und Knoblauchpaste mit Sojasauce, Essig und Zucker in einen Topf geben, alles aufkochen und wenige Minuten köcheln. Abkühlen lassen.
3. Den Ketchup unterrühren und die Sauce in saubere Schraubflaschen füllen. Die Sauce im Kühlschrank aufbewahren, sie ist mindestens zwei Wochen haltbar.

93. Chimichurri

Von dieser argentinischen Sauce bereite ich immer gleich eine Riesenportion zu und stelle sie in den Kühlschrank. So ist sie für ein Salatdressing, zu gekochten Möhren oder als Glasur für Grillfleisch und gegrillten Fisch immer griffbereit. Diese Universalsauce passt zu allem, ist auf dem Foto aber leider kaum zu sehen.

FÜR ETWA 150 ML

2–3 EL Olivenöl
2 TL gemahlener Kreuzkümmel
3 TL Paprikapulver
2 TL geräuchertes Paprikapulver
1 Bund Petersilie, Blätter gehackt
1 Bund Oregano, Blätter gehackt
abgeriebene Schale und Saft von 1 Bio-Zitrone
1 Knoblauchzehe, gerieben
Salz

UND SO GEHT'S:

Öl, Gewürze und gehackte Kräuter mischen. Zitronenschale und Knoblauch dazugeben, schließlich den Zitronensaft unterrühren und alles mit Salz abschmecken.

91.
92.

Fleisch & Geflügel

Frage: wichtigste Gerätschaft in der Küche?
Antwort: die Hand!

Ein sündhaft teures Filet Wellington!

ICH BIN WOHL DAS, was man einen Schussel nennt. Ich vergesse zum Beispiel ständig das Aufladekabel für meinen Laptop und muss dann, nachdem ich die Kinder abgeliefert habe, wieder nach Hause fahren, um es zu holen. Das Auto lasse ich draußen mit laufendem Motor stehen, während ich drinnen fieberhaft nach dem Kabel suche. Natürlich weiß ich, dass das schlecht für die Umwelt ist und beruhige mein schlechtes Gewissen damit, am Wochenende zum Recyclinghof zu fahren. Ach, ist nicht so leicht, immer alles richtig zu machen …

Bei meinem Fachgebiet – dem Kochen und dem richtigen Einkaufen – ist es ähnlich. Manchmal passiert es mir, dass ich mich gerade ausgiebig über Nachhaltigkeit und Umweltschutz auslasse und mir gleichzeitig eine Schale Erdbeeren in den Einkaufswagen lege, natürlich außerhalb der Erdbeersaison! Warum halte ich mich nicht selbst an das, was ich predige?

An einem Wochenende, als die ganze Familie früh auf war, hatte ich endlich einmal Zeit, die komplette Zeitung zu lesen – auch die Kleinanzeigen. Da sprang mir eine Anzeige für einen Kinderflohmarkt ins Auge, und die »gute Mutter« in mir erwachte. Ich versuchte den Kinder so gut wie möglich das Wort »Secondhand« zu erklären, doch die verstanden natürlich nur das, was sie verstehen wollten: »Neue Spielsachen kaufen!«.

Vorher mussten wir aber noch zum Supermarkt, da abends Gäste kommen sollten, denen ich in einem schwachen Augenblick

Filet Wellington, also ein Rinderfilet im Blätterteigmantel, versprochen hatte. Wir gingen in einen Supermarkt, in dem wir eher selten einkaufen, was sich dort aufgrund meines Bekanntheitsgrads sofort in einer gewissen Aufregung (ist ja auch schön) bemerkbar machte.

»Mat-Tina, Mat-Tina!«, rief mir jemand von der Käsetheke zu – mein Spitzname hier in Schweden, da ich einmal eine Kochsendung namens »Mat« (Essen) gemacht habe. »Möchtest du unseren Käse kosten?«

Nachdem ich den wirklich köstlichen Käse probiert hatte, fühlte ich mich verpflichtet, etwas zu kaufen, musste mich jedoch fest an den Wagen klammern, als ich das Preisschild sah. Umgerechnet neun Euro für dieses kleine Stück! Ich hatte am Tag zuvor gerade die Endrechnung für unsere Hochzeit bezahlt, und jetzt war Ebbe auf dem Konto.

Mit dem kleinen Stück Käse in dem großen Einkaufswagen machten die Kinder und ich uns dann auf die Suche nach dem Rinderfilet. Ich hatte mich bereits entschieden, diesmal ein »ausländisches« Filet zu kaufen, da ich mir zu diesem Zeitpunkt einfach kein schwedisches Fleisch leisten konnte. Ein wenig peinlich war das schon, aber ich tröstete mich wieder mit meiner Tour zum Recyclinghof.

»Was haben Sie denn für Rinderfilet?«, fragte ich einen Mann an der Fleischtheke. Er erkannte mich sofort als »Mat-Tina« und antwortete daher: »Für die Beste nur vom Besten. Ich nehme an, es soll unser allerfeinstes Rinderfilet sein?«

Ja, was sollte ich sagen? Ich vertrete in Zeitschriften und im Fernsehen die schwedische Küche und konnte doch nicht sagen: »Du, unter uns, hast du kein billiges dänisches Fleisch?« Also biss ich in den sauren Apfel und bezahlte schließlich umgerechnet fast 70 Euro für ein Rinderfilet, das im Blätterteigmantel serviert werden sollte!

Natürlich wurde es ein echter Hochgenuss! Ich umsorgte das Filet aber auch nach allen Regeln der Kunst, gab ihm ausreichend Zeit, sich bei Zimmertemperatur zu entspannen, bräunte es umsichtig an und würzte es mit viel Liebe. Schließlich sollte es sich im Blätterteigmantel ja wohlfühlen. Heraus kam ein Filet, das auf der Zunge nur so zerging.

Wenn wir jeden Tag alles richtig machen möchten und uns bei jedem Pups einer Kuh schlecht fühlen, gibt es nur eins: Wir müssen alle Veganer werden und dazu noch Selbstversorger. Leider finden aber Ideal und Wirklichkeit nur selten zueinander – das geht bestimmt nicht nur mir so. Für mich ist das Leben erst schön, wenn ich ab und zu in ein schönes Steak oder Rinderfilet beißen kann. Tagtäglich muss das nicht sein. Für mich ist Fleisch eine Luxusware und sollte auch als solche behandelt werden. Genie-

ßen Sie also ab und zu ein gutes Stück Fleisch und blicken Sie den Kühen anschließend mit gutem Gewissen in die Augen.
Als ich klein war, kaufte ich mit Papa beim Metzger manchmal Gänseblut für die Blutsuppe, die in Schweden üblicherweise zur Martinsgans serviert wird. Damals gab es in Schweden noch kein abgepacktes Fleisch, man kaufte Tiere entweder ganz oder halb. In den Jahren als Angestellte in verschiedenen Restaurants habe ich das Zerteilen von Fleisch von der Pike auf gelernt. Wenn mein damaliger Freund und heutiger Ehemann mich manchmal von der Arbeit abholte, kam es vor, dass ich gerade mit einem halben Kalb dastand und wie ein Tier (natürlich ein lebendiges) schuftete, um die Schulter abzutrennen oder die Rückenstücke zu zer-

teilen. Um ehrlich zu sein: Ich liebe das Zerlegen eines Tieres und die Zubereitung von Tieren im Ganzen ebenfalls. Das Tier soll nicht umsonst gestorben sein, und daher behandele ich auch das kleinste Detail mit Sorgfalt.

Sich mit den verschiedenen Fleischstücken zu beschäftigen und sie zu Rouladen, Steaks oder Hackfleisch zu verarbeiten, finde ich enorm spannend. Inzwischen ist das Interesse an diesen Metzgerfähigkeiten wieder groß, und das macht mich froh. Selbst gestopfte Würste, hausgemachte Leberpastete oder auch traditionelle schwedische Fleischrezepte feiern bei unseren Hobbyköchen und Restaurants gleichermaßen ein Comeback, und ich finde es fantastisch, dass derlei Fachwissen wieder gefragt ist.

Falls auch Sie also eines Tages ein besonders gut abgehangenes Stück Luxusfilet kaufen, um damit ein Filet Wellington zuzubereiten, essen Sie nur einen ganz kleinen Bissen davon und betrachten Sie es einfach als Beilage zu Gemüse und Kartoffeln.

TINAS TIPPS

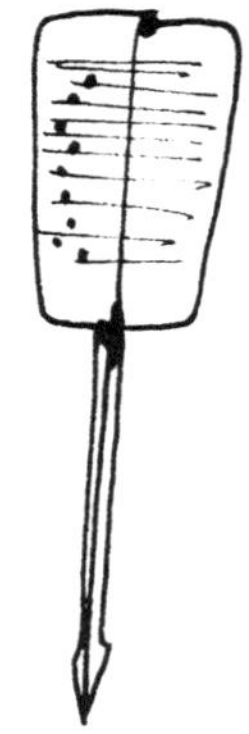

WORAN ERKENNE ICH ZARTES FLEISCH BEIM KAUF?

Zartes Fleisch sondert keine Flüssigkeit ab. Achten Sie beim Kauf daher darauf, dass sich in der Verpackung möglichst wenig Fleischsaft befindet.

ZIMMERTEMPERATUR

Nehmen Sie das Fleisch frühzeitig aus dem Kühlschrank, damit es vor dem Braten noch Zimmertemperatur annehmen kann. Andernfalls senkt das kalte Fleisch die Temperatur in der Pfanne und das Fleisch wird nicht gebraten, sondern nur gekocht.

NICHT ZU FRÜH WENDEN

Lassen Sie das Fleisch ordentlich Farbe annehmen, bevor Sie es wenden, da es ansonsten weniger gebraten, sondern ebenfalls vielmehr gekocht wird.

VOR ODER NACH DEM BRATEN SALZEN?

Ja, Salz entzieht dem Fleisch Flüssigkeit, doch nur, wenn Sie es einen halben Tag im Voraus salzen. Es ist also überhaupt kein Problem, Fleisch kurz vor dem Braten zu salzen und zu pfeffern.

MAILLARD-REAKTION

Der französische Naturwissenschaftler Louis Camille Maillard fand heraus, dass beim Braten von Fleisch verschiedene chemische Reaktionen ablaufen, die eine Bräunung verursachen. Diese Bräunung wiederum beeinflusst Geschmack, Textur und Geruch des Fleischs. Man kann die Reaktion hervorrufen, indem man Fleisch in einer Pfanne brät oder es bei geringer Temperatur im Ofen gart und anschließend anbräunt.

FLEISCH KOCHEN

Beim Kochen zieht sich das Fleisch zunächst zusammen, wird fest und zäh. Wenn man es dann aber langsam im Ofen schmort, wird es wieder zart. Die Fleischfasern werden dabei ganz mürbe und das Fleisch butterweich – dies braucht aber seine Zeit. Bedecken Sie das Fleisch in einem Topf mit Wasser und bringen Sie das Ganze zum Kochen. Regelmäßig abschäumen. Wenn kein Schaum mehr aufsteigt, Gemüse und Gewürze hinzufügen und alles laaange köcheln.

IM VORAUS ZUBEREITEN

Das Fleisch für ein leckeres Abendessen kann man einen Tag im Voraus zubereiten. Vor dem Servieren aber rechtzeitig herauslegen, damit es Zimmertemperatur annehmen kann. Zum Servieren das Fleisch auf angewärmte Teller (wird im folgenden Abschnitt beschrieben) legen und mit heißer Sauce bedecken. Man braucht das Fleisch gar nicht aufzuwärmen, das erledigen der warme Teller und die heiße Sauce.

TELLER VORWÄRMEN

Auf angewärmten Tellern wird das leckere Essen nicht so schnell kalt. Stellen Sie einen Stapel Teller bei voller Wattzahl einige Minuten in die Mikrowelle oder erwärmen Sie sie im vorgeheizten Backofen bei 100 °C.

GEFLÜGEL WÜRZEN

Schneiden Sie zum Beispiel Hähnchenbrustfilet oder entbeinte Hähnchenschenkel in Streifen, verrühren Sie sie mit Miso-Marinade (s. S. 102) und garen Sie sie in einer heißen Pfanne oder im 225 °C heißen Backofen. Dazu passt der thailändische Kohl-Sellerie-Salat (s. S. 33). Man kann auch Kräuter, Knoblauch oder Gewürze unter die Haut eines Brathähnchens oder Hähnchenschenkels schieben und das Ganze im Ofen braten.

94. Rinderfilet mit Ofentomaten und Sauce béarnaise

Beim Anblick dieses Gerichts läuft den meisten das Wasser im Mund zusammen. Bewahren Sie beim Kochen jedoch die Ruhe, denn Rinderfilet ist kostbar und mag keine gestressten Köche.

FÜR 4 PERSONEN

20 Kirschtomaten, am besten noch am Zweig
1 Knoblauchzehe, ungeschält zerdrückt
½ EL brauner Zucker
Salz, frisch gemahlener Pfeffer
800 g Rinderfilet am Stück
Butter und Olivenöl zum Braten

SAUCE BÉARNAISE:

1 Schalotte, fein gehackt
2 TL getrockneter Estragon
1–2 EL Butter zum Braten
4 EL Weißweinessig
3 Eigelb
200 g zerlassene Butter
1 Bund Estragon, Blätter gehackt
Salz, frisch gemahlener Pfeffer

UND SO GEHT'S:

1. Den Backofen auf 225 °C vorheizen.
2. Tomaten und Knoblauch in einer Auflaufform mit Zucker bestreuen. Salzen, pfeffern und 10–15 Minuten im Ofen backen. Herausnehmen, die Temperatur auf 110 °C senken.
3. Das Filet in Butter und Öl rundum 3–5 Minuten anbräunen, salzen und pfeffern. Auf einen Ofenrost setzen und rosa braten, bis die Kerntemperatur 54 °C beträgt (digitales Bratenthermometer). Das Fleisch vor dem Servieren kurz ruhen lassen.
4. Für die Sauce Schalotte und Estragon in Butter anschwitzen. Mit Essig und 50 ml Wasser ablöschen und auf 2 EL einkochen. Vom Herd nehmen und die Eigelbe 1 Minute mit einem Schneebesen unterrühren. Die zerlassene Butter unter Rühren in einem feinen Strahl eingießen. Frischen Estragon hinzufügen und die Sauce salzen und pfeffern.
5. Das Fleisch in Scheiben geschnitten mit Ofentomaten und Sauce béarnaise servieren.

95. Rinderfilet mit Morchelsauce

Dieses Gericht ist einfach und rustikal – genau, wie ich es liebe. Das Rinderfilet ist schon arg pfeffrig, aber himmlisch ...

FÜR 4 PERSONEN

4 Stücke Rinderfilet (à 180–200 g)
reichlich grob zerstoßener weißer Pfeffer
Butter und Olivenöl zum Braten

MORCHELSAUCE:

20 g getrocknete Morcheln (oder 100 g frische Morcheln, dann nicht einweichen)
1 Schalotte, fein gehackt
1 EL Butter
2 EL Sherry
300 g Sahne
½ TL Salz

UND SO GEHT'S:

1. Die Morcheln in 100 ml Wasser einweichen. Dann gut abspülen, ausdrücken und mit der Schalotte in Butter anschwitzen. Sherry und Sahne hinzufügen und die Sauce köcheln lassen, bis sie eindickt. Salzen.
2. Das Rinderfilet im zerstoßenen Pfeffer wenden und 3–5 Minuten auf jeder Seite in Butter und etwas Öl braten. Kurz ruhen lassen, dann mit Morchelsauce und einem gemischten grünem Salat servieren.

95·
94·

96.

96.

96. Filet Wellington mit Pilzfüllung

Für diesen Klassiker sollte das Backblech sehr heiß sein, damit der Blätterteig sofort gebacken und nicht weich und teigig wird. Benannt ist der Braten nach dem Herzog von Wellington, der Napoleon bei Waterloo besiegte.

FÜR 6–8 PERSONEN

1 kg Rinderfilet, am besten ein Mittelstück
2–3 Prisen Salz
2 Prisen frisch gemahlener Pfeffer
Butter und Öl zum Braten
6 große Scheiben Parmaschinken (etwa 150 g)
1–2 EL Dijonsenf
2 TK-Blätterteigplatten
Mehl für die Arbeitsfläche
Eigelb zum Bestreichen

PILZFÜLLUNG:

300 g Egerlinge oder Waldchampignons, gesäubert
3 Schalotten, gehackt
Butter zum Braten
200 g Sahne
je 1 Prise Salz und frisch gemahlener Pfeffer

MADEIRASAUCE:

400 ml Madeira
50 ml Balsamico-Essig
2 TL helle Sojasauce
2 TL brauner Zucker
2 Schalotten, in dünne Scheiben geschnitten
1 EL Olivenöl zum Beträufeln
1 Prise frisch gemahlener Pfeffer

PILZE UND ROSENKOHL:

300 g gemischte Pilze, gesäubert und in Scheiben geschnitten
Butter zum Braten
200 g Rosenkohl, Blätter abgezupft
1 Bund Petersilie, Blätter gehackt
je 1–2 Prisen Salz und frisch gemahlener Pfeffer

UND SO GEHT'S:

1. Für die Füllung Pilze und Schalotten in einer Küchenmaschine pürieren. In Butter anbräunen und die Flüssigkeit verdampfen lassen. Sahne hinzufügen und alles cremig einkochen. Salzen, pfeffern und abkühlen lassen.
2. Für die Sauce alle Zutaten bis auf das Öl um die Hälfte sämig einkochen lassen. Das Öl kurz vor dem Servieren unterrühren und die Sauce mit Pfeffer abschmecken.
3. Das Rinderfilet salzen, pfeffern und in Butter und Öl kurz anbräunen. Abkühlen lassen.
4. Ein Schneidebrett mit Frischhaltefolie bedecken, den Schinken überlappend darauflegen und mit der Pilzfüllung bestreichen. Das Filet in der Mitte platzieren, rundum mit Senf bestreichen und mit der Folie aufrollen.
5. Den Backofen mit einem eingeschobenen Backblech auf 230 °C vorheizen.
6. Den Blätterteig überlappend auslegen und auf der bemehlten Arbeitsfläche ausrollen. Das Fleisch aus der Folie wickeln, mittig auf dem Blätterteig platzieren und in den Blätterteig einrollen, die Ränder dabei sorgfältig andrücken. Den Blätterteig mit etwas Eigelb bestreichen und oben mehrmals schräg einschneiden, damit der Dampf entweichen kann und das Fleisch nicht gekocht wird.
7. Die Blätterteigrolle mit der Naht nach unten auf das Blech legen, ein digitales Bratenthermometer ins Fleisch stechen (s. Tipp S. 105) und das Fleisch in der Mitte des Ofens braten. Die Ofentemperatur nach 10 Minuten auf 160 °C senken. Nach 25–35 Minuten, wenn das Fleisch eine Kerntemperatur von 54 °C erreicht hat, ist es gar.
8. Die gemischten Pilze kurz in Butter anschwitzen, dann die Rosenkohlblätter einige Minuten mitbraten. Die Petersilie hinzufügen und alles salzen und pfeffern.
9. Das Fleisch in Scheiben schneiden und heiß mit den Beilagen servieren.

97. Hirschbraten mit süßsaurem Speck und Kartoffel-Apfel-Kompott

Süßsaurer Speck klingt vielleicht komisch, ist aber sehr köstlich! Das Kartoffel-Apfel-Kompott schmeckt herrlich frisch und ist ganz leicht zuzubereiten. Ob Sie Hirsch, Elch, Reh oder Rentier verwenden, ist ganz egal.

FÜR 4 PERSONEN

800 g–1 kg Hirschbraten
Salz, frisch gemahlener Pfeffer
Butter und Öl zum Braten

SÜSS-SAURER SPECK:

300 g geräucherter Speck
100 ml Weißweinessig
100 ml heller Zuckerrübensirup

KARTOFFEL-APFEL-KOMPOTT:

800 g festkochende Kartoffeln
Salz
2 Äpfel, geschält
abgeriebene Schale von 1 Bio-Zitrone
Saft von ½ frisch gepressten Zitrone
1 Schalotte, fein gehackt
2 EL Olivenöl
2 EL Crème fraîche
1½ EL grob gehackte Petersilie
frisch gemahlener Pfeffer

UND SO GEHT'S:

1. Den Backofen auf 110 °C vorheizen.
2. Den Hirschbraten salzen und pfeffern. Das Fleisch in einer Pfanne in etwas Butter und Öl von allen Seiten gut anbräunen. Den Braten auf ein Backblech setzen und im Ofen fertig garen, bis er eine Kerntemperatur von 68 °C erreicht hat (digitales Bratenthermometer). Wer das Fleisch lieber durchgebraten mag, kann es gerne noch etwas länger weiterbraten.
3. Inzwischen den Speck in Würfel von etwa 2 cm Seitenlänge schneiden und in einem Topf mit Essig und Sirup zugedeckt etwa 30 Minuten leicht köcheln. So wird der Speck rotbraun und schmeckt süß-säuerlich.
4. Die Kartoffeln schälen und in gesalzenem Wasser garen. Das Wasser abgießen und die Kartoffeln zerstampfen. Äpfel hineinreiben, dann Zitronenschale und -saft, Schalotte, Öl, Crème fraîche und Petersilie unterrühren und alles mit Salz und Pfeffer abschmecken.
5. Das Fleisch in Scheiben mit dem Speck und dem Kartoffel-Apfel-Kompott servieren.

KRÄUTER SIND IMMER GUT

Probieren Sie zum Hirschbraten auch einmal diese leckere Kräuterpaste: je 1½ EL frischen oder ½ EL getrockneten Rosmarin und Salbei, 1 Knoblauchzehe, abgeriebene Schale von 1 Bio-Zitrone und 1 EL Olivenöl im Mörser zu einer glatten Paste zerstoßen. Das Fleisch mit der Paste einreiben und wie im Rezept beschrieben im Ofen garen.

98. Cordon bleu

Ein absolutes Lieblingsessen bei mir zu Hause! Kaufen Sie für die Panade möglichst japanisches Panko-Mehl, denn das Ergebnis wird viel besser als mit gewöhnlichem Paniermehl. Ebenso wie ein Wiener Schnitzel, wird auch das mit Emmentaler und Schinken gefüllte Cordon bleu mit Kalbfleisch zubereitet.

FÜR 4 PERSONEN

4 große Kalbschnitzel, flach geklopft (etwa 600 g)
Salz, frisch gemahlener Pfeffer
8 Scheiben Emmentaler
4 Scheiben luftgetrockneter Schinken
4 TL Dijonsenf
Butter und Öl zum Braten

PANADE:

3 Eier
120 g Mehl
Salz, frisch gemahlener Pfeffer
100 g Paniermehl, z. B. Panko-Mehl

UND SO GEHT'S:

1. Die Kalbschnitzel auf ein Schneidebrett legen, salzen und pfeffern. Eine Hälfte des Schnitzels jeweils mit 2 Scheiben Käse und 1 Scheibe Schinken belegen und mit etwas Senf bestreichen. Zusammenklappen.
2. Die Eier in einer Schale verquirlen. Das Mehl in eine andere Schale geben und mit Salz und Pfeffer würzen. Das Paniermehl in eine dritte Schale füllen. Die Schnitzel zunächst im Mehl, dann im Ei und schließlich im Paniermehl wenden. Achtgeben, dass das Fleisch vollständig bedeckt ist.
3. Die Schnitzel 5–7 Minuten auf jeder Seite in Butter und Öl goldbraun braten. Die Pfanne dabei nicht zu heiß werden lassen und die Panade immer wieder mit Bratfett begießen.
4. Die Schnitzel mit Kartoffelbrei (s. S. 239) und einem Salat servieren.

99. Steak Strindberg mit Petersilienkartoffelsalat

Dieses Rezept wurde nach August Strindberg benannt, obwohl niemand weiß, ob er es jemals gegessen hat. Der Petersilienkartoffelsalat ist eine dankbare Beilage, insbesondere im Sommer. Er passt zu Ofengemüse, Maiskolben oder einem Salat.

FÜR 4 PERSONEN

4 Sirloin-Steaks (à etwa 200 g)
4 EL Dijonsenf
4 Schalotten, fein gehackt
Salz, frisch gemahlener Pfeffer
Mehl zum Panieren
Butter und Öl zum Braten

PETERSILIENKARTOFFELSALAT:

8 längliche festkochende Kartoffeln
Salz
1 Fenchel
1 Knoblauchzehe, geschält
6 EL gehackte Petersilie
50 ml Olivenöl
frisch gemahlener Pfeffer

UND SO GEHT'S:

1. Die Steaks auf ein Schneidebrett legen, auf einer Seite mit je 1 EL Senf bestreichen und mit Schalotten belegen. Salzen und pfeffern. Die Steaks vorsichtig von beiden Seiten im Mehl wenden und in Butter und Öl (zuerst mit der Schalottenseite nach unten) braten.
2. Die Kartoffeln in gesalzenem Wasser kochen und halbieren. Den Fenchel in feine Scheiben schneiden. Knoblauch, Petersilie und Öl glatt pürieren, salzen und pfeffern. Das Petersilienöl mit Kartoffeln und Fenchel mischen.
3. Die Steaks noch warm mit dem Petersilienkartoffelsalat servieren.

98.

99.

100.

101.

100. Rinderrouladen mit Rösti und warmem Gurkensalat

Bitten Sie den Metzger darum, das Fleisch für Sie flach zu klopfen, damit es zarter wird und schneller gart. Sie können die Rouladen nach Gusto füllen: mit Staudensellerie, Ajvar, Pastinaken, Pilzen, Schwarzwurzeln. Der warme Gurkensalat passt auch zu Lachs, gebratenem Fisch oder zu Graubrot mit Räucherwurst.

FÜR 4 PERSONEN

2 kleine Möhren
¼ Knollensellerie
½ Lauchstange
150 g scharfe Wurst, z. B. Chorizo
600 g Rouladen aus der Oberschale oder Minutensteaks
Dijonsenf oder scharfer Senf
Salz, frisch gemahlener Pfeffer
Butter und Olivenöl zum Braten

BRATENSAUCE:

1 Zwiebel, in Scheiben geschnitten
Butter oder Öl zum Braten
1 EL Tomatenmark
400 ml Porter (Dunkelbier)
2 Lorbeerblätter
1 EL Speisestärke
Salz, frisch gemahlener Pfeffer

RÖSTI:

1 kg vorwiegend festkochende Kartoffeln
2 EL zerlassene Butter
1 TL Salz, 1 Prise frisch gemahlener Pfeffer
Butter oder Öl zum Braten

WARMER GURKENSALAT:

½ Salatgurke
Butter zum Braten
Salz, frisch gemahlener Pfeffer
1 EL fein gehackte Schalotte
1½ EL fein gehackte Petersilie

UND SO GEHT'S:

1. Den Backofen auf 175 °C vorheizen.
2. Möhren und Sellerie schälen, den Lauch waschen. Möhren, Sellerie, Lauch und Wurst in Stifte schneiden.
3. Jede Roulade mit etwas Senf bestreichen, mit Gemüse, Zwiebel und Wurst belegen, aufrollen und mit einem Zahnstocher fixieren. Salzen und pfeffern. Rundum in Butter und Öl anbräunen und in eine Auflaufform setzen.
4. Für die Sauce Zwiebel in Butter oder Öl in einer Pfanne weich dünsten. Tomatenmark, Porter, 200 ml Wasser und Lorbeerblätter dazugeben, alles aufkochen und etwa 10 Minuten kochen lassen. Die Sauce über die Rouladen gießen und alles etwa 1 Stunde im Ofen schmoren. Mit einem Spieß prüfen, ob die Rouladen gar sind. Dann aus dem Ofen nehmen und die Zahnstocher entfernen.
5. Den Bratensaft aus der Form in einem Topf aufkochen. Die Stärke mit 2 EL kaltem Wasser glatt rühren und die Sauce damit sämig binden. Mit Salz und Pfeffer abschmecken.
6. Für die Rösti die Kartoffeln schälen, grob reiben und die Flüssigkeit auspressen. Die zerlassene Butter unterrühren (hier nicht geizen, es schmeckt lecker!), salzen und pfeffern. Die Kartoffelmasse in einer Pfanne zu einem Fladen formen und in etwas Butter oder Öl 5–10 Minuten braten, bis die Unterseite goldbraun geworden ist. Mithilfe eines Deckels oder Tellers wenden und die andere Seite auf kleiner Stufe goldbraun backen. Mit einem Messer prüfen, ob die Kartoffeln gar sind.
7. Für den Salat die Gurke schälen, entkernen und in kleine Stücke schneiden. Etwas Butter in einem Topf zerlassen, Gurke und 1 EL Wasser hinzufügen, mit Salz und Pfeffer würzen. Die Gurke auf kleiner Stufe erhitzen und zuletzt Schalotte und Petersilie dazugeben.
8. Die Rouladen in der Sauce erhitzen und mit Rösti und warmem Gurkensalat servieren.

101. Sirloin-Steaks mit Knoblauchbutter und Möhren-Topinambur-Stampf

Für dieses Gericht habe ich die ultrazarten Steaks von Hochlandrindern verwendet, deren Fleisch ungefähr so mürbe ist wie ich nach der ersten Skilanglauftour des Winters. Die Butter, die von Knoblauch und Mangochutney eine gewisse Süße erhält, wird sicherlich auch Knoblauchverächtern schmecken. Beim Garen verliert der Knoblauch seine Schärfe und entfaltet eine mild-süßliche Note. Machen Sie gleich die doppelte Menge und servieren Sie die Butter noch einmal zu Ofenkartoffeln.

FÜR 4 PERSONEN

4 Sirloin-Steaks (à etwa 200 g), am besten von Hochlandrindern
1 Bund Thymian, Blätter abgezupft
Salz, frisch gemahlener Pfeffer
Öl zum Braten
2 TL Dijonsenf
etwas frisch gepresster Zitronensaft

MÖHREN-TOPINAMBUR-STAMPF:

500 g Möhren
500 g Topinambur
3 Schalotten
Salz
je 1 EL Butter und Olivenöl
1 TL frisch gepresster Zitronensaft
1 Prise frisch gemahlener Pfeffer

KNOBLAUCHBUTTER:

5 Knoblauchzehen
Olivenöl zum Braten
150 g zimmerwarme Butter
2 EL Mangochutney
abgeriebene Schale von 1 Bio-Zitrone
½ TL Salz, frisch gemahlener Pfeffer

UND SO GEHT'S:

1. Für die Knoblauchbutter die Knoblauchzehen schälen und in wenig Öl in einer Pfanne goldbraun braten, bis sie weich geworden sind. Mit einer Gabel zerdrücken und mit Butter, dem Mangochutney und der Zitronenschale verrühren. Mit Salz und Pfeffer abschmecken und bis zum Servieren kühl stellen.
2. Für den Stampf Möhren, Topinambur und Schalotten schälen, in Stücke schneiden und in leicht gesalzenem Wasser garen. Das Wasser abgießen und Butter, Öl und Zitronensaft unterrühren. Alles grob mit einem Kartoffelstampfer oder einer Gabel zerstampfen und mit Salz und Pfeffer abschmecken.
3. Das Fleisch mit Thymian, Salz und Pfeffer einreiben. Die Steaks in einer Grillpfanne oder anderen Pfanne in Öl auf jeder Seite wenige Minuten braten, dann herausnehmen und auf einer Platte kurz ruhen lassen.
4. Zum Servieren das Fleisch mit Senf bestreichen und mit Zitronensaft beträufeln.

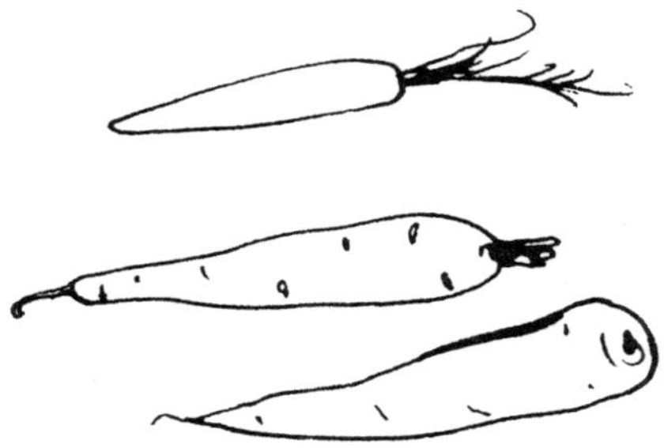

102. Bœuf Bourguignon

Schneiden Sie das Fleisch in große Stücke und lassen Sie es laaange schmoren. Perfekt ist es, wenn es fast auseinanderfällt. Rindfleisch wird beim Anbraten zunächst einmal zäh und fest, doch beim langsamen Schmoren im Ofen oder auf dem Herd wird das Fleisch butterzart. Haben Sie also Geduld, und bereiten Sie das Gericht am besten einen Tag im Voraus zu.

FÜR 4 PERSONEN

1½ kg Hochrippe vom Rind
2 EL Butter und Butter zum Braten
1½ EL Mehl
2 große Möhren
1 Zwiebel
3 Knoblauchzehen
200–300 g geräucherter Speck, gewürfelt
1 EL Tomatenmark
700 ml Rotwein
3 Zweige Thymian
3 Lorbeerblätter
18–20 kleine Zwiebeln
400 g kleine Champignons, gesäubert
Salz, frisch gemahlener Pfeffer

UND SO GEHT'S:

1. Das Rindfleisch in Würfel von etwa 3 cm Seitenlänge schneiden. In einer Pfanne in Butter anbraten, mit Mehl bestäuben und rundum bräunen lassen. In einen großen Topf geben, den Bratensatz mit 100 ml Wasser lösen und ebenfalls in den Topf geben.
2. Möhren, Zwiebel und Knoblauch schälen. Die Zwiebel in acht Spalten schneiden, den Knoblauch zerdrücken und die Möhren in Stücke schneiden.
3. Speck, Möhren, Zwiebel, Knoblauch und Tomatenmark anbräunen und mit in den Topf geben, dann Wein und 500 ml Wasser zugießen. Alles aufkochen und dann die Thymianzweige und Lorbeerblätter hinzufügen. Alles 2–2½ Stunden köcheln lassen.
4. Die kleinen Zwiebeln schälen und mit den Champignons in Butter anbräunen. Etwas Sud aus dem Topf hinzufügen und die Zwiebeln weich kochen. Zwiebeln und Pilze mit in den Topf geben und alles mit Salz und Pfeffer abschmecken.
5. Mit gekochten Kartoffeln oder Kartoffelbrei (s. S. 239) servieren.

MEINE FLEISCHBRÜHE

Ich verwende niemals gekaufte Brühe, sondern setze in meinen Rezepten lieber Wasser ein. Die übrigen Zutaten sorgen dann schon für den Geschmack. Wer allerdings Zeit und Lust hat, sich einen kleinen Vorrat hausgemachter Brühe anzulegen und im Tiefkühlfach zu lagern, kann Saucen und Eintöpfe damit jederzeit toll verfeinern.

1 kg Hähnchenflügel
500 g Ochsenschwanz, in Scheiben geschnitten
2 Möhren, grob in Stücke geschnitten
1 Pastinake, grob in Stücke geschnitten
2 Zwiebeln, in Stücke geschnitten
1 Knoblauchknolle
3 Lorbeerblätter
10 weiße Pfefferkörner
1 TL getrockneter Thymian

UND SO GEHT'S:

Den Backofen auf 250 °C vorheizen. Die Hähnchenflügel, den Ochsenschwanz und das Gemüse in einem großen Schmortopf etwa 25 Minuten goldbraun rösten. Dann knapp mit Wasser bedecken, aufkochen und den aufsteigenden Schaum abschöpfen. Die Gewürze hinzufügen und alles etwa 3–4 Stunden köcheln. Die Brühe abseihen und sofort in den Kühlschrank stellen. Gekühlt hält sie mehrere Tage.

103. Makluba

Für das arabische Reisgericht Makluba verwendet man eine ganz besondere Gewürzmischung, die man selbst herstellen und auch für andere Reisgerichte verwenden kann. Makluba bedeutet so viel wie »umgekehrt« oder »umgestülpt«. Gleich werden Sie sehen, warum.

FÜR 4 PERSONEN

800 g Kalbskeule mit Knochen
2 Zwiebeln
5 Knoblauchzehen
Butter zum Braten
1 EL Zaubergewürzmischung (s. S. 213)
1 Aubergine
Salz
2 EL Olivenöl
1 Zucchini
250 g Basmatireis
120 g Mandeln, geröstet (s. S. 28)
Bio-Zitronenspalten zum Servieren

UND SO GEHT'S:

1. Das Fleisch eventuell zerteilen, damit es in den Topf passt. Zwiebeln schälen und fein hacken. Knoblauch schälen und zerdrücken.
2. Das Fleisch in einem großen Topf in Butter anbräunen. Zwiebeln, Knoblauch und Gewürzmischung hinzufügen und alles einige Minuten anbraten (eventuell das Fleisch herausheben, damit mehr Platz für Zwiebeln und Co. ist). So viel Wasser zugießen, dass das Fleisch knapp bedeckt ist. Alles zugedeckt aufkochen und etwa 1 Stunde köcheln lassen.
3. Währenddessen die Aubergine in Scheiben schneiden, in einer Schüssel mit Salz bestreuen und 20 Minuten ziehen lassen. Die ausgetretene Flüssigkeit mit Küchenpapier abtupfen, dann die Auberginen in etwas Butter und dem Öl anbräunen. Beiseitestellen.
4. Die Zucchini in Scheiben schneiden.
5. Nach 1 Stunde den Kochsud abgießen, beiseitestellen. Auberginen auf dem Fleisch im Topf verteilen, Reis und Kochsud hinzufügen. Falls nicht genügend Sud vorhanden ist, Wasser dazugeben und etwas salzen. Zucchini hinzufügen und alles zugedeckt 20 Minuten köcheln, bis der Reis gar ist.
6. Den Topf mit dem Reisgericht auf eine Platte stürzen. Die Makluba mit gerösteten Mandeln bestreuen und mit Zitronenspalten servieren (z. B. russischer Art, siehe unten).

ZITRONEN RUSSISCHE ART

Bei einem Gastspiel in Moskau erfuhren mein Kollege Benny und ich, wie man in Russland eine Zitrone geschickt in Spalten schneidet. Mit diesen Spalten tropft der Zitronensaft garantiert auf den Teller und spritzt nicht dem Nachbarn ins Gesicht.

UND SO GEHT'S:

Wie auf der Skizze zu sehen, ein Messer in die Zitrone stechen und einen langen Schnitt von der einen Seite zur anderen machen. Das Messer wenden, sodass die andere Seite der Zitrone nach oben zeigt und nochmals den gleichen Schnitt machen. Zitrone auseinandernehmen, eventuell die Enden der Zitrone kappen, damit die Hälften gut stehen.

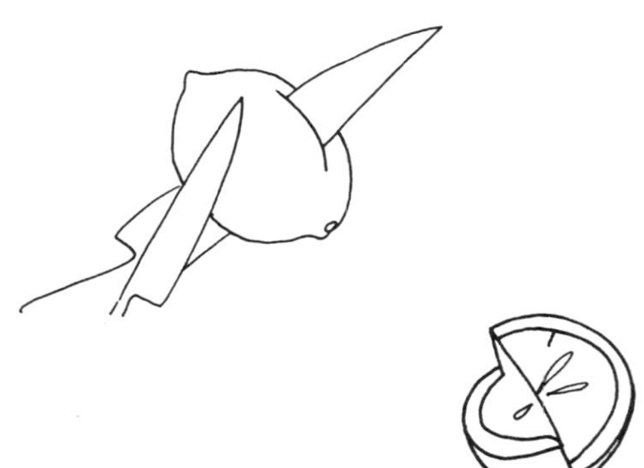

103.

104. Indischer Lammtopf mit Chorizo

Currypulver, Kreuzkümmel und Zimt sind für Lammfleisch wie gemacht. Lassen Sie den Eintopf so lange einköcheln, bis die Tomaten tiefrot geworden sind. Wenn Sie möchten, können Sie dieses Rezept als eine Art Grundrezept betrachten. Denken Sie sich also einfach alle Gewürze weg und fügen Sie die hinzu, die Sie mögen. Vielleicht erfinden Sie so eine geniale neue Gewürzmischung!

FÜR 4 PERSONEN

800 g Lammkeule, entbeint
2 Möhren
2 Pastinaken
1 Knoblauchknolle
2 EL Tomatenmark
1 Bund Thymian, Blätter abgezupft
2 TL Salz
2 Dosen geschälte Tomaten (à etwa 400 g)
3 Schalotten
200 g geräucherter Speck, gewürfelt
5 kleine Chorizo-Würste
frisch gemahlener Pfeffer
Saft von ½ frisch gepressten Zitrone

GEWÜRZMISCHUNG:

1 EL Currypulver
½ EL gemahlener Kreuzkümmel
½ EL gemahlener Zimt

UND SO GEHT'S:

1. Das Fleisch in Würfel von etwa 5 cm Seitenlänge schneiden.
2. Möhren und Pastinaken schälen und grob zerkleinern. Die Knoblauchknolle quer halbieren.
3. Das Lammfleisch in einem großen Topf mit Tomatenmark, Knoblauch, Thymian, Salz und Gewürzmischung anbräunen. Dann 500 ml Wasser und die Tomaten samt Saft hinzufügen und alles aufkochen lassen. Aufsteigenden Schaum abschöpfen.
4. Die Schalotten schälen, in Scheiben schneiden und mit Gemüse und Speck in den Topf geben. 1–1½ Stunden köcheln, bis das Fleisch ganz zart geworden ist.
5. Die Chorizo grob zerteilen und mit in den Topf geben. Alles einmal aufkochen und mit Pfeffer und Zitronensaft abschmecken.
6. Mit Tortillas (s. S. 243) und einem Klecks griechischem Joghurt servieren.

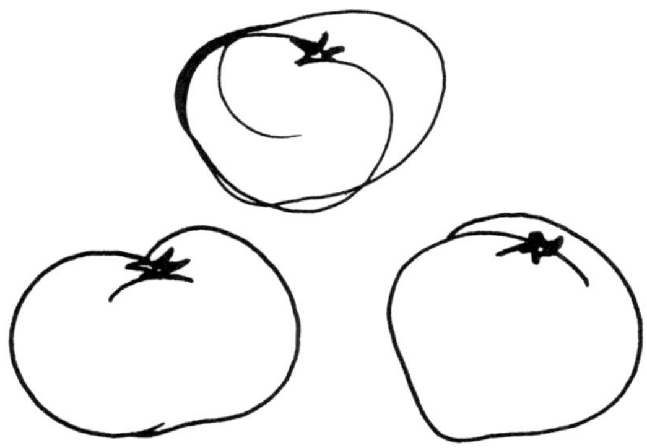

Drei Kontinente sagen: Schwein gehabt!

Mir war von verschiedenen Seiten zugetragen worden, dass viele Leute im Jahr nur vielleicht 14 verschiedene Gerichte zubereiten, die sie ständig wiederholen und aus verständlichen Gründen irgendwann leid sind. Da hatte ich die Idee zu diesem Grundrezept. Man nimmt es als Basis, tauscht nur die Gewürze und einige der Zutaten aus und kann so jedes Gericht auf verschiedene Art abwandeln. Heraus kommen völlig neue Geschmackserlebnisse, die auch optisch ganz anders wirken und nicht viel Arbeit machen. Nur ein bisschen kreativ muss man sein und sich auf Wochenmärkten oder in Supermärkten inspirieren lassen. Das macht Spaß!

105. Grundrezept für Schweinefleisch

Dieses Gericht ist die Basis für die nächsten drei Rezepte in diesem Kapitel. Wer gerne eigene Würzexperimente macht, hat natürlich freie Bahn!

FÜR 4 PERSONEN

600 g Schweinefleisch
2 Möhren, geschält
¼ Knollensellerie
1 Zwiebel, fein gehackt
3 Knoblauchzehen
Butter und Olivenöl zum Braten
300 g Sahne
abgeriebene Schale und Saft von 1 Bio-Zitrone
1 TL Salz, frisch gemahlener Pfeffer

UND SO GEHT'S:

1. Das Fleisch in beliebig große Stücke schneiden. Das Wurzelgemüse schälen und mit der Zwiebel schräg in Scheiben, Streifen oder Würfel schneiden. Fleisch und Gemüse mit Knoblauch in einer Pfanne kurz in Butter und Öl anbräunen.
2. Sahne, Zitronenschale und -saft und 200 ml Wasser hinzufügen und alles auf die Hälfte einkochen lassen. Mit Salz und Pfeffer abschmecken.
3. Mit Reis (s. S. 236) servieren.

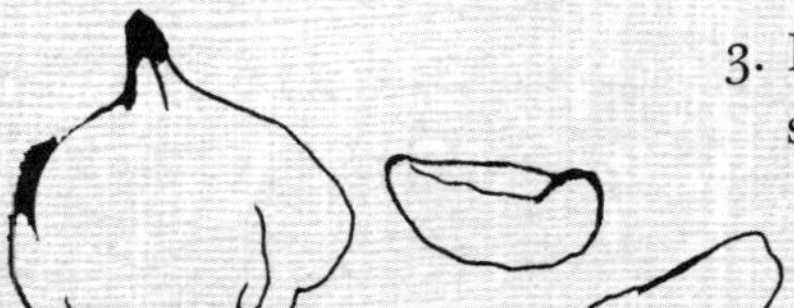

106. Hitze über Asien

Manchmal ist es von Vorteil, in einem Currygericht anstelle von Kokosmilch Kokosraspel zu verwenden. So wird es im Geschmack milder und erhält auch etwas mehr Biss. Darüber freut sich sicher jeder, nur Leute, die auch Fruchtfleisch im Orangensaft verabscheuen, werden vielleicht den Mund ein wenig verziehen.

FÜR 4 PERSONEN

1 Grundrezept für Schweinefleisch (siehe links) mit 600 g entbeintem Schweinenacken, in Scheiben geschnitten

GEWÜRZMISCHUNG:

2–3 EL Kokosraspel
1 Stängel Zitronengras, grob zerdrückt
½ rote Chilischote, Samen entfernt und in Streifen geschnitten
frisches Koriandergrün
Saft von 1 frisch gepressten Limette

UND SO GEHT'S:

1. Das Fleisch in Streifen schneiden. Wurzelgemüse aus dem Grundrezept schälen und mit der Zwiebel in feine Streifen schneiden. Fleisch, Gemüse, Knoblauch und Kokosraspel in einer Pfanne in Butter und Öl anbräunen.
2. Sahne, Zitronenschale und -saft, Zitronengras, Chili und 200 ml Wasser hinzufügen und alles auf die Hälfte einkochen. Mit Salz und Pfeffer abschmecken.
3. Mit asiatischen Nudeln und Koriandergrün servieren und mit Limettensaft beträufeln.

106.

107.

108.

107. Frost über Europa

Diese geschmacklich eher nordeuropäisch angehauchte Version erhält durch den frisch geriebenen Meerrettich am Schluss noch etwas Schärfe.

FÜR 4 PERSONEN

1 Grundrezept für Schweinefleisch (s. S. 195) mit 1 Schweinefilet (etwa 600 g), ohne Zitrone

GEWÜRZMISCHUNG:

4 eingelegte Sardellenfilets
½ EL getrockneter Estragon
1 EL schonischer körniger Senf oder Dijonsenf
50 g Meerrettich, frisch gerieben

UND SO GEHT'S:

1. Das Filet von Fett und Sehnen befreien und in Medaillons schneiden. Das Wurzelgemüse aus dem Grundrezept schälen und mit der Zwiebel schräg in Scheiben schneiden. Das Fleisch und das Gemüse mit Knoblauch in einer Pfanne in Butter und Öl anbräunen.
2. Sahne, Sardellen, Estragon, Senf und 200 ml Wasser hinzufügen und alles auf die Hälfte einkochen lassen. Mit Salz und Pfeffer abschmecken.
3. Mit dem Meerrettich bestreuen und mit Kartoffelbrei (s. S. 239) servieren.

108. Sonne über Afrika

Meine Kinder lieben dieses Gericht! Versuchen Sie es auch und machen Sie Ihre Kinder glücklich!

FÜR 4 PERSONEN

1 Grundrezept für Schweinefleisch (s. S. 195) mit 2 Koteletts (etwa 600 g), ohne Zitrone

GEWÜRZMISCHUNG:

70 g Mandeln, blanchiert und gehäutet
1½ EL gelbe Rosinen
½ TL gemahlene Gewürznelke
1 TL gemahlene Muskatnuss
½ g Safranfäden

UND SO GEHT'S:

1. Die Koteletts salzen und pfeffern und in Butter und Öl in einer Pfanne anbräunen.
2. Das Wurzelgemüse aus dem Grundrezept schälen und mit der Zwiebel schräg in Scheiben schneiden.
3. Die Mandeln in einer Pfanne ohne Fett goldbraun rösten. Ein wenig Öl hinzufügen, dann Gemüse, Sahne, Rosinen, Gewürznelke, Muskat und Safran dazugeben und alles auf die Hälfte einkochen lassen. Mit Salz und Pfeffer abschmecken.
4. Mit Reis (s. S. 236) servieren.

109. Ossobuco vom Eisbein mit Gremolata

Dieses Rezept habe ich kräftig abgewandelt. Das italienische Ossobuco, eigentlich ein Gericht mit Kalbshachse, habe ich mit Eisbein zubereitet, und meine Gremolata habe ich – auch nicht üblich – angebraten, damit Knoblauch und Zitronenschale ihre Schärfe und Spritzigkeit ein wenig verlieren. Die perfekte Harmonie!

FÜR 4 PERSONEN

¼ Knollensellerie
2 Möhren
2 Zwiebeln
2 Pastinaken
2 kg Eisbein, in 5 cm dicke Scheiben geschnitten
Butter und Öl zum Braten
einige Zweige Thymian
2 Dosen stückige Tomaten (à etwa 400 g)
300 ml Weißwein
1½ TL Salz, frisch gemahlener Pfeffer

GREMOLATA:

1 Bund Petersilie, Blätter gehackt (etwa 40 g)
2 Knoblauchzehen, gerieben
abgeriebene Schale von 1 Bio-Zitrone
Olivenöl zum Braten

UND SO GEHT'S:

1. Knollensellerie, Möhren, Zwiebeln und Pastinaken schälen und in kleine Stücke schneiden.
2. Die Eisbeinstücke in Butter und Öl in einem großen Topf rundum anbräunen (gerne in einem gusseisernen Topf).
3. Sellerie, Möhren, Zwiebeln, Pastinaken und Thymianzweige in den Topf dazugeben und alles kurz anbraten.
4. Die stückigen Tomaten, den Wein und 600 ml Wasser hinzufügen und das Ganze zugedeckt auf mittlerer Stufe 1½–2 Stunden köcheln lassen. Wenn das Fleisch vom Knochen fällt, ist das Gericht fertig. Mit Salz und Pfeffer abschmecken.
5. Für die Gremolata Petersilie, Knoblauch und Zitronenschale mischen und kurz in einer Pfanne in etwas Öl anbraten.
6. Die Gremolata über das Ossobuco streuen und dieses mit Brot, zum Beispiel dem Manitoba-Baguette (s. S. 268), servieren.

110. Porchetta mit Kartoffel-Rüben-Gratin

Diese *Porchetta* – was auf Deutsch übrigens Spanferkel bedeutet – ist ein italienischer Schweinerollbraten, den ich einmal in einer Fernsehsendung für den schwedischen Chefkoch Magnus Nilsson in seinem berühmten Restaurant *Fäviken* gekocht habe. Ich hatte dafür ein Stück von seinem Weihnachtsschwein abbekommen – das beste und fetteste Schwein, das ich je verarbeitet habe. Damit wurde die Porchetta ein wahres Wunderwerk. Schwein gehabt!

FÜR 4–6 PERSONEN

1½ kg frischer Schweinebauch mit Schwarte
3 TL Salz, frisch gemahlener Pfeffer
150 g getrocknete Aprikosen
5 Knoblauchzehen
1 Handvoll frische Kräuter, z. B. Oregano, Petersilie, Thymian, Rosmarin
2 EL Olivenöl
4 Zimtstangen
einige Lorbeerblätter
300 ml Apfelsaft

KARTOFFEL-RÜBEN-GRATIN:

600 g vorwiegend festkochende Kartoffeln
5 Speiserüben
½ Zwiebel
½ EL Pimentkörner, zerstoßen
Butter und Öl zum Braten
400 ml Milch
300 g Sahne
frisch gemahlener Pfeffer
Salz
100 g Kräuterkäse oder schwedischer kryddost, gerieben

UND SO GEHT'S:

1. Den Backofen auf 250 °C vorheizen.
2. Die Schwarte des Schweinebauchs mehrmals in Streifen einschneiden. Den Schweinebauch horizontal halbieren, allerdings nicht ganz durchschneiden. Das Fleisch aufklappen und großzügig salzen und pfeffern.
3. Die Aprikosen eventuell in Streifen schneiden, Knoblauch schälen und zerdrücken.
4. Aprikosen, Knoblauch und Kräuter auf dem Fleisch verteilen, das Ganze eng aufrollen und mit Küchengarn zusammenbinden. Mit Öl und Salz einreiben und die Schwarte mit Zimtstangen und Lorbeerblättern spicken. Die Porchetta in einen Bräter setzen und in die Mitte des Ofens schieben. Das Fleisch nach etwa 20 Minuten wenden, damit es rundum Farbe annehmen kann, dann die Temperatur auf 150 °C senken. Den Apfelsaft zugießen und die Porchetta noch etwa 2½ Stunden braten, bis das Fleisch ganz zart geworden ist. Dabei alle 30 Minuten übergießen.
5. Für das Gratin Kartoffeln und Rüben schälen und in der Küchenmaschine oder mit einem Gemüsehobel fein hobeln. Zwiebel schälen, in Ringe schneiden und mit dem Piment in etwas Butter und Öl anbraten. Milch und Sahne zugießen, aufkochen lassen. Kartoffeln und Rüben hinzufügen und großzügig salzen und pfeffern, da die Kartoffeln viel Salz aufnehmen. Alles 3–5 Minuten kochen, bis es etwas weich geworden ist. Dabei regelmäßig rühren und achtgeben, dass nichts anbrennt. In eine Gratinform füllen und mit Käse bestreuen. Zur Porchetta in den Ofen schieben und 30–40 Minuten gratinieren, mit einem Spieß prüfen, ob das Gratin gar ist.
6. Die Porchetta aus dem Ofen nehmen, den Ofen auf 250 °C heraufschalten und das Gratin noch kurz bräunen.
7. Die Porchetta in Scheiben schneiden und mit dem Kartoffel-Rüben-Gratin servieren.

111. Polynesische Spareribs mit Rotkohl und Bratäpfeln

Polynesische Spareribs sind weltweit für ihren Geschmack berühmt, es ist also Zeit, dass auch Sie sie kennenlernen. Die Marinade ist sehr vielseitig einsetzbar und kann zum Beispiel als Glasur auf jede Art von Schweinefleisch gestrichen werden. Alternativ in einem Frischhaltebeutel mit in Streifen geschnittenem Schweinenacken oder mit Hochrippe mischen und in einer heißen Pfanne braten. Köstlich mit Salat!

FÜR 4 PERSONEN

1½–2 kg dicke Schweinerippchen

MARINADE:

50 ml Chilisauce
4 Knoblauchzehen, gerieben
50 ml indonesische süße Sojasauce
½ EL Rotweinessig
2 EL Dijonsenf
2 Spritzer roter Tabasco
1 EL Worcestersauce

SÜSS-SAURER APFELROTKOHL:

400 g Rotkohl
1 Zwiebel
150 g geräucherter Speck, gewürfelt
Öl zum Braten
50 ml Rotweinessig
2 EL brauner Zucker
1 säuerlicher Apfel, gewürfelt
Saft von 1 frisch gepressten Zitrone
½ TL Salz, frisch gemahlener Pfeffer

BRATÄPFEL:

4 kleine Äpfel
4 Knoblauchzehen
4 Lorbeerblätter
Butter zum Überbacken

UND SO GEHT'S:

1. Den Backofen auf 150 °C vorheizen.
2. Alle Marinadenzutaten verrühren und die Spareribs mit der Marinade rundum einstreichen. Für ein kräftigeres Aroma die Spareribs über Nacht in der Marinade einlegen. Die Spareribs mit den Knochen nach oben auf einen Ofenrost legen, der über einer Fettpfanne platziert ist, und etwa 1½ Stunden im Ofen backen.
3. Währenddessen den Rotkohl in Spalten schneiden, den Strunk entfernen und den Kohl in feine Streifen schneiden oder hobeln. Die Zwiebel schälen und in dünne Scheiben schneiden. Zwiebel und Speck in etwas Öl in einem Topf anbräunen. Essig, 100 ml Wasser und Zucker hinzufügen und alles zugedeckt etwa 30 Minuten köcheln. Dann die Apfelwürfel unterrühren und den Rotkohl mit Zitronensaft, Salz und Pfeffer abschmecken.
4. Die Äpfel auf ein mit Backpapier ausgelegtes Backblech setzen. Die Schale oben einschneiden und in jeden Apfel je 1 Knoblauchzehe und 1 Lorbeerblatt stecken. Mit etwas Butter belegen und mit den Spareribs 20–25 Minuten backen, bis sie weich sind.
5. Wer will, kann kurz vor dem Servieren den Backofengrill dazuschalten und die Spareribs noch etwas grillen. Die Spareribs heiß mit Rotkohl und Bratäpfeln servieren.

Fleischbällchen Multikulti

Hackfleisch ist so vielseitig, dass man damit tagtäglich den Duft der großen weiten Welt schnuppern kann. Man formt und würzt es, wie es einem gefällt, und lässt sich dabei von den Küchen dieser Welt inspirieren. Spaß macht es auch, sich sein eigenes Hackfleisch zu mischen – für einen eher milden Lammgeschmack zum Beispiel Lamm- und Schweinegehacktes halb und halb. Das Schweinefleisch ist hier wegen des Fettanteils wichtig, damit das klein gehackte Fleisch nicht so schnell trocken wird. Also, keine Angst vor Fett – maßvoll eingesetzt ist es ein wichtiger Geschmackträger!

Ich mische mein Hackfleisch übrigens nicht, wie in Schweden üblich, mit Semmelbröseln, sondern gebe stattdessen eine Scheibe in Milch und Eier eingeweichtes Weißbrot vom Vortag in die Masse. Dadurch wird sie schön locker und gleichzeitig auf eine gute Art gestreckt. Keine gute Idee ist es, Mineralwasser unter die Hackfleischmasse zu rühren. Zwar lockert das Wasser die Masse für einen Moment auf, doch beim Braten in der Pfanne verdampfen Wasser und Kohlensäure, und heraus kommen trockene Fleischbällchen.

113.

114.

115.

112. Grundrezept für Hackfleischteig

Dieses tolle Grundrezept eignet sich für mageres und fettes Hackfleisch.

FÜR 4 PERSONEN

1 Ei
150 ml Milch
1 Scheibe Weißbrot vom Vortag, entrindet
500 g Gehacktes, z. B. von Kalb, Rind, Lamm oder Schwein
1 TL Salz, frisch gemahlener Pfeffer

UND SO GEHT'S:

1. Ei und Milch in einer Schüssel verquirlen. Das Brot darin etwa 10 Minuten einweichen.
2. Das Hackfleisch hinzufügen, alles mischen, salzen und pfeffern.

113. Tinas Fleischbällchen mit Weißkohl

Da ich die Verbindung von Süßem und Salzigen liebe, habe ich das Schweinegehackte hier mit Sardellenfilets und Senf verfeinert.

FÜR 4 PERSONEN

1 Grundrezept für Hackfleischteig (siehe oben) mit 500 g Schweinegehacktem
Butter und Öl zum Braten

GEWÜRZMISCHUNG:

1 EL gehackte, eingelegte Sardellenfilets mit Einlegeflüssigkeit
4 EL fein gehackter Lauch
2 EL schonischer Senf oder Dijonsenf

WEISSKOHL IN WEISSER SAUCE:

½ Weißkohl, in Stücke geschnitten
Butter und Öl
1 EL Mehl
300 ml Milch
Salz, frisch gemahlener Pfeffer
1 Schalotte, fein gehackt
3 EL grob gehackte Petersilie

UND SO GEHT'S:

1. Den Hackteig wie im Grundrezept zubereiten und mit der Gewürzmischung mischen. 10 Minuten ruhen lassen.
2. Den Kohl in einem Topf in etwas Butter und Öl anbräunen, mit Mehl bestäuben und die Milch unter Rühren zugießen. Etwa 10 Minuten köcheln lassen, bis der Kohl gar ist. Salzen und pfeffern, schließlich Schalotte und Petersilie unterrühren.
3. Hackmasse mit angefeuchteten Händen zu Bällchen formen und etwa 10 Minuten in Butter und Öl in einer Pfanne braten.
4. Die Fleischbällchen mit dem Weißkohl und der Sauce servieren.

114. Fleischbällchen mit Tomatensauce auf italienische Art

Pfeifen Sie auf Pasta und servieren Sie diese Köstlichkeit stattdessen mit knusprigem Brot!

FÜR 4 PERSONEN

1 Grundrezept Hackfleischteig (siehe oben links) mit 500 g Kalbsgehacktem
Butter und Öl zum Braten

GEWÜRZMISCHUNG:

40 g Parmesan, gerieben
2 TL getrockneter Estragon
abgeriebene Schale von 1 Bio-Zitrone
½ Zwiebel, fein gehackt
1 Knoblauchzehe, gerieben

TOMATENSAUCE:

1 Schalotte, gewürfelt
3 Knoblauchzehen, zerdrückt
250 g Kirschtomaten
75 ml hochwertiges Olivenöl
1 Dose stückige Tomaten (etwa 400 g)
1 EL Weißweinessig
½ TL Salz, frisch gemahlener Pfeffer
1 Prise Zucker
40 g Pinienkerne, geröstet

UND SO GEHT'S:

1. Den Hackteig wie im Grundrezept zubereiten und mit der Gewürzmischung mischen. 10 Minuten ruhen lassen.
2. Für die Sauce Schalotte, Knoblauch und frische Tomaten in Öl anschwitzen, dann 100 ml Wasser und stückige Tomaten hinzufügen und alles zu einer Sauce einkochen. Mit Essig, Salz, Pfeffer und Zucker würzen.
3. Die Hackmasse mit angefeuchteten Händen zu Bällchen formen und in einer Pfanne etwa 10 Minuten in Butter und Öl braten.
4. Die rundum gebräunten Fleischbällchen in die Tomatensauce geben und darin noch etwa 10 Minuten köcheln lassen.
5. Mit Pinienkernen bestreuen und mit knusprigem Brot servieren.

115. Griechische Lammfrikadellen mit Gemüse

Lehnen Sie sich zurück und schließen Sie bei diesen leckeren Lammfrikadellen die Augen … na, sind Sie schon in Griechenland?

FÜR 4 PERSONEN

1 Grundrezept für Hackfleischteig (siehe links) mit 500 g Lammgehacktem
Butter und Öl zum Braten

GEWÜRZMISCHUNG:

½ Zwiebel, fein gehackt
80 g Kalamata-Oliven, gehackt
1 TL getrockneter Oregano

GEMÜSE:

1 Zwiebel
2 Knoblauchzehen
½ Aubergine
½ Zucchini
1 rote Paprikaschote, Stielansatz, Samen und Scheidewände entfernt
50 ml Öl
100 ml Weißwein oder Wasser
160 g gekochte große weiße Bohnen (aus der Dose)
3 Prisen Salz, frisch gemahlener Pfeffer

ZUM SERVIEREN:

Feta (Schafskäse), zerbröckelt
einige Basilikumblätter
etwas griechischer Joghurt

UND SO GEHT'S:

1. Den Hackteig wie im Grundrezept zubereiten und mit der Gewürzmischung mischen. 10 Minuten ruhen lassen.
2. Zwiebel und Knoblauchzehen schälen und mit Aubergine, Zucchini und Paprikaschote in grobe Stücke schneiden. Das Gemüse in Öl in einem Topf anschwitzen und Wein oder Wasser und Bohnen hinzufügen. Alles zugedeckt köcheln lassen, bis die Aubergine weich ist. Dann mit Salz und Pfeffer abschmecken.
3. Die Hackmasse mit angefeuchteten Händen zu Frikadellen formen und in einer Pfanne etwa 10 Minuten in Butter und Öl braten.
4. Die Frikadellen mit dem Gemüse anrichten, mit Feta und Basilikumblättern bestreuen und mit einer Schale Joghurt servieren.

116. *Wallenbergare* mit zerlassener Butter, Erbsen und Kartoffelbrei

Diese nach dem schwedischen Unternehmer und Bankdirektor Marcus Wallenberg benannten feinen Kalbsfrikadellen, die *Wallenbergare*, werden nur kurz gebraten und sollten innen noch leicht rosa sein. Alternativ kann man auch sehr mageres Schweinegehacktes verwenden. Die Panade aus frischen Semmelbröseln hält die Masse zusammen und wird beim Braten schön knusprig. Da das Hackfleisch viel Fett enthält, ist es wichtig, dass alle Zutaten beim Mischen (am besten in einer Küchenmaschine) kalt sind.

FÜR 4 PERSONEN

500 g Kalbsgehacktes, gut gekühlt
Salz, frisch gemahlener Pfeffer
4 Eigelb
400 g kalte Sahne
5 Scheiben Weißbrot vom Vortag
Butter und Öl zum Braten

KARTOFFELBREI:

1 kg mehligkochende Kartoffeln
Salz
200 ml lauwarme Milch
50 g Butter
frisch gemahlener Pfeffer

ERBSEN:

200 g TK-Erbsen
etwas Butter
Salz, frisch gemahlener Pfeffer
1 Prise Zucker

ZERLASSENE BUTTER:

150 g Butter

ZUM SERVIEREN:

Cognacpreiselbeeren (Rezept s. S. 110)

UND SO GEHT'S:

1. Für den Kartoffelbrei die Kartoffeln schälen und in gesalzenem Wasser garen.
2. Für die Frikadellen das Gehackte mit Salz und Pfeffer wenige Sekunden in der Küchenmaschine mischen (das Fleisch sollte kalt sein, sonst hält die Masse nicht richtig zusammen). Dann nach und nach die Eigelbe und 200 g Sahne unterrühren.
3. Die restliche Sahne leicht aufschlagen. Die Hackfleischmasse in eine Schüssel geben und die Schlagsahne unterheben. Die Masse kurz in den Kühlschrank stellen, damit die *Wallenbergare* sich leichter formen lassen.
4. Währenddessen das Brot entrinden und zerbröseln. Die Brösel auf einen Teller geben.
5. Aus der Hackmasse mit angefeuchteten Händen vier Frikadellen formen und in den Bröseln wenden.
6. Die *Wallenbergare* in etwas Butter und Öl 6–7 Minuten auf jeder Seite goldbraun braten.
7. Die Kartoffeln abgießen und noch heiß in einen sauberen Topf pressen. Milch und Butter hinzufügen und alles mit einem Schneebesen glatt rühren. Den Kartoffelbrei mit Salz und Pfeffer würzen und zugedeckt warm halten.
8. Die Erbsen in wenig Butter anschwitzen und mit Salz, Pfeffer und Zucker würzen.
9. Die Butter zerlassen und sofort zu den *Wallenbergare*, dem Kartoffelbrei, den Erbsen und den Cognacpreiselbeeren servieren.

116.

117.

118.

119.

117. Sauerkohlrouladen à la Nada

Meine nette Nachbarin Nada kocht immer diese leckeren Kohlrouladen. Ganze Sauerkohlköpfe vakuumverpackt findet man in Deutschland manchmal in türkischen Läden. Reste vom Kohl können Sie für Krautsalat verwenden.

FÜR 4 PERSONEN

600 g Schweinegehacktes
Butter und Öl zum Braten und für die Form
Salz, frisch gemahlener Pfeffer
150 g gekochter Reis
1 Sauerkohlkopf, Strunk entfernt (ersatzweise frischer Weißkohl, Blätter vorher blanchieren)

WÜRZBRÜHE:

1 große Zwiebel, gehackt
2 Mettwürstchen, in Scheiben geschnitten
1½ TL gemahlener Koriander
1½ TL gemahlener Kreuzkümmel
1½ TL getrockneter Oregano
1 EL Paprikapulver
½ EL gemahlener Kardamom
1 EL Butter
2 EL Tomatenmark

UND SO GEHT'S:

1. Den Backofen auf 175 °C vorheizen. Für die Würzbrühe Zwiebel, Würstchen und Gewürze in Butter anschwitzen. Tomatenmark kurz mitbraten. Dann 500 ml Wasser zugießen und alles 15 Minuten köcheln.
2. Hackfleisch in Butter und Öl anbraten, salzen und pfeffern und mit dem Reis mischen.
3. Kohlblätter ablösen, jeweils etwas Füllung in die Mitte geben und die Blätter aufrollen. Die Rouladen dicht in eine gefettete Auflaufform setzen, mit Würzbrühe übergießen und alles etwa 40 Minuten im Ofen schmoren.
4. Mit Brot und saurer Sahne servieren.

118. Hacksteak à la Lindström auf Toast

Angeblich wurde dieses Hacksteak nach dem in St. Petersburg geborenen und aufgewachsenen Henrik Lindström benannt. Als dieser 1862 das *Hotel Witt* im schwedischen Kalmar besuchte, wollte er seinen Freunden etwas Russisches bieten. Er orderte die nötigen Zutaten und stellte am Tisch das Hacksteak à la Lindström zusammen.

FÜR 4 PERSONEN

500 g Rindergehacktes
½ rote Zwiebel, gehackt
80 g eingelegte Rote Bete, gehackt
80 g Gewürzgurken, gehackt
1–2 EL Kapern
Salz, frisch gemahlener Pfeffer
Butter und Öl zum Braten
4 Scheiben Weißbrot vom Vortag
4 sehr frische Eigelb

SAUCE:

2 EL Worcestersauce
1 EL Sojasauce
2 EL Rotwein
1 EL Butter

UND SO GEHT'S:

1. Das Hackfleisch mit Zwiebel, Roter Bete, Gurken und Kapern mischen. Mit Salz und Pfeffer würzen, zu Hacksteaks formen und etwa 5 Minuten auf jeder Seite in Butter und Öl in einer Pfanne anbräunen.
2. Hacksteaks herausnehmen, Saucenzutaten in die Pfanne geben und einköcheln lassen.
3. Das Brot in Butter rösten und die Hacksteaks darauf anrichten. Mit Sauce übergießen, mit weiteren gehackten Gurken, Roter Bete, Kapern und je 1 Eigelb servieren. Zuletzt mit Pfeffer übermahlen.

119. Hackbraten mit Trockenfrüchten und Petersilienkartoffeln

Dieses Alltagsgericht wird schnell zu einem Festessen, wenn Sie den Hackbraten noch mit ein paar Zutaten veredeln. Betrachten Sie das Rezept also als eine Art Hackbratengrundrezept. Lassen Sie zum Beispiel die Aprikosen und Pflaumen oder Zitronen weg, würzen Sie nach Ihrem Geschmack und geben Sie stattdessen eingelegte Zwiebeln, Lauch oder gehackte Mettwürstchen hinein. Reste schmecken am nächsten Morgen in Scheiben geschnitten super auf Brot oder mittags mit Spiegelei und Salat.

FÜR 4–6 PERSONEN

200 g getrocknete Aprikosen und getrocknete Pflaumen (Backpflaumen)
1 Zwiebel
3 Knoblauchzehen
2 Scheiben Weißbrot vom Vortag
1 Ei
150 ml Milch
1 kg Gehacktes halb und halb
abgeriebene Schale von 2 Bio-Zitronen
Salz, frisch gemahlener Pfeffer
Butter für das Blech
280 g Frühstücksspeck, in Scheiben geschnitten

PETERSILIENKARTOFFELN:

2 EL Butter
½ Zwiebel, fein gehackt
3 EL Mehl
100 ml Milch
200 g Sahne
Salz, frisch gemahlener Pfeffer
etwas gehackte Petersilie
400 g gekochte Salzkartoffeln

UND SO GEHT'S:

1. Den Backofen auf 175 °C vorheizen.
2. Die Trockenfrüchte in Stücke schneiden. Zwiebel und Knoblauchzehen schälen und fein hacken.
3. Das Brot entrinden. Ei und Milch in einer Schüssel verquirlen und das Brot darin etwa 10 Minuten einweichen.
4. Hackfleisch, eingeweichtes Brot, Zwiebel, Knoblauch, Zitronenschale und Trockenfrüchte mischen, salzen und pfeffern. Die Masse auf einem gefetteten Backblech oder in einer gefetteten Auflaufform zu einem länglichen Laib formen. Den Laib mit Speckscheiben belegen und die Speckenden unter den Laib stecken, damit er gut zusammenhält. Etwa 50 Minuten im Ofen backen. Der Hackbraten ist fertig, wenn die austretende Flüssigkeit klar ist.
5. Für die Petersilienkartoffeln die Butter in einem großen Topf zerlassen und die Zwiebel darin anschwitzen. Mit Mehl bestäuben, Milch und Sahne zugießen und alles unter Rühren aufkochen, bis eine glatte Sauce entstanden ist. Eventuell mit etwas Sahne oder Milch verdünnen, falls sie zu dick geworden ist. Die Sauce einige Minuten kochen lassen und mit Salz, Pfeffer und reichlich Petersilie würzen. Die gekochten Kartoffeln in kleinere Stücke schneiden und unter die Sauce rühren.
6. Den Hackbraten in 2 cm dicke Scheiben schneiden und mit den Petersilienkartoffeln in weißer Sauce servieren.

120. Libanesische Hackröllchen mit Grillpaprika

Dieses Rezept stammt von der Helsingborger Integrationsbeauftragten Amal Zeidan, die es einmal mit mir zusammen gekocht hat. Nochmals kommt hier die Zaubergewürzmischung zum Einsatz wie schon im Makluba (s. S. 188). Dieses Gericht braucht weder Kartoffeln, Nudeln oder Reis als Beilage – knuspriges Brot und reifer Käse reichen.

FÜR 4 PERSONEN

1 Zwiebel
500 g Rindergehacktes
1 EL Zaubergewürzmischung (siehe unten)
½ TL Salz
2 EL Olivenöl
glatte Petersilie zum Servieren

GRILLPAPRIKA:

5 bunte Paprikaschoten
2 TL Olivenöl
Meersalz, frisch gemahlener Pfeffer

ZAUBERGEWÜRZMISCHUNG:

½ TL gemahlener weißer Pfeffer
1 TL gemahlene Muskatnuss
2 TL gemahlene Gewürznelke
2½ TL gemahlener Kardamom
2½ TL gemahlener Zimt
3 TL gemahlener Kreuzkümmel
3 TL Ingwerpulver

UND SO GEHT'S:

1. Zunächst alle Gewürze für die Zaubergewürzmischung mischen und in einen dicht schließenden Behälter füllen.
2. Den Backofen auf 230 °C vorheizen.
3. Die Zwiebel schälen und fein hacken. Das Hackfleisch mit der Gewürzmischung, der Zwiebel und Salz gründlich mischen, dann etwa 10 Minuten ruhen lassen.
4. Für die Grillpaprika die Paprikaschoten im Ganzen auf ein Backblech setzen, mit Öl beträufeln und mit Salz und Pfeffer würzen. Etwa 10 Minuten im Ofen grillen, bis sie goldbraun, aber nicht zu weich sind.
5. Währenddessen das Hackfleisch mit angefeuchteten Händen zu länglichen Röllchen formen und in Öl rundum braun braten. Die Röllchen ein wenig flach drücken, um die Garzeit zu verkürzen. Hackröllchen und Paprika auf einer Platte anrichten, mit Petersilie garnieren und zum Beispiel mit ein paar Tropfen Chimichurri (s. S. 164) beträufelt servieren.

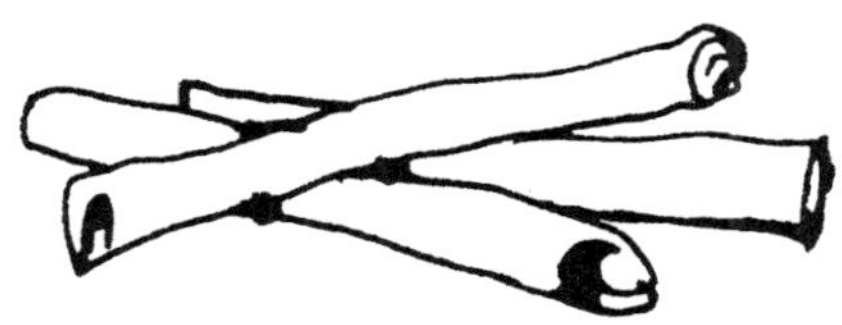

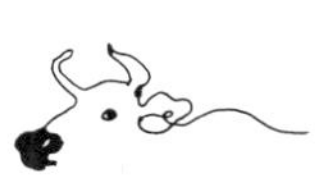

121. Ragú alla bolognese

Nehmen Sie sich die Zeit, dieses Rezept erst einmal genau durchzulesen! Sicherlich können viele ihre *Spaghetti Bolognese* schon fast im Schlaf, doch jetzt wird dieser Klassiker einmal nach allen Regeln der Kunst und auf echt italienische Art zubereitet! In ein echtes *Ragú alla bolognese* gehören nämlich Weißwein und Hühnerleber! Servieren Sie das Gericht als Festmahl für Ihre Freunde, die garantiert sehr begeistert und beeindruckt sein werden. Und lernen Sie das Rezept auswendig, denn Sie werden sicher danach gefragt!

FÜR 4–6 PERSONEN

1 Möhre
1 rote Zwiebel
4 Knoblauchzehen
3 Stangen Staudensellerie
700 g Hochrippe vom Rind, klein gewürfelt
150 g Hühnerleber, grob gewürfelt
200 g Pancetta oder geräucherter Speck, gewürfelt
3 EL Olivenöl
3 Strauchtomaten, klein geschnitten
3 Lorbeerblätter
2 Zweige Thymian, Blätter gehackt
1 Bund Basilikum, Blätter gehackt
100 g Tomatenmark
300 ml Weißwein
2 EL Sahne
1 TL Salz, frisch gemahlener Pfeffer

ZUM SERVIEREN:

400 g Nudeln
Salz
40 g Parmesan, gerieben
etwas gehackte Petersilie

UND SO GEHT'S:

1. Möhre, Zwiebel und Knoblauch schälen. Möhre und Zwiebel grob würfeln, Knoblauch zerdrücken. Staudensellerie in Scheiben schneiden.
2. Hochrippe, Hühnerleber und Pancetta in einem Topf in Öl anbräunen. 400 ml Wasser und alle übrigen Zutaten bis auf die Sahne, Salz und Pfeffer hinzufügen. Das Ganze auf kleiner Stufe 45–60 Minuten köcheln, bis das Fleisch zart ist.
3. Die Sahne zugießen und das Ragú mit Salz und Pfeffer abschmecken.
4. Die Nudeln in gesalzenem Wasser al dente garen, abgießen und kurz vor dem Servieren unter die Sauce mischen. Mit Parmesan und gehackter Petersilie bestreut servieren.

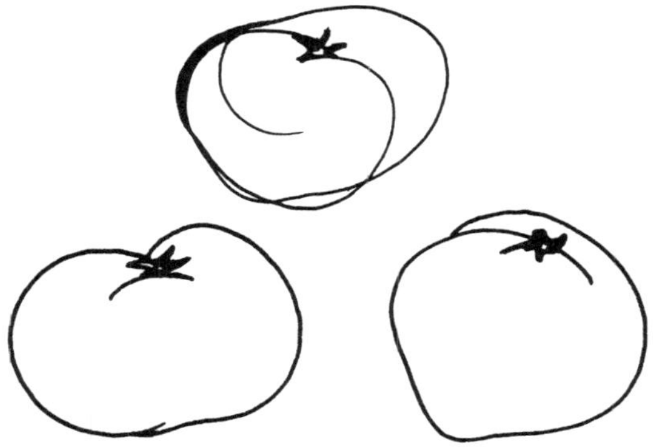

121.

122.

122. Hackfleisch-Pfifferling-Tarte

Diese Tarte ist sehr leicht herzustellen, und der Teig muss nicht einmal vorgebacken werden. Fortgeschrittene, die mit dieser Tarte schon ein wenig Übung haben, können auch einmal die folgende Variante ausprobieren: Bei der Fleischmenge, dem Teig und dem Belag bleiben, allerdings die Pilze weglassen und stattdessen mit Kreuzkümmel, Paprikapulver und Oregano (Rezept Tacogewürz s. S. 243) würzen. Schwups haben Sie eine Tarte auf Tex-Mex-Art!

FÜR 4 PERSONEN

TEIG:

50 g zimmerwarme Butter
240 g Mehl und Mehl für die Arbeitsfläche
150 ml Milch
2 TL Backpulver
½ TL Salz

FÜLLUNG:

2 Zwiebeln oder 2 große Schalotten
2 Knoblauchzehen
500 g Pfifferlinge
Öl zum Braten
800 g Gehacktes halb und halb
Salz, frisch gemahlener Pfeffer

BELAG:

500 g Crème fraîche
4 EL Mayonnaise (s. S. 109)
150 g Käse, z. B. reifer Gouda, gerieben

UND SO GEHT'S:

1. Den Backofen auf 200 °C vorheizen.
2. Alle Teigzutaten mit den Händen verkneten, auf der bemehlten Arbeitsfläche ausrollen und eine Tarteform damit auskleiden.
3. Für die Füllung die Zwiebeln oder Schalotten schälen und in feine Scheiben schneiden. Die Knoblauchzehen schälen und mit einem Messer zerdrücken. Die Pfifferlinge säubern.
4. Zwiebeln, Knoblauch und Pilze in einer Pfanne in etwas Öl leicht anbräunen. Die Mischung an den Pfannenrand schieben, das Hack hineingeben und anbräunen. Mit der Pilzmischung mischen, salzen und pfeffern und alles in die Tarteform füllen.
5. Crème fraîche und Mayonnaise glatt rühren. Die Mischung über der Füllung verteilen und mit dem Käse bestreuen. Die Tarte 20–30 Minuten im Ofen backen.
6. Mit einem knackigen grünen Salat servieren.

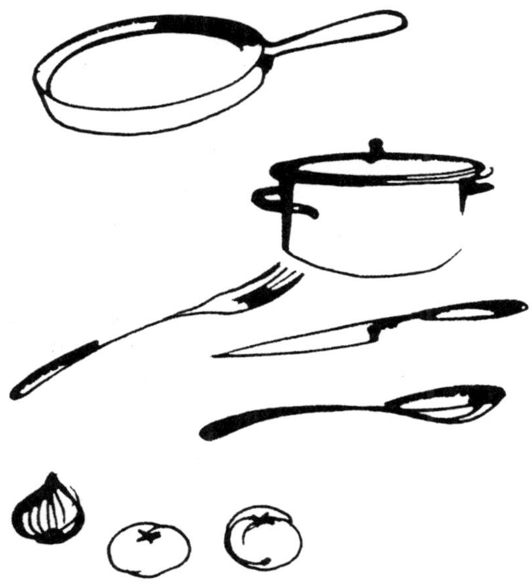

123. Kalbshacksteak mit Pfifferlingen

Dieses Rezept müssen Sie ausprobieren, denn es bringt den Gaumen zum Strahlen!

FÜR 4 PERSONEN

1 Ei
150 ml Milch
1 Scheibe Weißbrot vom Vortag, entrindet
1 Zwiebel, fein gehackt
500 g Kalbsgehacktes
1 TL Meersalz, 1 Prise frisch gemahlener Pfeffer
Butter und Rapsöl zum Braten

PFIFFERLINGBELAG:

350 g Pfifferlinge, gesäubert
1 Schalotte, fein gehackt
2 Knoblauchzehen, geschält und in Scheiben geschnitten
Butter zum Braten
Salz, frisch gemahlener Pfeffer
2 EL Crème fraîche
1 Eigelb
80 g Parmesan, gerieben

UND SO GEHT'S:

1. Den Backofengrill vorheizen.
2. Ei und Milch in einer Schüssel verquirlen und das Brot darin 10 Minuten einweichen.
3. Zwiebel, Hack und eingeweichtes Brot verkneten, salzen und pfeffern. Aus der Masse vier Hacksteaks formen. In Butter und Öl etwa 4 Minuten auf jeder Seite anbräunen.
4. Für den Belag Pilze, Schalotte und Knoblauch in Butter anbraten. Erst die Flüssigkeit aus den Pilzen verdampfen lassen, dann die Pilze anbräunen. Salzen, pfeffern und mit Crème fraîche, Eigelb und Parmesan verrühren. Die Mischung auf den Hacksteaks verteilen und alles kurz im Ofen gratinieren.
5. Sofort mit sahnigem Salat (s. S. 33) servieren.

124. Gulaschsuppe mit Rinderhackfleisch

Hier meine Blitzvariante für Gulaschsuppe – und zwar mit Hackfleisch. Die typische Gulaschwürze finde ich großartig, halten Sie sich aber die angegebenen Mengen, damit nichts aus dem Gleichgewicht gerät!

FÜR 4 PERSONEN

1 Zwiebel
2 Knoblauchzehen
3 vorwiegend festkochende Kartoffeln
¼ Knollensellerie
2 rote Paprikaschoten, Stielansatz, Samen und Scheidewände entfernt
400 g Rindergehacktes
Butter und Öl zum Braten
2 TL Paprikapulver
1 TL getrockneter Majoran oder Oregano
1 TL gemahlener Kümmel
1 Prise Cayennepfeffer
1½ EL Tomatenmark
1 Dose stückige Tomaten (etwa 400 g)
2 TL Salz, frisch gemahlener Pfeffer

UND SO GEHT'S:

1. Zwiebel und Knoblauch schälen und fein hacken. Kartoffeln und Sellerie schälen und würfeln. Paprikaschoten würfeln.
2. Das Hackfleisch in einem Topf in etwas Butter und Öl anbräunen. Zwiebel, Knoblauch, Kartoffeln, Sellerie und Paprikaschoten hinzufügen und alles mit Paprikapulver, Majoran, Kümmel und Cayennepfeffer würzen. Das Tomatenmark unterrühren, dann Tomaten und 1 l Wasser zugießen. Die Suppe mit Salz und Pfeffer würzen und etwa 20 Minuten köcheln lassen.
3. Mit knusprigem Brot und einem Klecks griechischem Joghurt servieren.

125. *Fläskkorv* mit Süßkartoffel-Kürbis-Stampf

In diesem Rezept sind die Wurst und die Sirupmarinade die Helden. Falls Sie keine *fläskkorv* bekommen, können Sie auch gebratene Wollwürste oder gekochte Weißwürste auf diese Weise servieren. Der Stampf ist zwar köstlich, kann aber durch gewöhnlichen Kartoffelbrei ersetzt werden (s. S. 239).

FÜR 4 PERSONEN

2 frische Würste zum Sieden (à etwa 250 g)
2 Lorbeerblätter
5 Pimentkörner
Salz

SÜSSKARTOFFEL-KÜRBIS-STAMPF:

2 Süßkartoffeln (à 250–300 g)
½ Butternusskürbis
2 Lorbeerblätter
8 Pimentkörner
1½ TL Salz
2 EL Butter
½ Schalotte, in Scheiben geschnitten

SIRUPMARINADE:

140 g dunkler Zuckerrübensirup
1½ TL Branntweinessig (12 %)
½ Schalotte, fein gehackt
1 TL grob zerstoßener Piment

UND SO GEHT'S:

1. Süßkartoffeln und Kürbis schälen und in Stücke schneiden. In einem Topf knapp mit Wasser bedecken, Lorbeer, Piment und Salz hinzufügen und alles zugedeckt weich garen. Abgießen, Butter und Schalotte dazugeben und alles grob mit einer Gabel zerdrücken.
2. Alle Zutaten für die Marinade verquirlen.
3. Die Würste mit Lorbeer und Piment etwa 10 Minuten in Salzwasser gar ziehen lassen.
4. Stampf mit Würsten und Marinade servieren.

126. Wrap mit Chorizo, Sauerkraut und Ajvar

Dieses Gericht habe ich einmal für eine Gruppe von Jägern zubereitet. Ich selbst kann mit der Jagd wenig anfangen – mein Metier ist eher das Zerlegen und Zubereiten –, doch ich koche gerne für Jäger. Das Tortillarezept ist übrigens identisch mit dem aus dem Taco-Kapitel (s. S. 243). Wer keine Zeit zum Backen hat, kauft einfach fertige Tortilla-Wraps im Supermarkt.

FÜR 4 PERSONEN

4 Chorizo-Würste
400 g Sauerkraut (aus der Dose)
120 g Ajvar (Paprikawürzpaste)
etwas Dijonsenf

TORTILLAS:

12 g frische Hefe
½ TL Salz
360 g Mehl und Mehl für die Arbeitsfläche

UND SO GEHT'S:

1. Zunächst für den Teig die Hefe in 250 ml lauwarmem Wasser auflösen. Nach und nach Salz und Mehl hinzufügen und alles zu einem glatten Teig verarbeiten. Zugedeckt etwa 30 Minuten gehen lassen.
2. Den Teig in kleine Stücke zerteilen und auf der bemehlten Arbeitsfläche jeweils zu einem dünnen Fladen ausrollen. Die Fladen etwa 2 Minuten auf jeder Seite in einer heißen Pfanne ohne Fett backen.
3. Die Würste mehrfach schräg einschneiden und braten oder grillen.
4. Etwas Sauerkraut, gut 1 EL Ajvar und etwas Senf mittig auf jeder Tortilla verteilen. Die Würste daraufsetzen und die Tortillas aufrollen. Mit einer Serviette umwickeln und sofort servieren.

126.

127. Französischer Geflügeltopf mit Kartoffeln im Polentamantel

Wer dieses Gericht einmal probiert, verfällt ihm hoffnungslos. Kein Gewürz in diesem Geflügeleintopf, der auch auf der Speisekarte eines Restaurants stehen könnte, dominiert – alles geht in einer geschmacklichen Einheit auf. Verwenden Sie anstelle des Hähnchenfleischs zur Abwechslung auch einmal Schweinefilet oder frischen Lachs. Wichtig ist nur, sich an das Grundrezept zu halten.

FÜR 4 PERSONEN

500 g Hähnchenschenkel, entbeint und in Stücke geschnitten
Salz, frisch gemahlener Pfeffer
200 g Perlzwiebeln
Butter und Öl zum Braten
1 Prise getrockneter Thymian
2 Prisen getrockneter Estragon
1 Prise gemahlene Muskatnuss
2 EL Dijonsenf
200 ml Olivenöl
300 g Sahne
2–3 Zweige Estragon, Blätter gehackt, zum Servieren

KARTOFFELN IM POLENTAMANTEL:

1 kg festkochende Frühkartoffeln, z. B. Amandine
Salz
70 g grobe Polenta (Maisgrieß)
3 EL Olivenöl
2–3 Prisen Meersalz
frisch gemahlener Pfeffer

UND SO GEHT'S:

1. Die Hähnchenstücke salzen, pfeffern und mit den Zwiebeln in etwas Butter und Öl in einer Pfanne anbräunen. Gewürze und Senf hinzufügen, das Öl zugießen und alles aufkochen. Die Sahne zugießen und alles etwa 15 Minuten zu einer sämigen Sauce einköcheln lassen.
2. Den Backofen auf 220 °C vorheizen.
3. Die Kartoffeln etwa 15 Minuten in leicht gesalzenem Wasser garen. Das Wasser abgießen und die Kartoffeln kurz ausdampfen lassen. Die Kartoffeln mit Polenta und Öl in eine Auflaufform geben und gut wenden, bis die Kartoffeln ganz von der Polenta überzogen sind. Salzen, pfeffern und 25–30 Minuten im Ofen goldbraun und knusprig backen.
4. Den Geflügeleintopf mit frisch gehacktem Estragon und den Kartoffeln servieren.

127.

128. Brathähnchen mit Schwarzwurzeln und kalter Bohnensauce

Ein ganzes Hähnchen kann jeder braten! Die Bohnensauce ist in fünf Minuten fertig und sehr vielseitig – man kann Gemüse hineindippen oder sie im Sommer zu Frühkartoffeln servieren. Und zu Garnelen schmeckt sie toll!

FÜR 4 PERSONEN

8–10 Schwarzwurzeln
1 Bio-Zitrone
1 ganzes Brathähnchen (etwa 1,2 kg)
100 g Butter
Salz, frisch gemahlener Pfeffer
1 Bund Rosmarin, Nadeln gehackt

KALTE BOHNENSAUCE:

1 Dose weiße Bohnen (etwa 400 g)
3 EL Olivenöl
Saft von 1 frisch gepressten Zitrone
Salz, frisch gemahlener Pfeffer
evtl. 50 ml Bratensaft vom Hähnchen

UND SO GEHT'S:

1. Den Backofen auf 220 °C vorheizen.
2. Schwarzwurzeln schälen und in gleich große Stücke schneiden. Zitrone waschen, abtrocknen und in Scheiben schneiden.
3. Das Hähnchen auf der Rückenseite so weit aufschneiden, dass es sich auseinanderklappen und flach drücken lässt.
4. Schwarzwurzeln und Zitronen in einer Auflaufform verteilen und das Hähnchen mit der Haut nach oben daraufsetzen. Mit Butter belegen, salzen, pfeffern und mit Rosmarin bestreut etwa 45 Minuten im Ofen backen.
5. Für die Sauce alle Zutaten mit einem Stabmixer pürieren, salzen und pfeffern. Nach Belieben noch etwas Bratensaft unterrühren.
6. Das Hähnchen mit Bohnensauce servieren.

129. Maishähnchen mit Wacholdersauerkraut

Ich liebe schnelle Rezepte wie dieses hier mit Maishähnchen und Sauerkraut aus der Dose. Der blumige Geschmack des Wacholders führt mit der Sahne und dem Sauerkraut im Mund zu einer wahren Geschmacksexplosion. Das Wacholdersauerkraut passt auch zu Würsten.

FÜR 4 PERSONEN

4 Maishähnchenbrüste mit Haut und Knochen (etwa 800 g)
Salz, frisch gemahlener Pfeffer
Butter und Öl zum Braten

WACHOLDERSAUERKRAUT:

1 weiße Zwiebel, fein gehackt
1 scharfe Bratwurst
Butter und Öl zum Braten
1 EL zerstoßene Wacholderbeeren
200 g Sahne
700 g Sauerkraut (aus der Dose)
Salz, frisch gemahlener Pfeffer

UND SO GEHT'S:

1. Die Hähnchenbrüste salzen, pfeffern und auf der Hautseite in einer Pfanne in Butter und Öl anbraten. Umdrehen und auf der anderen Seite weiterbraten, bis das Fleisch gar ist. Beiseitestellen und ruhen lassen.
2. Für das Kraut die Zwiebel schälen und in Scheiben schneiden, die Wurst in dünne Scheiben schneiden. Zwiebel und Wurst in Butter und Öl anbraten, Wacholderbeeren und Sahne zufügen und alles einige Minuten kochen lassen. Sauerkraut abgetropft unter die Sauce rühren, salzen und pfeffern.
3. Das Fleisch aufschneiden, das Sauerkraut auf Serviertellern verteilen und das Fleisch darauflegen. Sofort servieren, zum Beispiel mit Manitoba-Baguettes (s. S. 268).

130. Grüne Hähnchennuggets mit Paprikadip

Diese Nuggets aus frischem Hähnchenbrustfilet sind von einer herrlich knusprigen Panade aus frischen Semmelbröseln umhüllt.

FÜR 4 PERSONEN

4 Scheiben Weißbrot vom Vortag
1 Bund Petersilie, Blätter abgezupft (etwa 40 g)
1 Knoblauchzehe, geschält
2–3 Hähnchenbrustfilets ohne Haut (etwa 600 g)
Öl zum Braten
Salz, frisch gemahlener Pfeffer

PAPRIKADIP:

2 TL Paprikapulver
150 g Grillpaprika (aus dem Glas), in Streifen geschnitten
2 Knoblauchzehen
2 sehr frische Eigelb
2 Scheiben Weißbrot
abgeriebene Schale und Saft von ½ Bio-Zitrone
200 ml Olivenöl
1 TL Salz

UND SO GEHT'S:

1. Das Brot entrinden und mit Petersilie und Knoblauch im Mixer fein zerbröseln, bis eine knallgrüne Panade entstanden ist.
2. Die Brustfilets längs in vier Streifen schneiden und in der Panade wenden.
3. Die Nuggets in heißem Öl braten, bis sie schön knusprig und gar sind. Salzen und pfeffern.
4. Für den Dip alle Zutaten bis auf Öl und Salz glatt pürieren. Dann bei laufendem Stabmixer nach und nach das Öl zugießen, bis die Sauce eindickt. Mit Salz abschmecken.
5. Die Hähnchennuggets mit Paprikadip und einem frischen grünen Salat servieren.

131. Tom Kha Gai

Für dieses Gericht gibt es ebenso viele Rezepte wie ich Schuhe im Schrank habe – und das sind viele. Einige der Zutaten finden Sie im Asia-Laden, ansonsten ist die Suppe leicht herzustellen, sie muss nur ein wenig ziehen, damit sich die Aromen entfalten. Die Suppe können Sie auch nur mit Gemüse oder mit Fisch statt Hähnchen zubereiten.

FÜR 4 PERSONEN

1 weiße Zwiebel, fein gehackt
2 Knoblauchzehen
1 rote Chilischote, Samen entfernt
6 Kaffir-Limettenblätter
1 Stängel Zitronengras, zerdrückt und längs halbiert
Öl zum Braten
2 Dosen Kokosmilch (à etwa 400 ml)
Saft von 2 frisch gepressten Limetten
1½ TL Salz
3 EL Fischsauce
2 Hähnchenbrustfilets ohne Haut (etwa 400 g)
1 EL frisch gehacktes Koriandergrün

UND SO GEHT'S:

1. Die Zwiebel und den Knoblauch schälen und in dünne Scheiben schneiden. Die Chilischote schräg in Streifen schneiden.
2. Zwiebel, Knoblauch, Chili, Limettenblätter und Zitronengras etwa 2 Minuten in etwas Öl anschwitzen, bis die Zwiebel weich ist.
3. Kokosmilch, 400 ml Wasser, Limettensaft, Salz und Fischsauce hinzufügen und alles 15 Minuten köcheln. Die Suppe vom Herd nehmen und etwa 15 Minuten ziehen lassen.
4. Das Fleisch in Streifen schneiden. Suppe aufkochen und das Fleisch darin etwa 10 Minuten gar ziehen lassen (Garprobe!).
5. Die Suppe mit gehacktem Koriandergrün bestreuen und sofort servieren.

132. Schwedische Frühlingssuppe mit Huhn und Dill

Dieses Rezept ist zwar sehr leicht zuzubereiten, erfordert aber etwas Zeit. Ich habe es für das Fernsehen einmal zusammen mit der schwedischen Schlagersängerin Lill-Babs (Barbro Svensson) in ihrem Garten gekocht. Dabei kam heraus, dass sie vorher noch nie mit rohem Hühnerfleisch hantiert hatte. Tja, irgendwann ist immer das erste Mal!

FÜR 4–6 PERSONEN

HÜHNERBRÜHE:

2 Hähnchenschenkel mit Haut (etwa 400 g)
2 Zweige frischer Thymian
1 Zweig frischer Rosmarin
3–5 Stängel Dill
1 Lorbeerblatt
2 TL Dillsamen
2–3 TL Salz
6 weiße Pfefferkörner

SUPPE:

700 ml Hühnerbrühe (siehe oben)
½ Blumenkohl
1 Bund Möhren
2 Petersilienwurzeln
1 kleine Lauchstange
2 TL Mehl
400 ml Milch
200 g Sahne
Salz, frisch gemahlener Pfeffer
100 g TK-Erbsen
Saft von ½ frisch gepressten Zitrone
grob gehackter frischer Dill

UND SO GEHT'S:

1. Für die Brühe Hähnchenschenkel, Kräuter und Gewürze in einem Topf knapp mit Wasser bedecken und aufkochen. Dabei aufsteigenden Schaum abschöpfen (das ist Eiweiß) und alles etwa 20 Minuten köcheln lassen, bis sich das Hähnchenfleisch vom Knochen löst. Beiseitestellen.
2. 700 ml Hühnerbrühe abseihen und in einen großen Topf gießen. Die verbliebene Brühe aufbewahren.
3. Den Blumenkohl in Röschen teilen, Möhren und Petersilienwurzeln schälen und in Scheiben schneiden, den Lauch schräg in feine Scheiben schneiden. Möhren und Petersilienwurzeln zur Brühe in den Topf geben und 2–3 Minuten kochen. Dann Blumenkohl und Lauch hinzufügen und alles noch 1 Minute kochen. Das Gemüse mit einem Schaumlöffel herausheben und beiseitestellen.
4. Das Mehl mit 100 ml Milch glatt rühren und unter Rühren in die Brühe gießen. Die restliche Milch und die Sahne hinzufügen und alles 3–5 Minuten köcheln lassen. Mit Salz und Pfeffer würzen. Das Gemüse und die Erbsen hineingeben und die Suppe nochmals aufkochen. Mit etwas Zitronensaft abrunden.
5. Die Hähnchenschenkel in der verbliebenen Brühe aufwärmen und zur Suppe servieren. Alternativ das Fleisch von den Knochen lösen und in der Suppe erhitzen.
6. Die Suppe mit Dill bestreuen und mit Zitronensaft abschmecken. Mit einem Käsebrot, das wir in Schonen *ostamada* nennen, im restlichen Schweden aber *ostsmörgås* heißt, servieren.

Reis auf vier Arten

Reis fristet meist ein Dasein als uninteressante Beilage, doch er kann ebenso wie Kartoffeln oder Nudeln so aromatisiert werden, dass er von seinem Beilagenschicksal erlöst wird. Auch am nächsten Tag schmeckt Reis noch köstlich und kann zum Beispiel in einen Salat verwandelt werden.

Kinder können so übrigens neue Aromen kennenlernen – haben Sie aber Geduld, denn ein Kindergaumen braucht Zeit, um Neues zu akzeptieren. Manchmal muss man ein Gericht fünfmal servieren, bis ein Kind sich an den Geschmack gewöhnt hat.

Hier vier tolle Reisrezepte mit vollkommen unterschiedlichen Geschmacksrichtungen!

Grundrezept für Reis

FÜR 4 PERSONEN

250 g Basmatireis
1 TL Rapsöl
1½ TL Salz

UND SO GEHT'S:

1. Nach Belieben den Reis unter kaltem Wasser waschen und mit Salz und den weiteren Gewürzen (siehe folgende Rezepte) in einem Topf in Öl anbraten.
2. Wenn der Reis glasig geworden ist, 600 ml Wasser zugießen und den Reis zugedeckt etwa 20 Minuten köcheln lassen.

133. Marokkanischer Reis

Mein Lieblingsreis. Lecker zu Lamm. Rühren Sie eventuell noch ein paar geröstete Mandeln (s. S. 28) und Rosinen unter.

1 Grundrezept für Reis (siehe links)
1 TL gemahlene Kurkuma
1 TL gemahlener Kreuzkümmel
1 TL gemahlener Koriander
1 Prise gemahlener Kardamom
6 Gewürznelken, zerstoßen

134. Nordischer Reis

Der süßsaure Reis schmeckt zu Fleisch oder Fisch. Beim Meerrettich nicht geizig sein!

1 Grundrezept für Reis (siehe links)
1 EL zerstoßene Dillsamen
5–6 Scheiben frischer Meerrettich (je etwa 3 mm dick)
3 EL Branntweinessig (12 %)
2 EL Zucker

135. Thailändischer Reis

Die Limettenblätter sorgen für das Aroma. Lecker auch als Bratreis am nächsten Tag.

1 Grundrezept für Reis (siehe unten)
5 Kaffir-Limettenblätter
2 EL Ingwerpulver
1 EL getrocknete Minze

136. Italienischer Reis

Schön roter Reis, der lecker zu geräuchertem Fleisch oder Huhn schmeckt.

1 Grundrezept für Reis (siehe links)
4 Knoblauchzehen, zerdrückt
1 EL getrockneter Rosmarin
2 EL Tomatenmark
1 Tomate, klein geschnitten

133.
134.
135.
136.

137.
138.
139.
140.

Kartoffelbrei auf vier Arten

Gekleidet in unterschiedliche Kostüme spielt der Kartoffelbrei plötzlich die Hauptrolle und ist nicht mehr nur eine langweilige Beilage. Bühne frei für den Kartoffelbrei!

Grundrezept für Kartoffelbrei

FÜR 4 PERSONEN

500 g mehligkochende Kartoffeln
Salz
150 ml Milch
100 g Butter
frisch gemahlener Pfeffer

UND SO GEHT'S:
Die Kartoffeln in gesalzenem Wasser garen. Das Wasser abgießen und die Kartoffeln zerstampfen. Milch und Butter unterrühren und den Kartoffelbrei salzen und pfeffern.

137. Kapernkartoffelbrei

Köstlich zu Frikadellen!

1 Grundrezept für Kartoffelbrei (siehe oben)
6 Knoblauchzehen, geschält und in 1 EL Olivenöl angebraten
2 EL Kapern
1 EL Laperneinlegesud

UND SO GEHT'S:
Den gebratenen Knoblauch zerdrücken und mit Kapern und Kaperneinlegesud mischen. Unter den Kartoffelbrei rühren, salzen und pfeffern.

138. Olivenkartoffelbrei

Wunderbar zu Rindfleisch und Fisch.

1 Grundrezept für Kartoffelbrei (siehe links)
1 Bund Estragon, Blätter gehackt
80 g Kalamata-Oliven ohne Stein, gehackt

UND SO GEHT'S:
Die Butter aus dem Grundrezept in einer Pfanne anbräunen und unter den Kartoffelbrei rühren. Estragon und Oliven hinzufügen, salzen und pfeffern. Milch weglassen.

139. Tomatenkartoffelbrei

Lecker zu Frikadellen oder Hackbraten. Auch köstlich zu Räucherfleisch und -wurst.

1 Grundrezept für Kartoffelbrei (siehe links)
2 Tomaten, klein geschnitten
1 Bund Schnittlauch, gehackt
1 Knoblauchzehe, geschält und gerieben

UND SO GEHT'S:
Tomaten, Schnittlauch und Knoblauch unter den Kartoffelbrei rühren. Salzen und pfeffern.

140. Zitronenkartoffelbrei

Perfekt zu Ofenfisch oder Schweinefilet.

1 Grundrezept für Kartoffelbrei (siehe links)
abgeriebene Schale von 1 Bio-Zitrone
Saft von ½ Zitrone
1 Bund Dill, Blätter gehackt

UND SO GEHT'S:
Zitronenschale und -saft sowie Dill unter den Kartoffelbrei rühren. Salzen und pfeffern.

Tacos

Weizentortillas
Tacosauce
Tacogewürz
Hackfleisch mit Feta, Kapern und Walnussdip
Pulled Pork mit Hoisinsauce und Chilimais
Hähnchenschenkel mit Kichererbsen und Erbsen-Guacamole
Chinesische Pfannkuchen mit Ente und Rettich
Scholle im Tempura-Teig mit Gurken und Sauerrahm
Frittierte Bohnenbällchen mit Salsa verde und Gemüse
Russischer Walnussdip
Hoisinsauce
Gerösteter Mais mit Haselnüssen und Chili
Erbsen-Guacamole
Gesalzene Gurken
Salsa verde

TEX-MEX IST EIN SAMMELBEGRIFF für Gerichte aus den USA, in denen sich Einflüsse aus Texas und Mexiko wiederfinden. Typische Vertreter dieser Gattung sind Tortillas, Fajitas, Nachos, Tacos, Salsa, Guacamole und Bohnengerichte. Übrigens sind es in Europa die Schweden und Norweger, die Tex-Mex-Gerichte am häufigsten essen. Woran in aller Welt mag das liegen?

Eine Erklärung könnte sein, dass in Schweden ein großer Lebensmittelkonzern eines Tages auf die Idee kam, diese exotischen Gerichte mit einer riesigen Marketingmaschinerie populär zu machen. Innerhalb von sechs Jahren wurde Tex-Mex in Schweden zum Alltagsessen – heute verspeist man mit Wonne gefüllte harte Tacoschalen, schwärmt für Avocadocreme und liebt mit Kreuzkümmel, Oregano und Paprikapulver gewürztes Rinderhack.

Außerdem stellen wir Schweden unser Essen sehr gerne aus vielen kleinen Einzelgerichten selbst zusammen, wie bei unserem *smörgåsbord* – einem Buffet aus kalten und warmen Speisen. Im Gegensatz zum festlichen *smörgåsbord* tragen die meisten Schweden beim Genuss ihrer Tacos allerdings die bequeme Kuschelhose für Zuhause. Schluss damit, wir katapultieren die Tacos in neue Höhen und verwandeln sie in ein abwechslungsreiches Luxusessen, das kinderleicht herzustellen ist, zum Teil aber etwas Zeit in Anspruch nimmt.

Ich habe für Sie tolle Tacorezepte zusammengestellt, in denen Fleisch, Geflügel, Fisch und Gemüse auf leckere Saucen treffen.

141. Weizentortillas

Zwar gibt es fertige Tortilla-Wraps überall zu kaufen, doch es macht richtig Spaß, das dünne Fladenbrot selbst zu backen. Der Geschmack ist besser, das Brot wird richtig fluffig und ist nicht so fest. Die Tortillas lassen sich super in einem Sandwichmaker grillen.

FÜR 8 TORTILLAS

12 g frische Hefe
½ TL Salz
350 g Mehl und Mehl für die Arbeitsfläche
Maiskeimöl zum Ausbacken

UND SO GEHT'S:

1. 250 ml lauwarmes Wasser abmessen. Etwas davon in eine Schüssel geben und die Hefe darin auflösen. Übriges Wasser, Salz und Mehl dazugeben, alles zu einem Teig verkneten und zugedeckt 30 Minuten gehen lassen.
2. Den Teig achteln, die Stücke zu Kugeln formen und auf der bemehlten Arbeitsfläche zu ½ cm dicken Fladen ausrollen.
3. Tortillas in etwas Öl in einer heißen Pfanne auf jeder Seite wenige Minuten backen.

142. Tacosauce

Kein klassischer Taco ohne Tacosauce! Passen Sie bei den Gewürzmengen auf, damit geschmacklich nichts schiefläuft. Wer es feurig liebt, gibt einfach etwas mehr Cayennepfeffer hinzu. Im Kühlschrank hält sich die Tacosauce zehn bis 14 Tage, bereiten Sie also ruhig eine größere Menge zu.

FÜR ETWA 500 G

1 Schalotte, in dünne Scheiben geschnitten
3 Knoblauchzehen, zerdrückt
3 EL getrockneter Oregano
1½ EL Paprikapulver
2 EL gemahlener Kreuzkümmel
1 Prise Cayennepfeffer
1½ TL Salz
75 ml Olivenöl
250 g Kirschtomaten
1 Dose stückige Tomaten (etwa 400 g)
1 EL Weißweinessig

UND SO GEHT'S:

1. Schalotte und Knoblauch mit den Gewürzen in der Hälfte des Öl anbraten. 100 ml Wasser und die übrigen Zutaten dazugeben. Alles 10–15 Minuten auf kleiner Stufe köcheln.
2. Die Sauce mit einer Gabel grob zerdrücken und 24 Stunden kühl durchziehen lassen.

143. Tacogewürz

Verwenden Sie diese Gewürzmischung zu klassischen Tacos mit Tortilla, Rinderhack, Tacosauce und saurer Sahne. Geben Sie auf 400–500 g Hackfleisch 2 EL Tacogewürz.

FÜR ETWA 100 G

3 EL gemahlener Kreuzkümmel
2 EL Ancho-Chili-Pulver
1 TL Paprikapulver
1 TL Chiliflocken
2 TL Knoblauchpulver
3 TL getrockneter Oregano
3 TL getrockneter Koriander
2 Prisen Cayennepfeffer
2 TL Salz
1 TL brauner Zucker

UND SO GEHT'S:

Die Gewürze im Mörser zerstoßen und die Mischung gut verschlossen aufbewahren.

144. Hackfleisch mit Feta, Kapern und Walnussdip

Dieses Rezept war eigentlich ein kleiner Unfall. Während das Hackfleisch briet, haben wir den Feta an den Pfannenrand geschoben, damit er nicht schmilzt, doch genau das tat er! Ui, war das lecker! Für ein köstliches Mittagessen können Sie das Hackfleisch auch mit marokkanischem Reis (s. S. 236) servieren.

FÜR 4–6 PERSONEN

1½ EL Kapern
100 g Feta (Schafskäse)
100 g Walnusskerne
Olivenöl zum Braten
400 g Rindergehacktes
1½ EL Dijonsenf
½ TL Salz
frisch gemahlener Pfeffer

ZUM SERVIEREN:

Weizentortillas (s. S. 243)
russischer Walnussdip (s. S. 251)
etwas Möhre, in dünne Streifen geschnitten
etwas Lauch, in dünne Streifen geschnitten

UND SO GEHT'S:

1. Die Kapern grob hacken, den Feta zerbröckeln. Die Walnusskerne fein hacken und in einer Pfanne in Öl anrösten. Hackfleisch, Kapern, Feta und Senf hinzufügen und alles mit Salz und Pfeffer würzen.
2. Das Hackfleisch mit dem russischen Walnussdip und den Möhren- und Lauchstreifen in eine Tortilla wickeln und servieren.

145. Pulled Pork mit Hoisinsauce und Chilimais

Hier das einfachste Rezept der Welt! Ich habe den Topf mit dem Fleisch nur in den Ofen gestellt, mir die Zähne geputzt und mich schlafen gelegt – zum Frühstück war das Fleisch fertig. Man kann dieses Gericht also perfekt im Voraus zubereiten und muss es vor dem Servieren nur noch kurz aufwärmen. Ihre Freunde werden dahinschmelzen!

FÜR 4–6 PERSONEN

1½ kg Schweinenacken, entbeint
evtl. Salz, frisch gemahlener Pfeffer

MARINADE:

250 g Barbecuesauce (s. S. 164)
2 EL Weißweinessig
1 EL Paprikapulver
2 Prisen Cayennepfeffer

ZUM SERVIEREN:

Weizentortillas (s. S. 243)
Hoisinsauce (s. S. 251)
gerösteter Mais mit Haselnüssen und Chili (s. S. 251)

UND SO GEHT'S:

1. Den Backofen auf 120 °C vorheizen.
2. Das Fleisch in einen ofenfesten Topf mit Deckel geben. Die Marinadenzutaten verrühren und über das Fleisch gießen. Den Topf zugedeckt in den Ofen stellen und das Fleisch 8–9 Stunden schmoren.
3. Das Fleisch mit einer Gabel zerzupfen und nach Belieben mit Salz und Pfeffer würzen. Mit Hoisinsauce und geröstetem Chilimais in eine Tortilla einrollen und servieren.

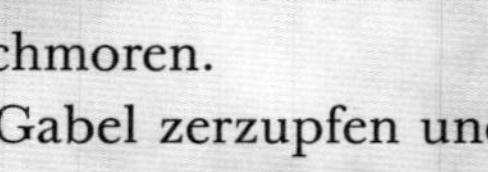

146. Hähnchenschenkel mit Kichererbsen und Erbsen-Guacamole

Noch ein Lieblingsgericht von mir! Ich finde es wundervoll, wenn ein Gericht eher unansehnlich wirkt, einen geschmacklich aber regelrecht ausknockt. Ein praktisches Rezept, da alles in einem Topf zubereitet wird!

FÜR 4–6 PERSONEN

4 Hähnchenschenkel mit Haut (etwa 800 g)
Salz, frisch gemahlener Pfeffer
3 EL Olivenöl
3 Schalotten, in dünne Scheiben geschnitten
5 Knoblauchzehen, geschält und zerdrückt
1 Bund gemischte Kräuter, z. B. Salbei, Rosmarin, Petersilie und Estragon
250 g Kichererbsen, in 700 ml Wasser eingeweicht
2 Lorbeerblätter
6 weiße Pfefferkörner
6 Gewürznelken

ZUM SERVIEREN:

Weizentortillas (s. S. 243)
Erbsen-Guacamole (s. S. 252)

UND SO GEHT'S:

1. Die Hähnchenschenkel leicht salzen und in etwas Öl mit Schalotten, Knoblauch und Kräutern in einem Topf anbraten.
2. Kichererbsen und Gewürze hinzufügen und alles mit dem Einweichwasser der Kichererbsen bedecken. Zugedeckt aufkochen und auf kleiner Stufe etwa 2 Stunden köcheln (die Flüssigkeit sollte fast verkocht sein).
3. Hähnchenschenkel herausheben, das Fleisch ablösen und wieder zu den Kichererbsen geben. Alles mit Salz und Pfeffer würzen.
4. Hähnchen und Kräuterkichererbsen mit Tortillas und Erbsen-Guacamole servieren.

147. Chinesische Pfannkuchen mit Ente und Rettich

Etwas so Feines wie eine Entenbrust kann man doch nicht einfach in einen Pfannkuchen einwickeln, oder? Oh ja, man kann!

FÜR 4 PERSONEN

2 Entenbrüste (etwa 700 g)
Salz, frisch gemahlener weißer Pfeffer

PFANNKUCHEN:

500 ml Milch
250 g Mehl
4 Eier
1 TL Salz
abgeriebene Schale von 1 Bio-Zitrone
Saft von ½ Zitrone
2 Knoblauchzehen, gerieben
Butter zum Ausbacken

ZUM SERVIEREN:

etwas Rettich, in dünne Streifen geschnitten
Hoisinsauce (s. S. 251)

UND SO GEHT'S:

1. Den Backofen auf 150 °C vorheizen.
2. Die Hautseite der Entenbrüste trocken tupfen und längs mehrmals einschneiden.
3. Die Brüste auf der Haut in eine heiße Pfanne geben, salzen und pfeffern. Hitze reduzieren und die Brüste kurz braten, bis die Haut knusprig ist. Wenden und das Fleisch leicht anbräunen. Die Brüste auf einen Ofenrost setzen, eine Fettpfanne darunter platzieren und bis zu einer Kerntemperatur von 54 °C (digitales Bratenthermometer) garen. Kurz ruhen lassen, dann in Scheiben schneiden.
4. Alle Teigzutaten verrühren und die Pfannkuchen auf kleiner Stufe in Butter ausbacken.
5. Die Entenbrust mit Rettich und Hoisinsauce auf den chinesischen Pfannkuchen servieren.

148. Scholle im Tempura-Teig mit Gurken und Sauerrahm

Dieses Schollenrezept ist köstlich! Die Scholle sollte immer frisch frittiert serviert werden. Beträufeln Sie sie zum Servieren mit etwas Essig, das neutralisiert den Fettgeschmack.

FÜR 4 PERSONEN

4 Schollenfilets (etwa 500 g)
Sonnenblumenöl zum Frittieren
Salz, frisch gemahlener Pfeffer

TEMPURA-TEIG:

2 Eier
80 g Speisestärke

ZUM SERVIEREN:

Weizentortillas (s. S. 243)
gesalzene Gurken (s. S. 252)
etwas saure Sahne

UND SO GEHT'S:

1. Für den Teig Eier und Speisestärke zu einem glatten, flüssigen Teig verrühren. Die Fischfilets in den Teig tunken.
2. Den Fisch 2–3 Minuten in Öl goldbraun frittieren, salzen und pfeffern. Mit Tortillas, Gurken und saurer Sahne servieren.

RICHTIG FRITTIEREN

Sonnenblumenöl in einem großen Topf auf 180 °C erhitzen. Die Temperatur mit einem digitalen Bratenthermometer prüfen oder einen Brotwürfel hineingeben. Wenn dieser innerhalb von 1 Minute braun wird, ist das Fett heiß genug. Immer einen Deckel griffbereit halten, falls sich das Öl entzünden sollte. Brennendes Öl niemals mit Wasser löschen! Und nie zu viel auf einmal frittieren, da die Temperatur des Öls sonst sofort wieder absinkt. Das fertige Frittiergut auf Küchenpapier abtropfen lassen.

149. Frittierte Bohnenbällchen mit Salsa verde und Gemüse

Mit den knusprigen, frittierten Bohnenbällchen werden diese Tacos bestimmt die neue Leibspeise Ihrer Kinder!

FÜR 4–6 PERSONEN

3 Schalotten, in dünne Scheiben geschnitten
Butter und Öl zum Braten
2–4 Knoblauchzehen, geschält
½ EL gemahlener Kreuzkümmel
3 EL gehackte Petersilie
1 Dose weiße Bohnen (etwa 400 g), abgetropft
100 g Tahini (Sesampaste)
½ TL Salz, frisch gemahlener Pfeffer
1 Ei, verquirlt
Panko-Mehl zum Panieren
Sonnenblumenöl zum Frittieren

ZUM SERVIEREN:

Weizentortillas (s. S. 243)
Salsa verde (s. S. 252)
einige Frühlingszwiebeln, in Streifen geschnitten
etwas Möhre, in Streifen geschnitten

UND SO GEHT'S:

1. Die Schalotten in einer Pfanne in etwas Butter und Öl glasig dünsten. Knoblauchzehen, Kreuzkümmel und Petersilie hinzufügen.
2. Bohnen und Tahini dazugeben, mit Salz und Pfeffer würzen und alles mit einer Gabel zu einer formbaren Masse zerdrücken. Alternativ mit einem Stabmixer pürieren.
3. Die Masse zu kleinen Bällchen formen, zunächst im Ei und danach im Panko-Mehl wenden. Die Bällchen in Öl 2–3 Minuten goldbraun frittieren (siehe links).
4. Die Bällchen mit Frühlingszwiebeln und Möhrenstreifen sowie einem Klecks Salsa verde auf Tortillas servieren.

146. 147.
148. 149.

150.
141.
152.
153.
154.
142.
155.

150. Russischer Walnussdip

Die Inspiration für diesen Dip bekam ich auf einer Moskaureise. Eine ganz neue Sauce für mich, voller Walnüsse und mit einer deutlichen Kreuzkümmelnote. Köstlich zu Hackfleisch mit Feta und Kapern (s. S. 246), grünen Hähnchennuggets (s. S. 232) oder einfach als Dip zu Brot.

FÜR ETWA 500 G

2 Schalotten
2 Knoblauchzehen
130 g Walnusskerne
½ EL Olivenöl
1 TL gemahlener Kreuzkümmel
1 TL gemahlener Koriander
1 EL Paprikapulver
2 Prisen Cayennepfeffer
200 g Crème fraîche
1 Prise Salz

UND SO GEHT'S:

1. Schalotten und Knoblauch schälen. Walnusskerne, Schalotten und Knoblauch sehr fein hacken und mit Öl und allen Gewürzen in einem Topf etwa 2 Minuten rösten.
2. Die Crème fraîche einrühren. Die Mischung aufkochen, salzen und abkühlen lassen.
3. Den Dip kalt servieren.

151. Hoisinsauce

Hier meine Version der asiatischen Hoisinsauce. Die Sauce ist leicht sirupartig, schmeckt nach Kaffee, Tahini und Essig und passt hervorragend zu Pulled Pork (s. S. 246). Auf dem Foto ist die Sauce in einer Flasche (s. S. 240).

FÜR ETWA 200 ML

1½ EL Sojasauce
100 g Tahini (Sesampaste)
2 TL geröstetes Sesamöl
1 TL Sambal Oelek
1½ EL kalter Kaffee
2 EL Weißweinessig
3½ EL flüssiger Honig

UND SO GEHT'S:

Alle Zutaten in einer Schüssel verrühren.

152. Gerösteter Mais mit Haselnüssen und Chili

Dieser Mais ist mit Gurken und Tomaten eine tolle Tacobeilage. Am besten hackt man die Haselnüsse nur grob, damit man sie auch ordentlich durchschmeckt. Super zu Pulled Pork (s. S. 246).

FÜR ETWA 400 G

2 frische oder TK-Maiskolben
130 g Haselnusskerne, grob gehackt
1 EL Olivenöl
½ rote Chilischote, Samen entfernt und fein gehackt
abgeriebene Schale und Saft von 1 Bio-Limette
½ TL Salz

UND SO GEHT'S:

1. Frische Maiskolben schälen. Den Maiskolben mit dem Strunkende auf ein Schneidebrett stellen und die Maiskörner mit einem scharfen Messer vom Kolben abschneiden.
2. Die Haselnusskerne in einer Pfanne in Öl kurz anrösten. Chili hinzufügen, die Maiskörner in die Pfanne geben und alles goldbraun rösten. Mit Limettenschale und -saft sowie etwas Salz abschmecken.

153. Erbsen-Guacamole

Noch so ein Liebling von mir, der auch gut zu gegrilltem Lachs passt (s. S. 154). Durch die Erbsen wird die Guacamole herrlich süßlich-frisch und ist zusammen mit einer scharfen Wurst auch als Pizzabelag geeignet.

FÜR ETWA 500 G

2 Avocados
250 g Erbsen
1 EL saure Sahne
2 EL Olivenöl
1–2 Knoblauchzehen, geschält
½ TL Salz
5 Spritzer grüner Tabasco

UND SO GEHT'S:

Die Avocados halbieren, entkernen und das Fruchtfleisch herauslöffeln. Erbsen, Avocados, saure Sahne und Öl grob pürieren oder mit einer Gabel zerdrücken. Die Knoblauchzehen dazupressen und unterrühren. Die Guacamole mit Salz und Tabasco abschmecken.

154. Gesalzene Gurken

Einfach und schnell gemacht. Durch das Salz werden die geschälten Gurken, die sich auch in einem Salat gut machen, schön knackig.

FÜR 4 PERSONEN

1 Salatgurke
½ TL Salz

UND SO GEHT'S:

Die Gurke schälen, halbieren und entkernen. Schräg in Scheiben schneiden und die Scheiben in einen Frischhaltebeutel geben. Das Salz hinzufügen, den Beutel verschließen und gut schütteln. Die Gurken vor dem Servieren 10–15 Minuten ziehen lassen. Man kann die Gurken auch in einer Schüssel mit dem Salz mischen, dann allerdings länger ziehen lassen.

WARME GURKEN MIT DILL

Die Gurken mit 1 EL Butter und etwas Dill erhitzen und mit gegartem Gemüse mischen. Unglaublich, was man aus Gurken alles machen kann!

155. Salsa verde

Die Stärke dieser köstlichen Sauce ist ihre Vielseitigkeit: Ich serviere Salsa verde am liebsten zum eingelegten Saibling (s. S. 117), aber auch zu frittierten Bohnenbällchen (s. S. 248), zu warm geräuchertem Lachs mit neuen Kartoffeln oder als Salatdressing.

FÜR ETWA 400 G

1 Bund glatte Petersilie, Blätter abgezupft
1 Bund Koriandergrün, Blätter abgezupft
1 Bund Minze, Blätter abgezupft
50 g frischer Spinat
2 EL Kapern
2 Knoblauchzehen, geschält
2 EL Dijonsenf
100 ml Olivenöl
1 Prise Salz, frisch gemahlener Pfeffer

UND SO GEHT'S:

Abgezupfte Kräuterblätter mit Spinat, Kapern, Knoblauchzehen, Senf und 2 EL Wasser mit einem Stabmixer glatt pürieren. Dann das Öl bei laufendem Stabmixer tröpfchenweise dazugeben, bis die Sauce andickt ist. Die Salsa verde mit Salz und Pfeffer abschmecken und vor dem Servieren noch etwa 30 Minuten im Kühlschrank durchziehen lassen.

Brot & Pizza

Der Teig in der Schublade

DASS ICH EINMAL Köchin werden würde, hat lange niemand für möglich gehalten. Schließlich war es immer mein großer Bruder Peter, der in der Küche den Taktstock geschwungen hat. Nein, ich wollte Pastorin werden! Man stelle sich vor, eine Pastorin, die nach dem Gottesdienst immer die köstlichsten Rezepte für schwedischen *slottstek* (Schmorbraten) mit brauner Sauce, rotem Gelee und selbst eingelegten Gurken verteilt! Hm, vielleicht ist die Idee doch gar nicht so schlecht, die Kochkunst mit dem Pastorenamt zu vereinen?

Pastorin wurde ich nie, doch immerhin war ich ein paar Jahre als Messnerin tätig. Ich stand an der Kirchentür, hieß alle willkommen und sorgte dafür, dass sich die Gemeinde immer rechtzeitig erhob. Auch um die Kollekte kümmerte ich mich – eine Arbeit mit Verantwortung. Das gefiel mir. Als die Mitglieder des Kirchenchors über meine kurzen Röcke die Nase rümpften, war mir das egal! Ich wollte einfach nur schön aussehen!

Das Kochen und Backen glänzte in meinem Leben damals meist mit Abwesenheit, doch ein paar gut gemeinte Versuche, mich in diesem Fach hervorzutun, gab es durchaus. Einmal wollte ich zum Beispiel meine Eltern und meinen Bruder mit frisch gebackenem Brot überraschen. Ich zog los zum nächsten Supermarkt und kaufte alles Nötige ein, doch beim Anrühren des Teigs stellte ich fest: Verdammt, ich hatte das Salz vergessen!

Damals wusste ich nicht, dass man Salz auch nachträglich hinzufügen kann, und brach in Panik aus. Kopflos stopfte ich den Teig in eine Plastiktüte und verstaute sie zwischen Schlafanzügen, T-Shirts und Socken in meiner Kommodenschublade. Nach einem weiteren Besuch im Laden, um mehr Hefe, Mehl und auch Salz zu kaufen, wurde das Brot tatsächlich gerade noch rechtzeitig fertig, bevor Mama und Papa nach Hause kamen. Die Küche war aufgeräumt und aus der Kaffeemaschine rieselte der letzte Kaffeetropfen – alles war noch gut gegangen.

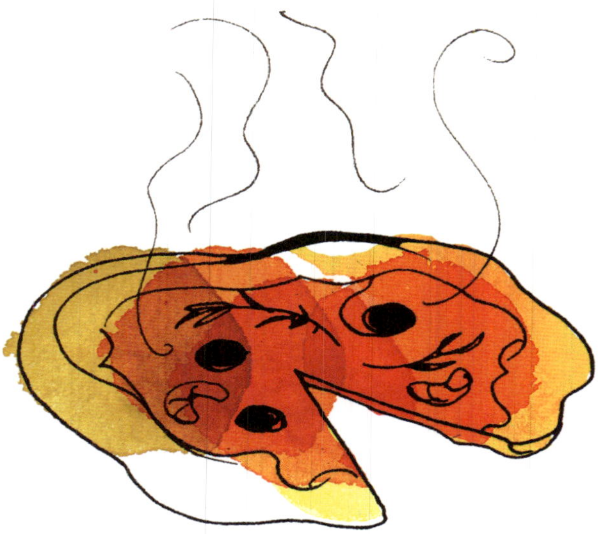

Als ich dann abends im Bett lag und meine Mutter mir Gute Nacht sagte, fiel mir siedend heiß die Tüte in der Schublade ein. Nachdem ich ihr von dem salzlosen Teig erzählt hatte, zog sie die Schublade auf, um nachzusehen. Oh, das hätte sie nicht tun sollen! Denn zwischen den Schlafanzügen, T-Shirts und Socken war der Teig so sehr aufgegangen, dass er ihr fast explosionsartig entgegenschwappte. Mama lachte nur – und wir haben jetzt eine schöne gemeinsame Erinnerung!

Brot wird bei uns eigentlich nur gebacken, wenn wir Zeit und Lust haben und uns etwas Gutes gönnen möchten. Oft kommt das nicht vor, eigentlich nur zu Weihnachten oder wenn wir eine Party veranstalten. Ich glaube übrigens, dass dieser gewisse Gemütlichkeitsfaktor beim Brotbacken immer mehr an Bedeutung verlieren wird. Das Brot wird in der Zukunft

gebacken, um Geld zu sparen oder auch um ein Produkt herzustellen, das gesünder und vollwertiger ist und dessen Inhaltsstoffe man kennt.

Heute gibt es in den Supermärkten ausladende Regale mit vielen hochwertigen Mehlsorten, die beste Voraussetzungen für die Zubereitung von gutem Brot bieten. Auch Sauerteig in dunklen und hellen Broten erfreut sich zunehmender Beliebtheit und lässt sich leicht selbst anrühren. Wenn man in Urlaub fährt, überlässt man dem Nachbarn einfach die »Fütterung« des Sauerteigs – schließlich soll er nicht »verhungern«. Glücklicherweise ist Sauerteig auch in getrockneter Form erhältlich, das ist insbesondere für leicht vergessliche Zeitgenossinnen wie mich ein Segen.

Die Zukunft von selbst gebackenem Brot sieht also rosig aus, daher hier meine allerbesten Brot- und Pizzarezepte!

TINAS TIPPS

REZEPTE GRÜNDLICH LESEN

Bei Backrezepten ist es im Gegensatz zu Kochrezepten extrem wichtig, sich genau an das Rezept, insbesondere an die Mengenangaben, zu halten. Andernfalls besteht die große Gefahr, dass das Backwerk misslingt.

DAS RICHTIGE MEHL

Für ein gutes Hefebrot mit elastischer Krume benötigt man Mehl mit hohem Glutenanteil (Klebereiweiß) wie Weizenmehl Type 550 oder Manitoba-Mehl (aus kanadischem Elite-Weizen). Ein hoher Glutenanteil liegt bei 12g pro 100g Mehl. Bei Mürbeteig für eine Tarte oder Quiche dagegen ist es wichtig, dass sich im Teig möglichst wenig Glutenfäden bilden, da der Teig beim Backen sonst regelrecht zusammenfällt. Verwenden Sie für Mürbeteig und Pfannkuchen am besten normales Weizenmehl Type 405 (als »Mehl« angegeben).

TEIG KALT ODER WARM ANRÜHREN

Wer es eilig hat, kann Hefeteig mit lauwarmer Flüssigkeit anrühren. Wer sich und dem Teig allerdings Zeit lassen kann, sollte den Teig mit kaltem Wasser anrühren und langsam gehen lassen, unabhängig davon, was im Rezept steht. Das Ergebnis wird so viel besser.

IDEALE TEIGBESCHAFFENHEIT

Ein Brotteig sollte idealerweise eine zähe, fädige Struktur haben und nicht zu fest sein. Am besten wird das Brot, wenn Sie den Teig zuerst ohne Salz 10–15 Minuten kneten, dann das Salz hinzufügen und den Teig noch einige Minuten weiterkneten.

OFENTEMPERATUR ERHÖHEN

Erhöhen Sie die im Rezept angegebene Vorheiztemperatur für den Backofen um 10 °C. Wird nämlich die Ofentür geöffnet, um das Brot hineinzustellen, kühlt der Ofen etwas ab. Nach 10 Minuten dann die angegebene Temperatur einstellen.

BRATENTHERMOMETER

Vor dem Backen ein digitales Bratenthermometer ins Brot stecken. Bei einer Kerntemperatur von 98 °C ist das Brot durchgebacken.

BROT WÜRZEN

Man kann das Wasser für den Teig durch stückige Tomaten oder Weißwein ersetzen (halb Wasser, halb Wein). Auch Buttermilch, Joghurt, Quark oder Milch können Sie unterrühren, farbenfroh wird es mit Möhren-, Rote-Bete- oder Tomatensaft. In dunklem Brot schmeckt Bier gut. Klassische Brotgewürze sind Fenchel, Kümmel, Anis und Ingwer. Geben Sie etwa ½ TL getrocknete Gewürze auf 500 ml Flüssigkeit.

EINE SCHÖNE KRUSTE

Für eine leckere, knusprige Kruste können Sie frisch gebackenes Brot mit Kaffee oder dunklem Sirup bestreichen. Damit das Brot seine knusprige Kruste lange behält, sollte es stehend mit der Schnittseite auf einem Schneidebrett oder in einer Papiertüte aufbewahrt werden, nie in einem Frischhaltebeutel.

BROT MIT DÖRROBST

Um zu vermeiden, dass Trockenfrüchte wie Rosinen, Feigen oder Aprikosen im Teig zu viel Flüssigkeit aufsaugen, kann man sie vorher zum Beispiel in Rum, Zuckersirup oder Apfelsaft einweichen. Das gilt für Brot-, Keks- und Kuchenteige gleichermaßen.

156. Gewürzbrot mit Kürbispüree

Leicht süßliches Brot wie dieses passt gut zu reifem Käse. Die Zubereitung ist ein Klacks – Sie müssen nur den Teig anrühren, in eine Form füllen und das Ganze in den Ofen schieben. Die Backzeit ist zwar recht lang, doch in der Zwischenzeit kann man ja eine Menge anderer Dinge erledigen! Experimentierfreudige können auch andere Gewürze oder Kräuter wie Rosmarin, Thymian oder Majoran testen – einfach köstlich.

FÜR 2 BROTE

300 g flüssiger Honig
120 g Rohrohrzucker
400 ml Milch
2 EL gemahlener Anis
2 gehäufte EL gemahlener Zimt
1 gehäufter EL Ingwerpulver oder frisch geriebener Ingwer
½ EL abgeriebene Bio-Orangenschale
1 TL Salz
350 g Mehl
50 g Roggenmehl
1½ EL Natron
Fett für die Form

KÜRBISPÜREE:

½ Butternusskürbis, geschält (etwa 400 g)
2 Knoblauchzehen, geschält
1 EL Olivenöl
30 g Mandeln, blanchiert und abgezogen
Salz, frisch gemahlener Pfeffer

UND SO GEHT'S:

1. In einem Topf Honig, Zucker, Milch, Anis, Zimt, Ingwer, Orangenschale und Salz kurz aufkochen. Dann abkühlen lassen und am besten über Nacht im Kühlschrank durchziehen lassen.
2. Am nächsten Tag den Backofen auf 175 °C vorheizen.
3. Mehl, Roggenmehl und Natron zur kalten Gewürzmischung geben und alles zu einem weichen, glatten Teig verrühren.
4. Zwei Kastenformen (à etwa 1½ l Inhalt) fetten und den Teig auf die Formen verteilen. Die Formen in den Ofen schieben, die Temperatur auf 150 °C senken und die Gewürzbrote 45–60 Minuten backen.
5. Die Brote herausnehmen und kurz abkühlen lassen, dann aus den Formen lösen und auf einem Kuchengitter abkühlen lassen.
6. Für das Püree den Ofen auf 200 °C schalten. Den Kürbis in Stücke schneiden und mit dem Knoblauch in einer Auflaufform verteilen. Alles mit Öl beträufeln und etwa 20 Minuten im Ofen backen.
7. Gebackenen Kürbis und Knoblauch mit den Mandeln in einer Küchenmaschine oder mit einem Stabmixer pürieren und das Püree mit Salz und Pfeffer abschmecken. Abkühlen lassen, dann zum Gewürzbrot servieren.

WÜRZIGE ARME RITTER

Aus diesem Gewürzbrot lassen sich auch tolle arme Ritter zubereiten (s. S. 347). Dazu einfach Gewürzbrotscheiben in verquirltes Ei tauchen, in Butter knusprig ausbacken und in Zucker wenden.

157. Gefülltes Zitronenbrot

Herrlich zitronig-frisch schmeckt diese gefüllte Brotroulade aus ganz normalem Brotteig mit Zitronenschale. Ein tolles Picknickbrot, da es durch die Füllung sozusagen schon belegt ist. Auch perfekt für ein Buffet.

FÜR 2 BROTE

12 g frische Hefe
abgeriebene Schale von 3 Bio-Zitronen
850 g Weizenmehl (Type 550)
1 EL Salz
Mehl für die Arbeitsfläche

FÜLLUNG 1 – KÄSE, SCHINKEN, PAPRIKA:

15 Scheiben kräftiger Käse, z. B. Bergkäse oder Appenzeller
5 Scheiben Schinken nach Wahl (nach Belieben)
3 eingelegte Grillpaprikaschoten, in Stücke geschnitten
3 EL frisch gehackter Estragon und Rosmarin
2 EL Olivenöl

FÜLLUNG 2 – BLAUSCHIMMELKÄSE, NÜSSE, ROSINEN:

150 g Blauschimmelkäse, zerbröckelt
100 g gemischte Nusskerne, z. B. Walnusskerne und Mandeln, grob gehackt
60 g Rosinen

UND SO GEHT'S:

1. 600 ml kaltes Wasser abmessen, ein wenig davon in eine Schüssel geben und die Hefe darin auflösen. Restwasser, Zitronenschale und Mehl hinzufügen und den Teig 10–15 Minuten kneten. Das Salz einstreuen und den Teig einige Minuten weiterkneten, dann zugedeckt 2 Stunden (oder im Kühlschrank über Nacht) gehen lassen.
2. Den Teig halbieren und zu zwei Kugeln formen. 5 Minuten ruhen lassen.
3. Die Kugeln auf der bemehlten Arbeitsfläche jeweils rechteckig ausrollen. Für Füllung 1 den Teig mit Käse belegen, Schinken, Paprika und Kräuter darüber verteilen und mit Öl beträufeln. Für Füllung 2 mit Käse, Nüssen und Rosinen bestreuen.
4. Fladen aufrollen und die Enden zusammendrücken, damit beim Backen kein Käse herausläuft. Die Brote auf ein mit Backpapier ausgelegtes Backblech legen, mit etwas Mehl bestreuen und unter einem feuchten Küchentuch etwa 1 Stunde gehen lassen.
5. Den Backofen auf 230 °C vorheizen.
6. Die Brote in die Mitte des Ofens schieben und die Temperatur auf 200 °C senken. Für eine knusprige Kruste 50 ml Wasser auf den Ofenboden spritzen und dann rasch die Ofentür schließen – in der Bäckersprache nennt man das »Schwaden«. Die Brote etwa 35 Minuten backen und vor dem Servieren etwas abkühlen lassen.

158. Manitoba-Baguettes

Der Teig für diese köstlichen Baguettes aus Sauerteig wird nicht geknetet. Das kanadische Manitoba-Mehl aus Elite-Weizen besitzt einen sehr hohen Glutenanteil, wodurch die Baguettes schön luftig werden.

FÜR 4 GROSSE BAGUETTES

21 g frische Hefe (½ Würfel)
1 kg Manitoba-Mehl (ersatzweise Weizenmehl Type 550)
150 g frischer Weizensauerteig
1½ EL Salz
abgeriebene Schale von ½ Bio-Zitrone
2 EL Olivenöl und Öl für die Form
Mehl für die Arbeitsfläche

UND SO GEHT'S:

1. 1 l kaltes Wasser abmessen, ein wenig davon in eine Rührschüssel geben und die Hefe darin auflösen. Restliches Wasser, Mehl und Sauerteig hinzufügen und alles in der Küchenmaschine auf mittlerer Stufe 10 Minuten verrühren.
2. Salz und Zitronenschale dazugeben und den Teig auf hoher Stufe 5–8 Minuten rühren, bis er sich vom Schüsselrand löst. Den Teig in eine gefettete Form geben und zugedeckt etwa 2 Stunden gehen lassen.
3. Den Backofen auf 250 °C vorheizen.
4. Den Teig auf die bemehlte Arbeitsfläche geben und mit Mehl bestäuben. Mit einem Teigspatel in lange schmale Streifen teilen und jeden Streifen mit bemehlten Händen leicht verzwirbeln. Die Baguettes auf ein Backblech setzen und zugedeckt 10–15 Minuten ruhen lassen.
5. Dann die Baguettes etwa 15 Minuten im Ofen backen, bis sie goldbraun und knusprig sind. Herausnehmen und unter einem Küchentuch abkühlen lassen.

159. Focaccia

Verwenden Sie hier niemals »zur Sicherheit« mehr Mehl. Der Teig ist zwar recht flüssig, wird beim Backen aber meist noch fester.

FÜR 1 BLECH

21 g frische Hefe (½ Würfel)
850 g Weizenmehl (Type 550)
140 g Grahammehl (Weizenvollkornschrot)
1 EL Salz
50 ml Olivenöl
200 g bunte Tomaten, halbiert
50 g Oliven ohne Stein
1 EL getrocknete Kräuter, z. B. Rosmarin oder Thymian
einige Zweige frische Kräuter
1 EL grobes Meersalz zum Bestreuen

UND SO GEHT'S:

1. 650 ml kaltes Wasser abmessen, ein wenig davon in eine Rührschüssel geben und die Hefe darin auflösen. Restliches Wasser und beide Mehlsorten hinzufügen und alles in der Küchenmaschine oder von Hand 15 Minuten kneten. Das Salz einstreuen und den Teig noch kurz weiterrühren. Zugedeckt etwa 45 Minuten gehen lassen.
2. Ein Backblech mit Backpapier auslegen und dieses leicht mit Öl bestreichen. Den Teig darauf mit eingeölten Fingern flach drücken. Tomaten, Oliven und getrocknete Kräuter in den Teig drücken, dann nochmals etwa 45 Minuten gehen lassen.
3. Den Backofen auf 250 °C vorheizen.
4. Die Focaccia gleichmäßig mit Öl beträufeln und mit frischen Kräutern und Meersalz bestreuen. In den Ofen schieben, die Temperatur auf 225 °C senken und die Focaccia etwa 20 Minuten backen. Abkühlen lassen.
5. Die Focaccia zum Servieren in Stücke schneiden. Sie ist perfekt für ein Buffet.

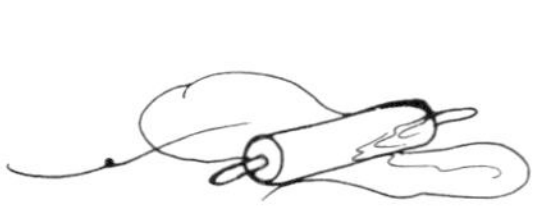

160. Grissini

Grissini kann man überall fertig kaufen, doch meiner Meinung nach sehen sie meist viel zu perfekt aus. Die selbst Gemachten können ruhig etwas windschief ausfallen!

FÜR ETWA 24 GRISSINI

21 g frische Hefe (½ Würfel)
350–400 g Mehl und Mehl für die Arbeitsfläche
2 TL Salz
5 EL kaltgepresstes Rapsöl
Meersalz
weiße Mohnsaat (ersatzweise dunkler Blaumohn)

UND SO GEHT'S:

1. 250 ml lauwarmes Wasser abmessen, ein wenig davon in eine Rührschüssel geben und die Hefe darin auflösen. Übriges Wasser, die Hälfte des Mehls sowie Salz und Öl unterrühren. Dann so viel Mehl wie nötig hinzufügen, bis ein glatter, weicher Teig entstanden ist. Zugedeckt in etwa 20 Minuten auf das Doppelte aufgehen lassen.
2. Den Backofen auf 200 °C vorheizen.
3. Den Teig vierteln und jedes Viertel zu einem ½–1 cm dicken Rechteck ausrollen, dabei die Arbeitsfläche gut bemehlen, damit der Teig nicht anhaftet. Den Teig mit Wasser bestreichen und mit Meersalz und Mohn bestreuen.
4. Den Teig in 1 cm breite Streifen schneiden, jeweils etwas verzwirbeln und auf ein mit Backpapier ausgelegtes Backblech legen. Zugedeckt 10–15 Minuten gehen lassen.
5. Die Grissini etwa 20 Minuten im Ofen goldbraun backen. Wenn sie noch nicht ganz knusprig sind, im Ofen nachtrocknen lassen. Dazu den Ofen ausschalten und die Tür öffnen – so trocknen sie rasch. Trocken und kühl aufbewahren.

SNACKS ZUM APERITIF

Kaufen Sie ein Glas Sahnemeerrettich und ein paar Scheiben Räucherschinken. Dann den Schinken mit Meerrettich bestreichen, um die Grissini wickeln und zu einem Drink servieren. Alternativ eine ganze Ladung Kräuter hacken und die Grissini vor dem Backen darin wenden.

161. Knäckebrot mit Kreuzkümmel

Ich backe Knäckebrot lieber in der Pfanne als im Backofen und esse es gerne mit Graved Lachs und etwas Zitronenmayonnaise (s. S. 92). Oder mit der Erbsen-Guacamole aus dem Tacokapitel (s. S. 252). In Stücke gebröckelt schmeckt dieses Knäckebrot sogar in einer einfachen Tomatensuppe!

FÜR 30–35 KNÄCKEBROTE

400 g Mehl und Mehl für die Arbeitsfläche
150 g Roggenmehl
300 g Naturjoghurt (10 % Fett)
100 ml Olivenöl
2 TL Backpulver
1 EL Salz
6 EL zerstoßene Kreuzkümmelsamen
2 EL zerstoßene Anissamen

UND SO GEHT'S:

1. Alle Zutaten zu einem glatten Teig verarbeiten.
2. Aus dem Teig auf der bemehlten Arbeitsfläche dünne Fladen ausrollen. Die Fladen in einer gusseisenern Pfanne ohne Fett oder auf einem mit Backpapier ausgelegten Backblech im auf 225 °C vorgeheizten Backofen 4–5 Minuten auf jeder Seite backen.
3. Das Knäckebrot in einer trockenen Blechdose aufbewahren.

162. Scones mit Haferflocken und Kardamom

Meiner Meinung nach schmecken Scones am besten mit original englischer Clotted Cream (Streichsahne) und Lemon Curd. Da wir keine Engländer sind, mogeln wir ein wenig und verwenden statt echter Clotted Cream eine Mischung aus Sahne und Crème fraîche. Sie können den Lemon Curd auch fertig kaufen und meine Clotted Cream durch Mascarpone ersetzen. Lemon Curd eignet sich übrigens auch super als Füllung für Tartelettes oder Mandelkeks-Sandwiches – lecker zum Kaffee.

FÜR ETWA 24 SCONES

100 g zimmerwarme Butter
500 g Mehl und Mehl für die Arbeitsfläche
3 EL zarte Haferflocken (etwa 30 g)
5 TL Backpulver
1 TL Salz
400 ml Milch oder 400 g Naturjoghurt
1 EL Zucker
½–1 TL gemahlener Kardamom

MEINE CLOTTED CREAM:

400 g Sahne
1 EL Crème fraîche

LEMON CURD:

abgeriebene Schale von 3 Bio-Zitronen
150 ml frisch gepresster Zitronensaft
120 g Zucker
6 Eigelb
75 g zimmerwarme Butter

UND SO GEHT'S:

1. Für die Clotted Cream die Sahne in einem Topf aufkochen und auf die Hälfte einköcheln lassen, dabei ab und zu umrühren. Den Topf vom Herd nehmen, wenn noch etwa 200 g Sahne übrig sind, und die Crème fraiche gleichmäßig unterrühren. Die Creme in eine Schüssel umfüllen und abkühlen lassen.
2. Für den Lemon Curd Zitronenschale und -saft, Zucker und Eigelbe in einem Topf unter Rühren mit einem Schneebesen aufkochen. Dann einige Minuten leicht köcheln lassen, bis die Masse andickt. Vom Herd nehmen und die Butter in kleinen Stücken untermixen, bis eine glatte Creme entstanden ist. Im Kühlschrank vollständig abkühlen lassen.
3. Den Backofen auf 225 °C vorheizen.
4. Alle Sconeszutaten verrühren, am besten in einer Küchenmaschine. Den Teig in sechs Portionen teilen, jeweils zu einem runden Fladen formen und auf ein mit Backpapier ausgelegtes Backblech setzen. Mit bemehlten Händen leicht flach drücken und mit einem scharfen Messer kreuzweise einritzen. Die Scones etwa 15 Minuten im Ofen goldgelb backen.
5. Die Scones frisch aus dem Ofen mit Lemon Curd und meiner Clotted Cream servieren.

SCONES-CROÛTONS

Übrig gebliebene Scones in kleine Stücke brechen und in einer heißen Pfanne in etwas Butter und Olivenöl knusprig rösten. Gegen Ende etwas Bio-Zitronenschale darüberreiben und die Croûtons als Garnitur für grünen Salat verwenden.

Pizza

Ein Pizzaboden muss für mich dünn sein, schließlich ist es ja keine Focaccia. Wichtig ist, das Backblech im Ofen vorzuheizen, damit die Pizza viel direkte Hitze von oben und unten abbekommt. Die folgenden Beläge sind auch für eine Focaccia geeignet (s. S. 268).

FÜR 4 PERSONEN

PIZZATEIG:

12 g frische Hefe
½ TL Salz
350 g Weizenmehl (Type 550)

UND SO GEHT'S:

250 ml lauwarmes Wasser abmessen, ein wenig davon in eine Rührschüssel geben und die Hefe darin auflösen. Übriges Wasser, Salz und Mehl dazugeben und alles zu einem Teig kneten. Zugedeckt etwa 30 Minuten gehen lassen.

163. Pizza mit Zwiebel, Speck, Emmentaler und Schmand

Hier eine leckere Pizza, die vom elsässischen Flammkuchen inspiriert ist.

FÜR 4 PERSONEN

1 Grundrezept Pizzateig (siehe oben)
4 rote Zwiebeln
280 g Frühstücksspeck
2 TL Weißweinessig
1 TL Salz
Mehl für die Arbeitsfläche
150 g Emmentaler, gerieben
300 g Schmand zum Servieren
frisch gemahlener Pfeffer

UND SO GEHT'S:

1. Den Backofen mit eingeschobenem Backblech auf 240 °C vorheizen.
2. Die Zwiebeln schälen und in feine Scheiben schneiden. Den Speck in Streifen schneiden, in einer Pfanne ohne Fett auslassen und goldbraun werden lassen. Zwiebeln, Essig und Salz hinzufügen und alles weiterbraten, bis die Zwiebeln weich sind.
3. Den Teig auf der bemehlten Arbeitsfläche dünn ausrollen und auf ein mit Backpapier ausgelegtes Backblech setzen. Mit der Speck-Zwiebel-Mischung und dem Käse belegen. Das heiße Backblech aus dem Ofen nehmen, die Pizza vorsichtig auf das Blech gleiten lassen und etwa 15 Minuten backen.
4. Die Pizza aus dem Ofen nehmen, mit etwas Schmand bestreichen und mit Pfeffer würzen. Sofort servieren.

164. Pizza mit Artischocken, Knoblauch und Garnelen

Artischockencreme ist ein idealer Dip für Gemüse und ein toller Brotaufstrich.

FÜR 4 PERSONEN

1 Grundrezept Pizzateig (siehe links)
Mehl für die Arbeitsfläche
1 Dose Artischockenherzen, halbiert (etwa 400 g)
100 g Käse, gerieben
300 g gegarte, geschälte Garnelen
einige Stängel Dill zum Servieren

ARTISCHOCKENCREME:

1 Dose Artischockenböden (etwa 400 g)
3 Knoblauchzehen, geschält
1 EL Olivenöl
Saft von ½ frisch gepressten Zitrone

UND SO GEHT'S:

1. Den Backofen mit eingeschobenem Backblech auf 240 °C vorheizen.
2. Für die Creme Artischockenböden, Knoblauch, Öl und Zitronensaft pürieren.
3. Teig auf der bemehlten Arbeitsfläche dünn ausrollen, auf ein mit Backpapier ausgelegtes Blech setzen. Mit Creme bestreichen, mit Artischocken belegen und mit Käse bestreuen. Die Pizza auf das heiße Blech gleiten lassen und etwa 15 Minuten backen.
4. Die Pizza aus dem Ofen nehmen, mit Garnelen und Dill belegen und sofort servieren.

165. Pizza mit Pfifferlingen und Dill

Wer will, kann die Pfifferlinge auch durch andere Pilze ersetzen.

FÜR 4 PERSONEN

1 Grundrezept Pizzateig (s. S. 274)
400–500 g Pfifferlinge, gesäubert
1 Zwiebel, fein gehackt
1 EL Butter
1 Bund Dill, Blätter gehackt
¾ TL Salz, frisch gemahlener Pfeffer
Mehl für die Arbeitsfläche
150 g Kümmelkäse, grob gerieben

UND SO GEHT'S:

1. Den Backofen mit eingeschobenem Backblech auf 240 °C vorheizen.
2. Pfifferlinge und Zwiebel in Butter anbraten. Dill hinzufügen, alles salzen und pfeffern.
3. Teig auf der bemehlten Arbeitsfläche dünn ausrollen, auf ein Blech mit Backpapier geben und mit Pilzen und Käse belegen. Die Pizza auf das heiße Blech gleiten lassen und 15 Minuten backen. Sofort servieren.

166. Pizza mit Brokkolipesto und Parmaschinken

Mein Brokkolipesto ist ein Knaller und macht dem italienischen Originalpesto Konkurrenz!

FÜR 4 PERSONEN

1 Grundrezept Pizzateig (s. S. 274)
Mehl für die Arbeitsfläche
8 Scheiben Coppa di Parma zum Servieren
frisch gemahlener Pfeffer

BROKKOLIPESTO:

1 Brokkoli, klein geschnitten
60 g Haselnusskerne
3 EL Olivenöl
40 g Parmesan, gerieben
1 Knoblauchzehe, geschält
½ TL Salz

UND SO GEHT'S:

1. Den Backofen mit eingeschobenem Backblech auf 240 °C vorheizen.
2. Für das Pesto Brokkoli, Nusskerne, Öl, Parmesan, Knoblauch und Salz pürieren.
3. Den Teig auf der bemehlten Arbeitsfläche dünn ausrollen und auf ein mit Backpapier ausgelegtes Backblech setzen. Den Teig mit dem Pesto bestreichen. Die Pizza auf das heiße Blech gleiten lassen und etwa 15 Minuten backen. Sofort servieren.
4. Die Pizza aus dem Ofen nehmen, mit der Coppa belegen und pfeffern. Nach Belieben mit Öl beträufeln und sofort servieren.

PIZZAKÄSE

Ich nehme eine Mischung aus Butterkäse (gräddost) und Mozzarella, so wird die Pizza schön cremig. Vor dem Servieren können Sie die Pizza noch mit leckerem Parmesan oder Pecorino bestreuen.

163.
164.

166.
165.

Tapas

TAPAS, HÄPPCHEN, CANAPÉS, APPETIZER – nennen Sie sie, wie Sie wollen. Gemeint sind kleine Gerichte, die den Appetit anregen, Lust auf mehr machen und hinsichtlich der Gewürze über das übliche Salz und Pfeffer hinausgehen. In Schweden erscheinen mir Tapas allerdings oft ein wenig zu glatt, und das meine ich nicht in Bezug auf den Geschmack, sondern auf die Art und Weise, wie und wo sie präsentiert und gegessen werden. Die Einrichtung ist ein Hauch zu schick, die Musikuntermalung etwas zu perfekt und die Kleidung ein wenig zu trendy. Aber so sind wir Schweden. Und ich vermutlich auch.

Probieren Sie es einfach mal anders! Bewaffnen Sie Ihre Gäste höchstens mit einer Gabel, füllen Sie die Teller nur halb und lassen Sie stattdessen die Aromen sprechen. Stellen Sie alles auf den Tisch und reichen Sie ein Glas Cava dazu. Lassen Sie locker, auch wenn Sie alles fest unter Kontrolle haben, wir wollen keine zu perfekte Musik hören oder zu perfekt gekämmte Kinder sehen!

Auf den Fotos (s. S. 283, 286 und 291) zeige ich, welche Tapas gut miteinander harmonieren und für einen gemütlichen Tapas-Abend ideal sind. Selbstverständlich können Sie sie auch ganz nach Ihrem Geschmack kombinieren oder als Vorspeise oder auf einem Buffet servieren. Und aus fünf köstlichen Tapas wird zudem ein köstliches Hauptgericht!

167. Blätterteigschnitten mit Räucherlachs

Blätterteig sollte immer kalt verarbeitet werden, am besten kühlen Sie auch das Nudelholz im Tiefkühlfach, damit der Teig daran nicht kleben bleibt. Inzwischen gibt es richtig guten Blätterteig als Fertigware, sowohl in der Kühltheke als auch tiefgekühlt, der beim Backen immer gelingt. Extrem lecker mit Lachs, buttrigen Zwiebeln und Schmand. Schnell und supergut!

FÜR 4 PERSONEN

2 TK-Blätterteigplatten
4 weiße Zwiebeln
50 g Butter
300 g warm geräucherter Lachs
200 g Schmand
Salz, frisch gemahlener Pfeffer

UND SO GEHT'S:

1. Den Backofen auf 250 °C vorheizen.
2. Beide Blätterteigplatten auf die doppelte Größe ausrollen. Die Platten in der Mitte quer halbieren und auf ein mit Backpapier ausgelegtes Backblech legen.
3. Die Zwiebeln schälen und in hauchdünne Scheiben schneiden, zum Beispiel mit einem Gemüsehobel. Die Butter in einer Pfanne zerlassen und die Zwiebeln darin weich dünsten. Sie sollen die gesamte Butter aufsaugen, ohne Farbe anzunehmen. Die Zwiebeln mittig auf den vier Platten verteilen, dabei einen Rand frei lassen.
4. Etwa 15 Minuten backen, bis der Blätterteig schön aufgegangen und goldbraun ist.
5. Den Räucherlachs in Stücke teilen und auf dem Blätterteig verteilen. Etwas Schmand darüberlöffeln, salzen und pfeffern und die Schnitten sofort servieren.

168. Katalanisches Frühstück – *pa amb tomàquet*

In Katalonien versteht man unter Frühstück etwas anderes als bei uns. Wenn man dort in einer Familie zum Frühstück eingeladen ist, muss man sich auf zerdrückte frische Tomaten, feinstes Olivenöl, Weißbrot und eine Tasse superleckeren Kaffee einstellen. Nix mit Müsli oder Käsebrot! Dieses katalanische Gericht kann man eigentlich ständig essen – als Vorspeise, Beilage oder Zwischenmahlzeit.

FÜR 4 PERSONEN

3 Tomaten
2–3 EL pfeffriges Olivenöl
3 Knoblauchzehen
4 dicke Scheiben Sauerteigbrot
½ TL Meersalz, frisch gemahlener Pfeffer

UND SO GEHT'S:

1. Wasser in einem Topf zum Kochen bringen. Die Tomaten oben jeweils kreuzweise einritzen, ins kochende Wasser geben und etwa 30 Sekunden blanchieren. Abgießen und in Eiswasser abkühlen.
2. Die Tomaten häuten und in Stücke schneiden – nicht vergessen, den Strunk zu entfernen! Die Tomaten in einer Schüssel mit einer Gabel leicht zerdrücken und 1 EL Öl unterrühren.
3. Die Knoblauchzehen schälen und zerdrücken. Die Brotscheiben mit den Knoblauchzehen in einer Pfanne in etwas Öl goldbraun rösten.
4. Das Brot mit reichlich Tomatenmus, Öl, Meersalz und Pfeffer servieren.

169. Marinierte Grillpaprika mit Ziegenkäse und Sultaninen

Normalerweise verwende ich hierzu Spitzpaprikaschoten, diesmal konnte ich nur leider keine finden. Das Gericht begleitet mich nun schon seit Jahren und kommt immer wieder zum Einsatz. Man kann es als Salatzutat verwenden oder mit leckerem Brot als Tapa genießen.

FÜR 4 PERSONEN

je 1 gelbe und rote Paprikaschote
Olivenöl zum Bestreichen
200 g Ziegenkäse
30 g Mandelblättchen, geröstet

MARINADE:

1 Schalotte, fein gehackt
50 ml Olivenöl
1 EL Weißweinessig
1 EL Honig
Salz, frisch gemahlener Pfeffer
1½ EL Sultaninen

UND SO GEHT'S:

1. Den Backofengrill vorheizen.
2. Die Paprikaschoten im Ganzen in eine Auflaufform legen, leicht mit Öl bestreichen und im Ofen etwa 10 Minuten grillen, bis die Haut etwas gebräunt ist. Aus dem Ofen nehmen und in einem Frischhaltebeutel verschließen – das erleichtert das spätere Abziehen der Haut.
3. Alle Marinadenzutaten verrühren.
4. Die Paprika aus dem Beutel nehmen, schälen und in breite Streifen schneiden. Den Käse würfeln. Die Marinade über Paprika und Käse gießen und mit Mandeln bestreuen.

170. Roastbeef mit Gemüsejulienne und Meerrettich

Für eine amerikanische Kochsendung habe ich einmal mitten im sonnigen Sandhamn diese Roastbeefrollen zubereitet. Mit fertig aufgeschnittenem Roastbeef geht das ratzfatz.

FÜR 4 PERSONEN

1 Möhre
2 Stangen Staudensellerie
1 Stück frische Meerrettichwurzel
8–10 Scheiben Roastbeef

DRESSING:

3 EL Olivenöl
2 EL Mirin (süßer japanischer Reiswein)
1 EL japanische Sojasauce
1 EL Weißweinessig

UND SO GEHT'S:

1. Das Gemüse in dünne Scheiben schneiden oder hobeln, dann in Juliennestreifen schneiden. Den Meerrettich fein reiben.
2. Jeweils ein Bündel Gemüsestreifen in eine Roastbeefscheibe einrollen.
3. Alle Dressingzutaten in einer Schüssel verrühren.
4. Die Roastbeefrollen auf einer Platte anrichten, mit etwas Dressing beträufeln und mit Meerrettich bestreuen. Zum Essen die Rollen ins verbliebene Dressing dippen.

168.
169.
167.
170.
171.
172.

171. Große weiße Bohnen mit Chorizo

Noch so ein Lieblingsgericht – einfach, aber dennoch aussagekräftig. Die Säure des Essigs spielt hier eine große Rolle, nehmen Sie daher ruhig ein wenig mehr. Kennengelernt habe ich dieses schlichte Bohnengericht auf einer Reise nach Barcelona mit meinem Kollegen Benny. Die Bohnen wurden auf einfachen, angeschlagenen Tellern serviert und sahen im Grunde nach nichts aus, unsere Geschmacksknospen wurden jedoch in den Himmel gehoben. Ich bin ganz verliebt in diese Art von Gerichten, in denen nur der Geschmack zählt! Als Hauptgericht kann man diese Bohnen auch servieren.

FÜR 4 PERSONEN

2 frische Chorizo-Würste
1 Dose große weiße Bohnen (etwa 400 g) mit 50 ml Einlegewasser
2 EL Butter
½ EL Weißweinessig
1 Knoblauchzehe
Salz, frisch gemahlener Pfeffer

UND SO GEHT'S:

1. Die Chorizo in einer Pfanne auf mittlerer Stufe goldbraun braten, dann herausnehmen und auf ein Schneidebrett legen.
2. Bohnen und Einlegewasser in dieselbe Pfanne geben, Butter und Essig hinzufügen. Die Knoblauchzehe dazupressen und unterrühren. Alles erhitzen.
3. Die Würste schräg in Scheiben schneiden und mit den Bohnen servieren. Salzen und pfeffern, und schon ist ein wunderbares Gericht servierfertig!

172. Hash Browns mit Käse und Bresaola

Hash Browns sind den deutschen Kartoffelpuffern oder Rösti ähnlich, enthalten allerdings keine Bindemittel wie Eier und Mehl. Sie sind fettig, saftig und sättigend. Ein tolles, simples Mittagessen – rau und ungeschliffen.

FÜR 4 PERSONEN

4 vorwiegend festkochende Kartoffeln
1 kleines Stück Lauchstange (etwa 5 cm)
Salz, frisch gemahlener Pfeffer
Olivenöl und Butter zum Braten
250–300 g Weichkäse mit Weißschimmelrinde, z. B. Chaource oder reifer Brie
2 Bio-Zitronen
6–8 Scheiben Bresaola oder anderer luftgetrockneter Schinken

UND SO GEHT'S:

1. Den Backofen auf 180 °C vorheizen.
2. Die Kartoffeln schälen und grob reiben, den Lauch in feine Streifen schneiden. Kartoffeln und Lauch mischen, salzen und pfeffern. Die Masse zu flachen Fladen formen und in etwas Öl und Butter knusprig braten. Warm halten.
3. Eine saubere Pfanne erhitzen, etwas Öl und Salz hineingeben. Den Käse darin auf hoher Stufe nur kurz braten, bis er braun karamellisiert ist. Dann wenige Minuten auf einem Backblech im Ofen backen, bis er sich weich anfühlt.
4. Die Zitronen halbieren und in einer heißen Pfanne auf den Schnittseiten karamellisieren.
5. Käse und Hash Browns auf einer großen Platte anrichten. Mit Bresaola garnieren und jeden Hash Brown mit karamellisiertem Zitronensaft beträufeln.

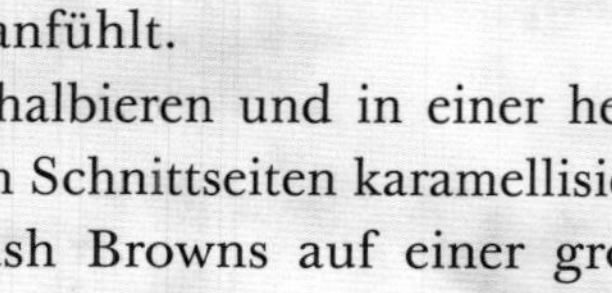

173. Chatschapuri

Das *chatschapuri*, ein überbackenes Käsebrot, wird in Georgien an Festtagen serviert. Es ist ein tolles kleines Gericht, das perfekt zu den anderen Tapas passt.

FÜR 4 PERSONEN

250 g schwedischer gräddost oder Butterkäse
½ rote Chilischote, Samen entfernt
1 Packung fertiger Pizzateig, möglichst eine dickere Sorte (aus dem Kühlregal; etwa 400 g)
Mehl für die Arbeitsfläche
1 Bund Salbei (ersatzweise Thymian oder Rosmarin, Blätter abgezupft)

UND SO GEHT'S:

1. Den Backofen auf 250 °C vorheizen.
2. Den Käse reiben, die Chilischote in Streifen schneiden.
3. Den Pizzateig auf der bemehlten Arbeitsfläche ausbreiten und auf einer Hälfte des Teigs Käse, Chili, und Salbei verteilen. Die andere Hälfte darüberklappen und die Ränder mit den Fingern wie bei einer Calzone gut zusammendrücken.
4. Das Brot etwa 15 Minuten im Ofen backen. Dabei geht es schön auf und wird außen sehr knusprig – es kann ruhig hier und da ein bisschen angeschwärzt sein. Das Brot aus dem Ofen nehmen und kurz ruhen lassen. Dann aufschneiden und servieren.

FRISCHE CHILISCHOTEN ENTKERNEN

Die Chilischote zwischen den Fingern hin- und herrollen, dann den Stielansatz abschneiden. Ich verspreche Ihnen, dass die Kerne jetzt einfach durch das Loch herauspurzeln werden, wenn sie die Chili auf den Kopf stellen. Am besten tragen Sie Einmalhandschuhe bei der ganzen Prozedur, denn die Schärfe klebt sonst an Ihren Fingern.

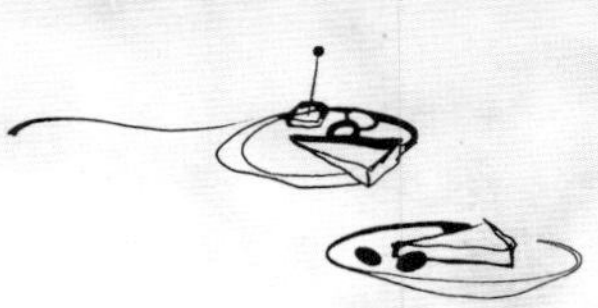

174. Toast Pelle Janzon

Pelle Janzon war ein schwedischer Opernsänger, der Ende des 19. Jahrhunderts vor allem im komischen Fach Erfolge feierte. Er war als Schlemmer und Partylöwe bekannt, der seinen Freunden gerne nach einer durchzechten Nacht diese herzhaften Toasts servierte.

FÜR 4 PERSONEN

250 g Rinderfilet
4 Scheiben Baguette
2 EL Butter
1 rote Zwiebel, fein gehackt
4 EL Maränenkaviar (ersatzweise Forellenkaviar)
4 sehr frische Eigelb
Meersalz, frisch gemahlener Pfeffer
1 Bund Schnittlauch, gehackt

UND SO GEHT'S:

1. Das Rinderfilet von Fett und Sehnen befreien, in vier dünne Scheiben schneiden und zwischen zwei Lagen Frischhaltefolie flach klopfen. Rinderfilet ist sehr zart, klopfen Sie daher nur leicht mit einem Topfboden.
2. Das Baguette in Butter rösten.
3. Die Brotscheiben jeweils mit Rinderfilet belegen, mit Zwiebeln bestreuen und etwas Kaviar und je 1 rohes Eigelb daraufsetzen. Mit Salz und Pfeffer würzen und mit Schnittlauch bestreuen.

GUT VORZUBEREITEN

Der Toast Pelle Janzon lässt sich super vorbereiten. Das Fleisch flach klopfen, gut in Frischhaltefolie wickeln und ins Tiefkühlfach legen. Zum Servieren das gefrorene Fleisch auswickeln und auf Tellern verteilen. Es ist ruckzuck aufgetaut.

173.
174.
175.
176.
177.
178.

175. Gebackene Auberginen mit Sesam und Balsamico-Essig

Lecker muss nicht immer kompliziert sein! Gebackene Aubergine, gerösteter Sesam und Balsamico-Essig – Punkt. Wer will, kann das Ganze mit einem Stabmixer pürieren, ein paar Tropfen Olivenöl unterrühren und so einen fantastischen Auberginenaufstrich zaubern.

FÜR 4 PERSONEN

2 Auberginen
2 TL frisch gepresster Zitronensaft
1 Knoblauchzehe
2 EL Olivenöl
Salz, frisch gemahlener Pfeffer
2 EL Sesamsaat, geröstet
1 EL Balsamico-Essig

UND SO GEHT'S:

1. Den Backofen auf 225 °C vorheizen.
2. Die Auberginen längs halbieren und mit dem Zitronensaft beträufeln. Den Knoblauch halbieren und die Auberginenhälften mit den Knoblauchschnittseiten und mit Öl einreiben. Salzen und pfeffern. Die Auberginen mit der Schnittseite nach unten auf ein mit Backpapier ausgelegtes Backblech setzen. Etwa 30 Minuten im Ofen backen, bis sie weich sind. Wenden und mit Sesam bestreuen.
3. Die Auberginen auf einer Platte anrichten, mit Essig beträufeln und servieren. Zum Essen das Fruchtfleisch direkt aus der Schale löffeln.

176. Mango mit schwarzen Bohnen und Kreuzkümmel

Hübsch kann man dieses Gericht vielleicht nicht nennen, geschmacklich bilden Kreuzkümmel, Mango und schwarze Bohnen allerdings ein himmlisches Gespann! Das i-Tüpfelchen sind Koriander und Limettensaft.

FÜR 4 PERSONEN

1 große reife Mango
180 g schwarze Bohnen (ersatzweise Kidneybohnen; aus der Dose)
1 Spritzer geröstetes Sesamöl
½ TL gemahlener Kreuzkümmel
1 Prise Salz
1 Limette
Koriandergrün zum Servieren

UND SO GEHT'S:

1. Die Mango schälen und in Würfel schneiden – grob oder fein, das spielt für den Geschmack keine Rolle.
2. Die Bohnen abspülen und abtropfen lassen. Mit Mango, Sesamöl, Kreuzkümmel und Salz verrühren.
3. Die Limette auspressen, den Saft über die Bohnen-Mango-Mischung träufeln und alles mit Koriandergrün garnieren.

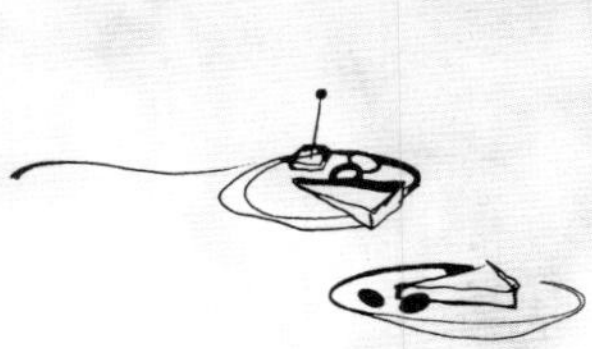

177. Saganaki mit Kapern-Zitronen-Salsa

Als Grillkäse habe ich früher immer Halloumi verwendet, bis ich seinen griechischen Bruder, den Saganaki, entdeckt habe. Saganaki bedeutet »kleines Pfännchen« und weist auf die Pfanne hin, in der er zubereitet wird. Die frisch gehackte Zitrone verleiht dem Salat eine tolle Spritzigkeit – Essig ist da überflüssig.

FÜR 4 PERSONEN

½ TL Olivenöl
250 g Saganaki-Grillkäse (ersatzweise Feta)

KAPERN-ZITRONEN-SALSA:

½ Salatgurke
1 Bio-Zitrone
2 EL Kapern
½ rote Zwiebel, fein gehackt
1 Bund Basilikum, Blätter gehackt
3 EL Olivenöl
frisch gemahlener Pfeffer

UND SO GEHT'S:

1. Die Gurke schälen, entkernen und in dünne Scheiben schneiden. Die Zitrone waschen und die Schale abreiben. Gurke, Kapern und Zitronenschale in einer Schüssel mischen. Das Fruchtfleisch der Zitrone grob hacken, dabei die Kerne entfernen. Zwiebel, Basilikum und Öl mit der Gurkenmischung mischen und die Salsa mit Pfeffer würzen.
2. Eine Pfanne sehr heiß werden lassen. Etwa ½ TL Öl hineingeben und den Käse darin schön goldbraun braten. Den Käse nicht zu voreilig wenden, sondern frühestens nach 30 Sekunden anheben. Auch die andere Seite schön braun braten.
3. Den Käse grob in Stücke brechen, die Salsa darübergeben und sofort servieren.

178. Geflügelsalat mit Trüffelmayonnaise

Ideal als Tapa, als sommerliches Hauptgericht oder als Teil eines Buffets. Das Trüffelöl immer vorsichtig dosieren, es kann schnell zu dominant schmecken. Die Trüffelmayonnaise passt auch gut zum Carpaccio (s. S. 292) oder als Würzsauce zu Fleisch.

FÜR 4 PERSONEN

500 g Wachsbohnen, grüne Bohnen oder Dicke Bohnen (Erbsen passen auch sehr gut)
300 g gegartes Brathähnchenfleisch, selbst gemacht oder gekauft
2 Schalotten, fein gehackt
2 Salatherzen, z. B. Romana
Salz, frisch gemahlener Pfeffer

TRÜFFELMAYONNAISE:

2 sehr frische Eigelb
½ EL Dijonsenf
150 ml neutrales Öl
1 EL Sahne
2–3 Tropfen Trüffelöl
Saft von ½ frisch gepressten Zitrone

UND SO GEHT'S:

1. Wasser in einem Topf zum Kochen bringen und die Bohnen darin 10 Sekunden blanchieren. Kalt abschrecken und abtropfen lassen.
2. Eigelbe und Senf in einer Schüssel glatt rühren. Unter Rühren tröpfchenweise das Öl hinzufügen, bis die Mayonnaise andickt. Die Sahne unterrühren und die Mayonnaise mit Trüffelöl und Zitronensaft abschmecken.
3. Hähnchenfleisch, Bohnen und Schalotten in eine Schüssel geben, mit Trüffelmayonnaise zu einem Salat verbinden. In Mayonnaise baden sollte der Salat allerdings nicht.
4. Den Salat auf den Salatblättern anrichten, salzen und pfeffern.

179. Marinierte Schwarzwurzeln in Filoteig

Die Zutatenliste ist zwar überschaubar, doch die »To-do-Liste« ist lang.

FÜR 4 PERSONEN

2 Schwarzwurzeln
etwas Zitronensaft
Salz
2 Filoteigblätter (aus dem Kühlregal)
50 g zerlassene Butter
Meersalzflocken

MARINADE:

½ Bio-Zitrone
100 g Puderzucker

UND SO GEHT'S:

1. Die Schwarzwurzeln schälen und sofort in eine Schüssel mit Wasser und Zitronensaft legen, um eine Schwarzfärbung zu verhindern. Dann in leicht gesalzenem Wasser in einem Topf weich garen.
2. Für die Marinade die Zitronenhälfte in Stücke schneiden, Kerne entfernen. Schale und Fruchtfleisch mit Zucker sämig pürieren.
3. Die gegarten Schwarzwurzeln in die Zitronenmarinade geben und mindestens 1 Stunde oder über Nacht darin marinieren.
4. Den Backofen auf 250 °C vorheizen.
5. Die beiden Filoteigblätter nebeneinander auf ein mit Backpapier ausgelegtes Backblech legen. Eine Hälfte mit Butter bestreichen und die andere Hälfte darüberklappen.
6. Je 1 gekochte Schwarzwurzel mit etwas Marinade auf ein Filoteigblatt legen und eng einrollen. Die Rollen mit Butter bestreichen und mit Meersalzflocken bestreuen. 7–10 Minuten im Ofen backen, bis sie goldbraun und knusprig sind. Die Rollen in Stücke schneiden und heiß servieren.

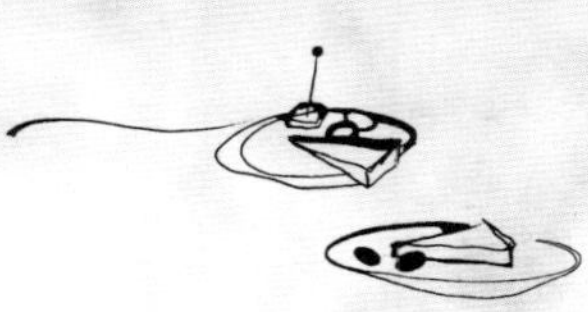

180. Marinierter Lachsrogen mit Wachteleiern

Wachteleier sind gar nicht so schwer zu bekommen, wie man glaubt, zumindest wenn man einen Internetanschluss hat. Im Netz gibt es nämlich etliche Anbieter, bei denen man frische Wachteleier bestellen kann. Bei diesem Rezept ist Lachsrogen ein Muss, da sich die großen Kügelchen so schön mit der Marinade vollsaugen.

FÜR 4 PERSONEN

12 Wachteleier
250 g Lachsrogen

MARINADE:

Saft von ½ Limette
3 TL Mirin (süßer japanischer Reiswein)
2 TL Reisessig
1 TL frisch geriebener Ingwer

UND SO GEHT'S:

1. Die Wachteleier in Wasser 3 Minuten kochen und unter kaltem Wasser abschrecken. Dann schälen (siehe unten) und beiseitestellen.
2. Alle Marinadenzutaten verrühren, den Lachsrogen hineinlegen und mindestens 30 Minuten marinieren. Je länger, desto besser. Dabei saugt der Rogen die Marinade auf und schmeckt anschließend ganz wundervoll.
3. Den Lachsrogen mit den Wachteleiern als Tapa oder als Vorspeise servieren – am besten mit einem sahnigen Salat (s. S. 33).

WACHTELEIER SCHÄLEN

Eine Schüssel mit einem Teil Weißweinessig und einem Teil Wasser füllen. Die Eier hineinlegen und warten, bis sich die Schale aufgelöst hat.

181. Hack-Dattel-Bällchen im Coppa-Mantel

Datteln im Speckmantel finde ich inzwischen gähnend langweilig, daher habe ich mir diese Variante ausgedacht. Testen Sie mal!

FÜR 4 PERSONEN

400 g Gehacktes nach Wahl
100 g Doppelrahmfrischkäse
½ EL grüne Currypaste
1 EL eingelegtes, gehacktes Koriandergrün (aus dem Asia-Laden; ersatzweise frischer Koriander)
1 TL Salz
60 g Datteln ohne Stein, gehackt
15 Scheiben Coppa

UND SO GEHT'S:

1. Den Backofen auf 200 °C vorheizen.
2. Hackfleisch mit Frischkäse, Currypaste, Koriander, Salz und Datteln mischen.
3. Aus der Masse kleine Röllchen formen und eng mit dem Schinken umwickeln, damit die Oberfläche möglichst glatt wird.
4. Die Coppa-Röllchen in eine Auflaufform setzen und 10–15 Minuten im Ofen backen. Schön heiß servieren.

182. Ofenspitzkohl mit Oliven und Kresse

Mein Mann und ich lieben Kohl, vor allem gebacken. Im Ofen passiert nämlich etwas ganz Besonderes mit dem Kohl und die ganze Küche wird von dem süß-nussigen Duft erfüllt.

FÜR 4 PERSONEN

1 Spitzkohl
etwas Olivenöl
Salz, frisch gemahlener Pfeffer
etwas Oliventapenade (aus dem Glas)
etwas Brunnenkresse, Rucola oder Petersilie zum Servieren

UND SO GEHT'S:

1. Den Backofen auf 200 °C vorheizen. Den Kohl in acht Spalten schneiden, auf ein Backblech legen, mit Öl beträufeln, salzen und pfeffern. Etwa 15 Minuten im Ofen backen, bis der Kohl fast schwarz ist.
2. Etwas Tapenade zwischen die Blätter streichen, den Strunk herausschneiden und den Kohl mit Kräutern garniert anrichten.

183. Gebratener Tintenfisch

Tintenfisch findet man in gut sortierten Fischgeschäften oder tiefgekühlt im Asia-Laden.

FÜR 4 PERSONEN

1 Scheibe helles Brot, z. B. Manito-Baguette
2 EL Olivenöl
1 Schalotte
1 Knoblauchzehe
250 g kleine Tintenfische, frisch oder TK
Salz, frisch gemahlener Pfeffer
Bio-Zitronenspalten zum Servieren

UND SO GEHT'S:

1. Das Brot in einer Pfanne in etwas Olivenöl rösten, in Stücke reißen und beiseitestellen.
2. Schalotte und Knoblauch schälen, fein hacken und in Öl weich braten. Die Hitze heraufschalten und die Tintenfische dazugeben. 2–3 Minuten auf hoher Stufe braten, bis sie sich eingerollt haben. Salzen, pfeffern, Brotstücke hinzufügen und mit Zitronensaft beträufeln. Sofort servieren.

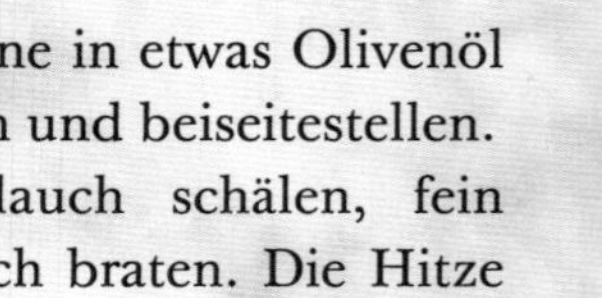

179.
180.
181.
182.
183.
184.

184. Carpaccio mit Trompetenpfifferlingen und Artischockencreme

Dieses Carpaccio bereite ich eigentlich mit Elchfleisch zu, doch Rinderfilet ist natürlich ebenso gut geeignet. Die Artischockencreme schmeckt auch als Dip zu Gemüse oder Brot.

FÜR 4 PERSONEN

250 g Elch- oder Rinderfilet
50 g frische oder aufgetaute TK-Preiselbeeren
100 g reifer Käse, zerbröckelt
Olivenöl

ARTISCHOCKENCREME:

1 Dose Artischockenböden (etwa 400 g)
1 EL Olivenöl
Saft von ½ frisch gepressten Zitrone
Salz

TROMPETENPFIFFERLINGE:

1 Knoblauchzehe
175 g Trompeten- oder andere Pfifferlinge, gesäubert
Butter zum Braten

UND SO GEHT'S:

1. Das Fleisch von Fett und Sehnen befreien, dünn aufschneiden und zwischen zwei Lagen Frischhaltefolie flach klopfen. Filet ist sehr zartes Fleisch, klopfen Sie es daher nur leicht mit einem Topfboden, damit es nicht reißt.
2. Für die Creme die Artischockenböden ohne den Einlegesud mit Öl und Zitronensaft glatt pürieren und mit Salz abschmecken.
3. Die Knoblauchzehe schälen und mit einer Messerklinge zerdrücken. Die Pilze mit dem Knoblauch in Butter knusprig braten.
4. Das Fleisch auf Tellern oder einer Platte anrichten. Etwas Creme darauf verteilen, mit Pilzen, Preiselbeeren und Käse bestreuen. Mit Öl beträufeln und sofort servieren.

PILZE BRATEN

Pilze wirklich knusprig zu braten ist gar nicht so einfach, da sie viel Wasser enthalten. Ist der Herd nicht heiß genug, werden die Pilze in der Pfanne eher gekocht. Lassen Sie daher erst die Flüssigkeit verdampfen und braten Sie die Pilze dann kräftig an – keine Angst, sie brennen nicht so leicht an!

185. Belegter Eierkuchen aus dem Ofen

Aus einem gewöhnlichen Eierkuchen kann man mit einem leckeren Belag eine echte Köstlichkeit machen. Tapas auf Schwedisch!

FÜR 8–10 PERSONEN

150 g Mehl
700 ml Milch
5 Eier
½ TL Salz
2 EL Butter

BELÄGE:

- *gebratener Speck mit Preiselbeeren*
- *Räucherlachs mit Schmand, Dill und Meerrettich*
- *gekochte Beten mit Kapern und Zitrone*
- *Parmaschinken mit gebratenen Sahnepilzen und gehackter Petersilie*

UND SO GEHT'S:

1. Den Backofen auf 225 °C vorheizen.
2. Das Mehl, die Hälfte der Milch und die Eier zu einem glatten Teig aufschlagen. Die restliche Milch und das Salz unterrühren.
3. Die Butter in eine Auflaufform geben und im Ofen schmelzen lassen. Den Teig in die Form gießen und in der Mitte des Ofens etwa 30 Minuten backen.
4. Den Eierkuchen in Stücke schneiden und mit den Belägen versehen.

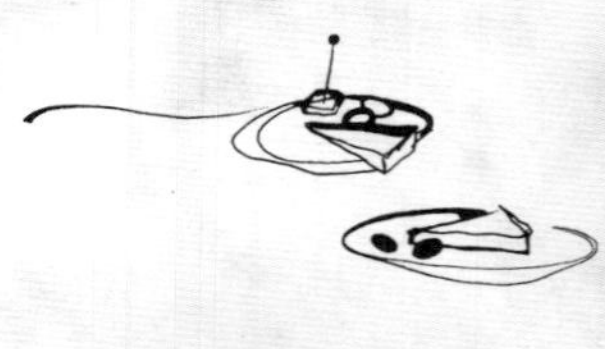

Süßes & Saft

Räumen Sie die Fernsehanstalt!

ICH BIN EIGENTLICH nicht so eine »Süße«, das war ich auch nie. Ich glaube, mein Interesse an Kuchen und Süßigkeiten ist so gering, weil sie für mich stets zugänglich waren. Wenn ich Lust auf etwas Süßes hatte, musste ich mich nur im Kühlraum unserer Kaltmamsell Kerstin im *Ramlösa Wärdshus* umsehen – und schon war der Heißhunger gestillt.

Meist sind es die einfachen Dinge, die mich ansprechen. Als Kind liebte ich zum Beispiel die Hagebuttensuppe meiner Oma väterlicherseits mit einem Klecks Sahne und zerstoßenen Kardamom-*skorpar* (Biscotti). Allein schon beim Gedanken daran läuft mir das Wasser im Mund zusammen! Oder Omas Alltagsnachtisch »Milch mit Preiselbeeren«, sie wurde in einem Glas serviert und dann ausgelöffelt!

Wer etwas raffiniertere Süßspeisen herstellen möchte, sollte vor allem die Ruhe bewahren und nichts überstürzen. Es lohnt sich durchaus, einen Kuchen ein paar Mal zur Probe zu backen, um sich mit den Tücken des Rezepts vertraut zu machen. Und gehen Sie beim Backen niemals hektisch oder unter Zeitdruck zu Werke – dann geht auch schnell etwas schief.

Einmal habe ich für den TV-Produzenten und Journalisten Martin Sundborn bei einer Kochsendung mit Tomas Tengby eine Überraschungsparty organisiert. Das Ganze fand in Göteborg im ehemaligen Gebäude der schwedischen Fernsehanstalt SVT statt, das scherzhaft auch *Synvillan* (Sinnestäuschung) genannt wurde.

Ehrlich gesagt, habe ich nie verstanden, warum. Dass die Polizeistation »Betonhaus« genannt wird, ist da einleuchtender. Auf jeden Fall war das SVT-Haus kein schönes Gebäude, ein großer, ausladender 1970er-Jahre-Bau ohne den kleinsten Glamourfaktor, den man eigentlich bei einer TV-Anstalt vermuten würde. Die Arbeitsatmosphäre hingegen war wunderbar. Über die Flure huschten liebenswerte Menschen in Birkenstockschuhen und an jeder Ecke standen Süßigkeiten.

Wie immer bestand mein Job hauptsächlich aus Warten auf die eigentliche Aufzeichnung und aus Probekochen der geplanten Gerichte für Martins Überraschung. Dies geschah in einer armseligen kleinen Kochecke in einem Vorratsraum im Erdgeschoss.

Ich hatte gerade den Herd eingeschaltet, um Zucker zu karamellisieren, und wartete darauf, dass der geschmolzene Zucker reif zum Umrühren war, da klopfte es an die Tür. Ich öffnete, und vor mir standen 20 Vorschulkinder, die mich anstarrten, als hätten sie gerade ein Monster gesehen. Vermutlich dachten sie: »Ist das Mat-Tina? Ist sie das in echt? Wie groß die ist! Wie passt die dann in meinen Fernseher? Das muss ich Papa erzählen – das ist ja seine Lieblingsköchin!«

»Dürfen wir kurz ein Foto von dir und den Kindern machen?«, fragte einer der Lehrer. »Natürlich«, antwortete ich.

Es dauerte etwas, bis die Kinder ein wenig aufgetaut waren und wir das Foto machen konnten. Leicht gestresst sagte ich Tschüss, und lief dann zurück in die Küche. Leider hatte ich den Karamell auf dem Herd total vergessen, das inzwischen alle Stadien von geschmolzenem Zucker hinter sich gelassen hatte und nun pechschwarz war und so heiß wie die Lava eines isländischen Vulkans! Der Rauchmelder piepte ohrenbetäubend, und um Ruhe zu haben, holte ich ihn von der Decke und warf ihn mit Wucht auf den Boden. So mache ich es zu Hause auch immer.

Es hieß also »Dessert, die Zweite«. Als ich fertig war, klopfte es erneut an die Tür, und ich dachte, es sei Martin. Doch stattdessen standen fünf Feuerwehrmänner vor mir, die mit Gasmasken und allerlei Schläuchen ausgestattet waren. »Hast du nicht mitbekommen, dass das ganze Haus geräumt ist? Da stehen 300 Leute auf dem Parkplatz, und das Radioprogramm ist unterbrochen!«

Und all das wegen verbrannten Karamells! Es wurde also ein sehr teures Dessert!

Wer einen Kuchen backen oder ein Dessert zubereiten möchte, sollte meiner Meinung nach stets echte Butter, guten Zucker, echte Vanille und hochwertige Schokolade verwenden. Geizig darf man bei den Zutaten und auch den Kalorien nicht sein – sonst lässt man es lieber ganz bleiben. Wenn Sie sich bei Kuchen und Desserts nur auf einen kleinen Happs beschränken, kann Ihnen eine Kalorienbombe doch nichts anhaben! Eine Creme muss cremig, Obst frisch, ein Schokoladenkuchen klebrig und ein Möhrenkuchen saftig sein. Und lecker aussehen sollen sie auch! Hier kommen meine Favoriten aus der Welt der Süßigkeiten: Kuchen, Tartes, Eis, Desserts und Säfte.

TINAS TIPPS

REZEPTE SORGFÄLTIG LESEN

Ebenso wie beim Brotbacken sollte man sich auch beim Kuchenbacken immer akkurat ans Rezept halten. Die richtige Temperatur der Zutaten und auch des Backofens ist immens wichtig, sonst besteht die Gefahr, dass das Backwerk misslingt.

MÜRBETEIG KURZ KNETEN

Ein Mürbeteig sollte niemals geknetet, sondern nur rasch zusammengefügt werden. Sonst bilden sich Glutenfäden im Teig, die zum Beispiel dazu führen können, dass ein Tarteboden im Ofen zusammenfällt.

KUCHEN MISSLUNGEN?

Kein Problem! Werfen Sie einen misslungenen Kuchen nicht weg, sondern belegen Sie ihn mit etwas Schlagsahne und frischen Beeren und streuen Sie massenweise Puderzucker darüber.

Rührkuchen salzen!

SALZ HEBT DEN GESCHMACK

Eine Prise oder ½ TL Salz im Rührteig hebt den Geschmack jedes Kuchens.

NICHT ZU LANGE RÜHREN

Ein Rührteig geht nur dann schön auf, wenn man Mehl und Backpulver nur kurz und zügig unterrührt.

GLÄNZENDE HEFETEILCHEN

Vom schwedischen Zuckerbäcker Magnus Johansson habe ich einen tollen Tipp bekommen. Wer seine Hefeschnecken zum Glänzen bringen möchte, sollte sie direkt nach dem Backen mit Ei bestreichen, nicht vorher, wie es in den meisten Rezepten steht. Das Ei legt sich dann wie eine Haut über den Hefeteig und hält diesen innen schön saftig. Verquirlen Sie dazu ein Ei mit etwas Wasser und Salz, und pinseln Sie es auf das frisch gebackene Hefeteilchen. So glänzt das Teilchen nicht nur, es bleibt auch saftig.

EIWEISS VERWERTEN

Eiweiß lässt sich gut einfrieren. Wenn man Lust auf Baiser hat oder Tarte mit Zitronenbaiser (s. S. 336) oder Eistorte (s. S. 356) zubereiten möchte, ist so immer Eiweiß griffbereit.

FRISCHE BEEREN TROCKNEN

Sie haben gerade Beeren gepflückt, die Gefriertruhe ist aber schon voll? Dann trocknen Sie sie einfach! Die gesäuberten Beeren dazu auf einem Backblech verteilen und 3 Stunden im auf 50–60 °C vorgeheizten Backofen trocknen. Den Ofen ausschalten, die Ofentür öffnen und die Beeren darin über Nacht weiter trocknen lassen. Getrocknete Beeren besitzen eine tolle Konsistenz und schmecken wunderbar. Tiefgefrorene Beeren lassen sich nicht trocknen.

LECKERES EIS

Wer sein Eis oder Parfait im Tiefkühlfach lagern möchte, sollte es direkt auf der Oberfläche mit Frischhaltefolie abdecken. So entsteht auf dem Eis oder Parfait keine unangenehme Haut. Dasselbe gilt für Vanillesauce und Cremes.

BLITZDESSERT

Gekauftes Vanilleeis mit gehackten Pfefferminzbonbons, gehackter Schokolade oder gehackten Nusskernen mischen. In eine hübsche Schüssel füllen und auf den Tisch stellen – fertig ist das Dessert!

187.

186. Obstsalat in würzig-scharfem Sirup

Dieses Dessert ist genau nach meinem Geschmack! Man muss einfach nur über seine Obstschale herfallen und einen Sirup mit den Gewürzen kochen, die man gerade zu Hause hat. Wer nur noch wenige Orangen übrig hat, kann daraus mit Anis und schwarzem Pfeffer ebenfalls ein tolles Dessert zaubern.

FÜR 4 PERSONEN

WÜRZIG-SCHARFER SIRUP:

100 ml heller Zuckerrübensirup
80 g Zucker
1 TL gemahlene Muskatnuss
1 TL gemahlener Anis
1 Vanilleschote, längs aufgeschnitten
1 Prise Salz
½ rote Chilischote, Samen entfernt und fein gehackt
Saft von ½ frisch gepressten Zitrone

OBSTVORSCHLÄGE:

2 Bananen
3 Orangen
4 Clementinen
1 Ananas
1 Granatapfel
50 g Physalis

UND SO GEHT'S:

1. Alle Zutaten mit 50 ml Wasser zu einem Sirup einkochen.
2. Die Früchte in Scheiben oder Stücke schneiden und auf einer Platte anrichten. Den Granatapfel aufbrechen und die Kerne auslösen.
3. Die Vanilleschote aus dem Sirup fischen, den heißen Sirup über das Obst gießen und den Obstsalat sofort servieren.

187. Melonensalat mit Bitterlikör und Macadamianüssen

Die nach dem Botaniker John Macadam benannte Macadamianuss schmeckt herrlich mild und buttrig. Verwenden Sie einfach die Melonen, die Sie in die Finger bekommen, auch eine Sorte allein reicht völlig. Mit einem Klecks griechischem Joghurt wird's ein toller Salat als Krönung eines sommerlichen Grillabends.

FÜR 4 PERSONEN

1 kleine Wassermelone
je ½ Honig-, kleine Netz- und Galiamelone
60 g Macadamianusskerne, geröstet und gehackt *(s. S. 28)*

CAMPARI-SUD:

120 g Zucker
Saft von ½ frisch gepressten Limette
150 ml Bitterlikör, z. B. Campari

ZUM SERVIEREN:

griechischer Joghurt

UND SO GEHT'S:

1. Für den Sud Zucker, 400 ml Wasser und Limettensaft aufkochen und 3–5 Minuten köcheln. Vom Herd nehmen und abkühlen lassen. Den Bitterlikör unterrühren.
2. Aus dem Fleisch der Melonen mit einem Kugelausstecher Kugeln abstechen oder die Melonen schälen und klein schneiden. Die Melonenkugeln im Sud 2 Stunden im Kühlschrank durchziehen lassen.
3. Mit Macadamianüssen bestreut und griechischem Joghurt servieren.

MANGO UND PFIRSICH

Auch Mango und Pfirsich passen großartig zu diesem Sud, probieren Sie's aus!

188. Orangensalat mit Datteln und gerösteten Walnüssen

Meiner Meinung nach sollte ein Dessert nichts weiter als der unkomplizierte Abschluss eines leckeren Mahls sein. Dieser köstliche Salat, mit dem Sie Ihre Gäste mit ganz einfachen Mitteln überraschen können, reicht völlig aus!

FÜR 4 PERSONEN

6 Orangen
200 g Walnusskerne, geröstet (s. S. 28)
120 g Datteln ohne Stein
100 ml heller Zuckerrübensirup
300 g Naturjoghurt (10 % Fett)
frisch gemahlener schwarzer Pfeffer

UND SO GEHT'S:

1. Die Orangen mit einem Messer schälen und in Scheiben schneiden. Auf einer großen Platte anrichten.
2. Walnüsse und Datteln grob hacken und über die Orangen streuen. Mit der Hälfte des Sirups beträufeln.
3. Den Joghurt in eine Schüssel geben und mit dem restlichen Sirup beträufeln.
4. Joghurt und Orangen mit Pfeffer würzen und zusammen servieren.

189. Vanille-Rhabarber mit Sahneeis à la Mama

Merken Sie sich dieses Rezept! Es ist wichtig, den Rhabarber dünn zu schneiden, damit der Sud gut in jeden kleinen Winkel eindringen kann und der Rhabarber schön knackig wird.

FÜR 4 PERSONEN

6 Rhabarberstangen

VANILLESUD:

240 g Zucker
200 ml Weißwein
abgeriebene Schale und Saft von 1 Bio-Zitrone
1 Vanilleschote, längs aufgeschnitten

SAHNEEIS À LA MAMA:

500 ml hochwertiges Vanilleeis
100 g Sahne, geschlagen

UND SO GEHT'S:

1. Den Rhabarber putzen und schräg in möglichst dünne Scheiben schneiden (die neuen Rhabarberzüchtungen muss man nicht mehr schälen). In eine hitzebeständige Schüssel legen.
2. Für den Sud 400 ml Wasser, Zucker, Wein, Zitronenschale und -saft sowie die Vanilleschote in einem Topf aufkochen und alles 3–5 Minuten köcheln. Bei Bedarf mehr Zucker hinzufügen. Den heißen Sud über den Rhabarber gießen und alles zugedeckt abkühlen lassen. Mit der Zeit wird der Rhabarber im Sud weich.
3. Eis und Schlagsahne verrühren und sofort zum Vanille-Rhabarber servieren.

ALS SORBET

Sie können das Ganze auch einfrieren und kurz vor dem Servieren mit einer Gabel auflockern. Ein erfrischendes Sorbet für den Sommer!

190. Brombeer-Mascarpone-Auflauf mit Orangenlikör

Der Clou an diesem Auflauf sind die innen noch kalten Brombeeren, die tiefgekühlt in den Ofen kommen. Wenn Sie das Dessert für Gäste zubereiten möchten, können Sie die Creme im Voraus anrühren – die Beeren liegen ja ohnehin in der Tiefkühltruhe. So geht's abends dann fix!

FÜR 4 PERSONEN

250–300 g TK-Brombeeren
2 EL Orangenlikör, z. B. Grand Marnier
abgeriebene Schale und Saft von 1 Bio-Limette
250 g Mascarpone
2 Eigelb
1 TL Vanillezucker
4 gehäufte TL brauner Zucker

UND SO GEHT'S:

1. Den Backofen, möglichst mit Umluft, auf 250 °C vorheizen.
2. Die tiefgekühlten Brombeeren in einer Schüssel mit Likör, Limettenschale und -saft mischen.
3. Mascarpone, Eigelbe, Vanillezucker und die Hälfte des Zuckers glatt rühren.
4. Die Beeren auf vier kleine Auflaufförmchen verteilen, mit der Mascarponecreme bedecken und mit dem restlichen Zucker bestreuen. Etwa 5 Minuten im Ofen gratinieren, Mascarpone und Zucker sollten leicht köcheln. Sofort servieren.

191. Himbeer-Crumble mit Mandeln

Keine Himbeeren zur Hand? Dann nehmen Sie stattdessen Brombeeren und Äpfel – lecker wird's immer. Ich bin total verliebt in das Wort »Crumble« – klingt auf jeden Fall besser als »Streuselauflauf«!

FÜR 6 PERSONEN

FÜLLUNG:

500 g Himbeeren
2 EL Zucker
1 TL Speisestärke
1 TL Vanillezucker
Butter für die Form

STREUSEL:

120 g Mehl
1 TL Backpulver
160 g geschälte Mandeln, grob gehackt
80 g Zucker
75 g zimmerwarme Butter

UND SO GEHT'S:

1. Den Backofen auf 200 °C vorheizen.
2. Für die Füllung Himbeeren, Zucker, Speisestärke und Vanillezucker mischen und in eine gefettete Auflaufform von 22–24 cm Durchmesser füllen.
3. Für die Streusel alle trockenen Zutaten mischen und mit den Fingerspitzen in die Butter einarbeiten. Die Streusel über den Himbeeren verteilen und den Crumble etwa 35 Minuten im Ofen goldbraun backen.
4. Mit Sahneeis (s. S. 305) oder Vanillesauce ohne Kochen (s. S. 322) servieren.

DIE NETTE LIMETTE

Wer statt Himbeeren Blau- oder Brombeeren verwendet, sollte sie mit etwas Limettensaft beträufeln.

192. Crème brûlée mit warmen Moltebeeren

Wenigstens einmal im Leben sollte jeder von uns eine Crème brûlée gekostet haben. Das hier war übrigens unser Hochzeitsdessert, nur mit anderen Beeren. Ein Flambierbrenner ist beim Karamellisieren eine feine Sache, doch unter dem Backofengrill bei geöffneter Ofentür klappt es auch. Die perfekte Crème brûlée hat eine heiße, knusprige Kruste und einen kühlen Kern.

FÜR 4 PERSONEN

400 g Sahne
100 ml Milch
1 Vanilleschote, längs aufgeschnitten
5 Eigelb
80 g Zucker
2 EL Rohrohrzucker

WARME BEEREN:

250 g Moltebeeren (ersatzweise Himbeeren)
1 EL Zucker
2 EL Likör, z. B. Licor 43

UND SO GEHT'S:

1. Den Backofen auf 110 °C vorheizen.
2. Sahne, Milch und Vanilleschote aufkochen. Eigelbe und Zucker leicht verquirlen, nicht schlagen! Die heiße Sahne über die Eiermischung gießen und alles vorsichtig rühren, bis der Zucker geschmolzen ist. Die Vanilleschote herausnehmen und die Masse auf vier ofenfeste Förmchen verteilen.
3. Die Förmchen in ein heißes Wasserbad in einem Bräter stellen (das Wasser sollte bis zur Hälfte der Förmchen reichen) und 45–60 Minuten backen, bis die Creme an der Oberfläche gestockt ist. Herausnehmen und im Kühlschrank abkühlen lassen.
4. Die Moltebeeren leicht erhitzen, dann Zucker und Likör behutsam unterrühren.
5. Die kalten Cremes mit dem Rohrohrzucker bestreuen und mit einem Flambierbrenner karamellisieren. Alternativ dazu kurz unter den heißen Backofengrill stellen, dabei jedoch nicht aus den Augen lassen!
6. Die Crème brûlée mit den warmen Moltebeeren servieren.

CRÈME BRÛLÉE MAL ANDERS

Die Creme erhält zum Beispiel mit 1 EL Lavendelblüten, 1 EL Kakaopulver oder 1 Prise gemahlenem Kardamom anstelle der Vanille einen ganz neuartigen Geschmack. Auch lecker: ½ EL fein abgeriebene Bio-Zitronen- oder Bio-Orangenschale oder 60 g frische Blau- oder Himbeeren dazugeben.

193. Süßer Eierkuchen aus dem Ofen mit Erdbeeren

Eines meiner Experimente, das wirklich gelungen ist! Diese Nachspeise ist für alle, die den österreichischen Kaiserschmarrn lieben – ihr werdet beim ersten Bissen vor Glück vom Stuhl fallen! Mit anderen Worten ein echter Knaller, der mit allen Beerensorten schmeckt.

FÜR 4–6 PERSONEN

5 Eier
4 EL Zucker
150 g Mehl
700 ml Milch
2 EL Butter

ZUM SERVIEREN:

1 EL Puderzucker
einige frische Erdbeeren

UND SO GEHT'S:

1. Den Backofen auf 225 °C vorheizen.
2. Die Eier trennen und die Eiweiße mit dem Zucker steif schlagen.
3. Das Mehl, die Hälfte der Milch und die Eigelbe zu einem glatten Teig aufschlagen. Die restliche Milch unterrühren, dann den Eischnee unterheben.
4. Die Butter in eine Auflaufform geben und im Ofen schmelzen lassen. Den Teig in die Form gießen und in der Mitte des Ofens 25–30 Minuten backen.
5. Den Eierkuchen warm mit Puderzucker bestäuben und mit Erdbeeren servieren.

194. Bratäpfel mit Keks-Zimt-Füllung

Hier ein Apfel als Apfelkuchen! Anstelle der Vollkornbutterkekse können Sie auch normale Butterkekse oder Schokoladenkekse verwenden. Geben Sie etwas Zitronenschale mit in die Butter oder wagen Sie die Würzkombi Fenchel und Anis anstelle von Zimt. Bevor Sie mit dem Experimentieren anfangen, sollten Sie jedoch erst einmal das Grundrezept ausprobieren.

FÜR 4 PERSONEN

8 kleine Äpfel
8 Vollkornbutterkekse oder schwedische digestivekex, zerbröselt
60 g Haselnusskerne, gehackt
150 g zimmerwarme Butter
3 EL Zucker
1 EL gemahlener Zimt
8 Zimtstangen
etwas heller Zuckerrübensirup

UND SO GEHT'S:

1. Den Backofen auf 180 °C vorheizen.
2. Die Äpfel mit einem Ausstecher entkernen und oben einen Deckel abschneiden. Die Äpfel in eine ofenfeste Form setzen.
3. Keksbrösel und Haselnusskerne mit Butter, Zucker und Zimt mischen. Die Keksmasse in die ausgestochenen Löcher verteilen und jeweils den Deckel wieder aufsetzen. In jeden Apfel 1 Zimtstange stecken und die Äpfel mit Sirup beträufeln. Dann 20–30 Minuten im Ofen backen, bis die Äpfel weich sind.
4. Mit Vanillesauce (s. S. 318) servieren.

195. Apfelkompott mit Amaretti und Rahmmilch

Dank der Vanille und der selbst gemachten Amaretti wird dieses Apfelkompott zu einem piekfeinen Dessert. Servieren Sie das Kompott lauwarm in einer großen Schüssel, bestreut mit zerbröselten Amaretti. Wer's eilig hat, kann auch fertige Amaretti verwenden.

FÜR 4 PERSONEN

AMARETTI:

30 g Bittermandeln
170 g Mandeln
480 g Zucker
5 Eiweiß
180 g Puderzucker

RAHMMILCH:

100 g Sahne
100 ml Milch
1 TL Puderzucker

APFELKOMPOTT:

6 feste Äpfel
1 Vanilleschote, längs aufgeschnitten
Saft von ½ frisch gepressten Zitrone
2–3 EL Zucker
4 EL Honig

UND SO GEHT'S:

1. Für die Amaretti beide Mandelsorten in einer Mandelmühle oder einem Mixer mahlen. Die gemahlenen Mandeln mit Zucker und Eiweißen verrühren. Nebeneinander Häufchen von je etwa 1 EL Mandelmasse auf einem mit Backpapier ausgelegten Backblech setzen. Die Amaretti mit Puderzucker bestäuben und einen Tag bei Zimmertemperatur trocknen lassen.
2. Am nächsten Tag den Backofen auf 250 °C vorheizen.
3. Jeden Amaretti oben mit drei Fingern zusammenkneifen und so eine Spitze formen. Das Backblech in den Ofen schieben und die Temperatur auf 225 °C senken. Die Amaretti 7 Minuten goldbraun backen, bis sie an den Rändern trocken sind. Einen Keks herausnehmen und auf eine kalte Unterlage setzen. Wenn er fest ist, sind die Amaretti fertig. Auf einem Kuchengitter abkühlen lassen.
4. Für die Rahmmilch Sahne, Milch und Zucker verrühren, eventuell aufwärmen.
5. Für das Kompott die Äpfel schälen, entkernen und in Spalten schneiden. Äpfel, Vanilleschote, 50 ml Wasser, Zitronensaft, Zucker und Honig zugedeckt 10 Minuten zu einem groben Kompott einkochen lassen.
6. Das Kompott kalt oder lauwarm mit der Rahmmilch und den Amaretti servieren.

AMARETTI PASSEN ZU ALLEM

Amaretti sind trocken aufbewahrt lange haltbar und passen zu fast allen Desserts.

196. Schonischer Apfelkuchen mit Vanillesauce

Dieser Apfelkuchen aus Schonen, der südlichsten Provinz Schwedens, sieht mit seinen dunklen Brotkrümeln vielleicht etwas merkwürdig aus, er schmeckt aber ganz wundervoll. Ich muss bei diesem Kuchen immer an *svartsoppa* (würzige Blutsuppe) und Gänsebraten denken. Das liegt daran, dass es zur schwedischen Martinsgans traditionell immer dieses Dessert gibt.

FÜR 4 PERSONEN

1 kavring (dunkles siruphaltiges Roggenbrot; ersatzweise Pumpernickel; etwa 500 g)
150 g Butter
160 g Zucker
½ EL Ingwerpulver
½ EL gemahlener Zimt
½ EL gemahlener Anis
½ EL gemahlener Kardamom

VANILLESAUCE:

400 ml Milch
½ Vanilleschote, längs aufgeschnitten, Mark herausgekratzt
3 Eigelb
1½ EL Zucker
2 TL Speisestärke
200 g Sahne, leicht geschlagen

APFELMUS:

10 Äpfel (etwa 1½ kg)
160 g Zucker
abgeriebene Schale und Saft von 1 Bio-Zitrone

UND SO GEHT'S:

1. Für die Vanillesauce Milch und Vanilleschote samt Mark in einem Topf aufkochen und 3–4 Minuten köcheln. Beiseitestellen und 10 Minuten durchziehen lassen.
2. Eigelbe, Zucker und Stärke verrühren, zur Vanillemilch gießen und unterrühren. Die Sauce zurück in den Topf geben und unter Rühren langsam aufköcheln, bis sie eindickt. Über dem kalten Wasserbad unter Rühren abkühlen lassen. Vanilleschote entfernen und die Sauce bis zum Servieren kühl stellen.
3. Den Backofen auf 175 °C vorheizen.
4. Das Brot entrinden, vierteln und fein zerbröseln. Die Butter in einer Pfanne erhitzen und die Brösel mit Zucker und Gewürzen darin auf kleiner Stufe etwa 10 Minuten rösten.
5. Äpfel entkernen und klein schneiden. Zucker in einem Topf schmelzen, Äpfel dazugeben und alles zu einem groben Mus einkochen. Mit Zitronenschale und -saft würzen.
6. Die Hälfte der Brösel in einer Auflaufform verteilen, leicht andrücken. Das Apfelmus darauf verteilen und mit den übrigen Bröseln bestreuen. 15 Minuten im Ofen backen.
7. Die geschlagene Sahne unter die Vanillesauce heben und zum Apfelkuchen servieren.

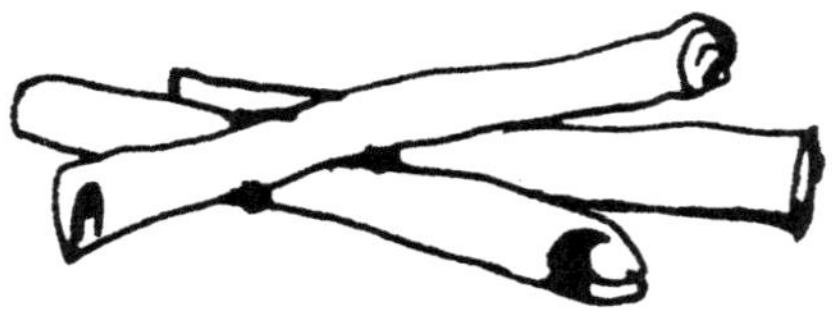

197. Tarte Tatin

Für den schwedischen Fernsehsender SVT wurde dieses Dessert eine teure Angelegenheit. Ich hatte den Zuschauern in einer meiner Kochsendungen empfohlen, den Herd mit Alufolie abzudecken, um ihn beim Karamellisieren von Zucker vor überlaufendem Karamell zu schützen. Auf den alten Elektroherden mit vier Kochplatten funktioniert das auch, nur leider brannte die Folie auf den modernen Cerankochfeldern fest! Uiuiui! Ein oder zwei Zuschauer, die mir aufs Wort gefolgt waren, bekamen danach von SVT einen neuen Herd.

FÜR 4 PERSONEN

4 feste Äpfel, z. B. Boskop
100 g zimmerwarme Butter
200 g Zucker
Saft von ½ frisch gepressten Zitrone
2 TK-Blätterteigplatten

ZUM SERVIEREN:

Sahneeis à la Mama *(s. S. 305)*

UND SO GEHT'S:

1. Den Backofen auf 225 °C vorheizen.
2. Die Äpfel schälen, entkernen und halbieren.
3. Die Butter in einer Gusseisenpfanne zerlassen, mit Zucker bestreuen und die Apfelhälften mit den Schnittseiten nach oben hineinlegen. Mit Zitronensaft beträufeln.
4. Den Blätterteig rund ausrollen, auf die Äpfel legen und die Teigkanten unter die Äpfel falten. Die Pfanne in den Ofen setzen und die Tarte 10–15 Minuten backen, bis der Blätterteig goldbraun ist. Die Tarte in der Pfanne abkühlen lassen.
5. Einen großen Teller auf die Pfanne legen, festhalten, beides umdrehen und die Tarte auf den Teller stürzen. Kurz vor dem Servieren mit Puderzucker bestäuben.
6. Die Tarte mit dem Sahneeis servieren.

198. Eingelegte Minz-Pfeffer-Birnen mit Vanillesauce

Zwischen fertig gemahlenem Pfeffer aus dem Glas und frisch gemahlenem aus der Mühle liegen Welten. Die Vanillesauce ohne Kochen, die ich im Kopenhagener Restaurant *Restaurationen* gelernt habe, ist eine meiner Lieblingssaucen. Sie passt zu allem, zum Beispiel auch zu Apfelkuchen oder zu frischen Erdbeeren. Ein tolles Mitbringsel!

FÜR 6–8 PERSONEN

6 große Birnen
Saft von ½ frisch gepressten Zitrone

MINZ-PFEFFER-SUD:

160 g Zucker
abgeriebene Schale und Saft von 2 Bio-Limetten
1 Bund Minze
1 TL grob zerstoßener schwarzer Pfeffer

VANILLESAUCE OHNE KOCHEN:

3 sehr frische Eigelb
2–3 EL Zucker (etwa 40 g)
½ TL Vanillezucker
250 g Sahne, geschlagen

UND SO GEHT'S:

1. Die Birnen schälen, dabei den Stiel jeweils belassen, und in eine Schüssel mit kaltem Wasser und etwas Zitronensaft legen, damit sie sich nicht braun färben. Alle Zutaten für den Sud mit 200 ml Wasser aufkochen, die Birnen hineinlegen und 15 Minuten darin weich köcheln. Im Sud abkühlen lassen.
2. Für die Vanillesauce die Eigelbe mit Zucker und Vanillezucker aufschlagen und die Schlagsahne unterheben. Im Kühlschrank hält sich die Vanillesauce drei bis vier Tage. Die Birnen mit etwas Minze-Pfeffer-Sud und der Vanillesauce servieren.

199. Würzig eingelegte Birnen

Diese eingekochten Birnen kann man heiß oder kalt essen. Servieren Sie die heiße Version mit etwas Gewürzsud, abgerundet mit Butter. Lecker!

FÜR 4–6 PERSONEN

10–15 kleine Birnen
Saft von ½ frisch gepressten Zitrone

GEWÜRZSUD:

1 l Apfelsaft
280 g Honig
80 g Zucker
abgeriebene Schale von ½ Bio-Orange
2 Zimtstangen
1 EL Fenchelsamen
1 EL Kardamomkapseln
8 Gewürznelken
4 Sternanis
1 Vanilleschote, längs aufgeschnitten

UND SO GEHT'S:

1. Die Birnen schälen, dabei den Stiel jeweils belassen, und in eine Schüssel mit kaltem Wasser und etwas Zitronensaft legen, damit sie sich nicht braun färben.
2. Für den Sud Apfelsaft, Honig, Zucker, Orangenabrieb und alle Gewürze einschließlich Vanilleschote in einem Topf aufkochen. Die Birnen dazugeben und mit Backpapier bedecken, damit sie sich an der Oberfläche nicht braun färben. 15 Minuten köcheln lassen – je nach Birnensorte variiert die Garzeit. Mit einem Messer prüfen, ob die Birnen weich sind. Den Topf zugedeckt in den Kühlschrank stellen und die Birnen im Sud abkühlen lassen.
3. Die Birnen mit Eis oder leicht geschlagener Sahne servieren. Alternativ passt dazu die Vanillesauce ohne Kochen (s. S. 322).

200. Flambierte Birnen mit Schoko-Minz-Plätzchen

Heiße Birnen mit geriebener gefrorener Birne – mal was ganz Neues! Fürs Flambieren ist hochprozentiger Alkohol wichtig. Falls gerade keiner zur Hand ist, fragen Sie einfach den Nachbarn, denn Sie benötigen nur wenig. Im Gegenzug können Sie ihn oder sie ja zum Essen einladen!

FÜR 4 PERSONEN

6 Birnen
100 g Butter
3 EL Zucker
frisch gepresster Saft von ½ Zitrone
50 ml Birnencognac, z. B. Xanté
8 Schoko-Minz-Plätzchen, z. B. After Eight

UND SO GEHT'S:

1. Zuerst 2 Birnen ungeschält ins Tiefkühlfach legen. Die übrigen 4 Birnen schälen und mit dem Kerngehäuse längs halbieren.
2. Butter und Zucker in einer Pfanne schmelzen und karamellisieren lassen. Die Birnen mit dem Kerngehäuse nach unten in die Pfanne legen und mit Zitronensaft beträufeln. Zugedeckt etwa 7 Minuten auf kleiner Stufe köcheln, bis die Birnen weich sind und ein leicht trüber und buttrig-karamellartiger Sud entstanden ist.
3. Den Birnencognac zugießen und mit einem Streichholz entzünden. An der Pfanne rütteln, bis die Flammen erloschen sind. Eventuell mit mehr Alkohol verdünnen.
4. Die Birnen auf vier tiefe Teller verteilen, 1 Schoko-Minz-Plätzchen auf jede Hälfte legen und alles mit dem heißen Sud übergießen. Zuletzt die gefrorenen Birnen über die Birnen raspeln.

201. Aprikosenkompott mit Ahornsirup-*Flarns*

Die *flarns*, knusprig-zarte Ahornsirup-Kekse, schmecken leicht nussig.

FÜR 4 PERSONEN

APRIKOSENKOMPOTT

300 g frische oder getrocknete Aprikosen ohne Stein
200 ml Weißwein
60 g Zucker
½ Vanilleschote, längs aufgeschnitten
abgeriebene Schale und Saft von ½ Bio-Zitrone

AHORNSIRUP-FLARNS:

50 g Butter
100 ml Ahornsirup
2 gehäufte EL Mehl (etwa 30 g)
1 EL Puderzucker
1 Eiweiß

RAHMMILCH:

100 ml Milch
100 g Sahne
1 TL Puderzucker

UND SO GEHT'S:

1. Für das Kompott alle Zutaten mit 100 ml Wasser zugedeckt in einem Topf aufkochen und etwa 5 Minuten köcheln lassen. Danach noch 5 Minuten ohne Deckel einköcheln.
2. Den Backofen auf 180 °C vorheizen.
3. Für die Flarns die Butter anbräunen. Die übrigen Zutaten in einer Schüssel mit der gebräunten Butter kurz mischen. Nebeneinander je 1 TL Teig auf ein mit Backpapier ausgelegtes Backblech setzen und etwas flach drücken. Flarns 5–6 Minuten backen.
4. Für die Rahmmilch Milch, Sahne und Puderzucker in einem kleinen Topf langsam erhitzen. Das Aprikosenkompott mit den Flarns und der Rahmmilch servieren.

202. Heiße Chili-Ananas mit Limettencreme

Beim Karamellisieren von Zucker ist es sehr wichtig, sich Schritt für Schritt vorzuarbeiten. Zunächst wenig Zucker in die Pfanne geben, warten, bis er geschmolzen ist, und dann weiteren Zucker hinzufügen. Nicht umrühren, sondern nur an der Pfanne rütteln – sonst können sich Klumpen bilden. Sind dennoch Klumpen entstanden, können Sie sie aussieben oder den Sud etwas weiterkochen und hoffen, dass sie schmelzen. Ein tolles Dessert für eine große Gesellschaft!

FÜR 4 PERSONEN

1 Ananas
320 g Zucker
1 rote Chilischote, Samen entfernt
1 Vanilleschote, längs aufgeschnitten
Saft von 1 frisch gepressten Zitrone

LIMETTENCREME:

100 g Crème fraîche
100 g Mascarpone
1 EL Puderzucker
abgeriebene Schale und Saft von 1 Bio-Limette

UND SO GEHT'S:

1. Die Ananas schälen und in Spalten schneiden. Den Strunk entfernen.
2. Den Zucker vorsichtig auf kleiner Stufe schmelzen und nach und nach 250 ml Wasser mit einem Schneebesen unterrühren, bis ein heller Karamell entstanden ist.
3. Die Chili in Ringe schneiden. Ananas, Chili, Vanilleschote und Zitronensaft zum Zuckersud geben und alles 10 bis 15 Minuten auf kleiner Stufe köcheln.
4. Alle Zutaten für die Limettencreme glatt rühren und zur Chili-Ananas servieren, dabei zuletzt mit Sud beträufeln.

201.

202.

203.

204.

203. Nuss-Nugat-Mousse mit Mango und Kokossuppe

Die erste Geige spielt hier die Mousse, die ich auch schon zu gebackenem Rhabarber mit Himbeeren (s. S. 349) oder mit Erdbeerscheiben und Schlagsahne serviert habe.

FÜR 4 PERSONEN

NUSS-NUGAT-MOUSSE:

300 g Sahne
120 g Nuss-Nugat-Creme, z. B. Nutella

KOKOSSUPPE:

1 Dose Kokosmilch (etwa 400 ml)
180 g Puderzucker
abgeriebene Schale und Saft von 1 Bio-Limette

ZUM SERVIEREN:

frische Mango, in Scheiben geschnitten
frisch gemahlener schwarzer Pfeffer

UND SO GEHT'S:

1. Für die Mousse in einem Topf 50 g Sahne erhitzen, die Nuss-Nugat-Creme hinzufügen und alles glatt rühren. Die restliche Sahne leicht aufschlagen und unter die Nuss-Nugat-Creme heben. Die Mousse mindestens 4 Stunden kühl stellen.
2. Für die Kokossuppe die Kokosmilch in einem Topf erhitzen und Puderzucker und Limettenschale unterrühren. Mit Limettensaft abschmecken und abkühlen lassen.
3. Die Mousse kurz vor dem Servieren mit einem Schneebesen leicht aufschlagen und mit Mangoscheiben und kalter Kokossuppe anrichten. Zuletzt mit etwas Pfeffer bestreuen.

204. Weiße Schokoladenmousse mit Traubensalat

Hier ein wunderbar leichtes, sommerlich frisches Dessert mit weißer Schokoladenmousse, Traubensalat und einem Hauch Olivenöl – jawohl! Natürlich können Sie die Mousse auch mit anderen Früchten servieren.

FÜR 4 PERSONEN

WEISSE SCHOKOLADENMOUSSE:

200 g Sahne
100 g weiße Schokolade, grob gehackt

TRAUBENSALAT:

200 g kleine Weintrauben
abgeriebene Schale und Saft von 1 Bio-Limette
1 EL Olivenöl, gerne eine pfeffrige Sorte

UND SO GEHT'S:

1. Für die Mousse die Sahne in einem Topf erhitzen und die Schokolade darin schmelzen. Vom Herd nehmen und abkühlen lassen. Die Oberfläche mit Frischhaltefolie abdecken und die Schokosahne am besten über Nacht im Kühlschrank ruhen lassen.
2. Am nächsten Tag für den Obstsalat die Trauben halbieren, entkernen und mit Limettenschale und -saft sowie Öl in einen Topf geben. Zugedeckt einmal aufkochen lassen, dann 2 Minuten köcheln. Den Salat im Kühlschrank abkühlen lassen.
3. Die Schokosahne zum Servieren leicht und fluffig aufschlagen und mit dem Traubensalat servieren.

205. Himbeermousse à la Napoleon

Zu diesem Dessert inspiriert haben mich die schwedischen Napoleonschnitten (gefüllte Blätterteigschnitten). Meine Himbeermousse ist nicht so süß und schmeckt auch mit Vanillesauce (s. S. 322) und gerösteten Haselnüssen.

FÜR 4 PERSONEN

HIMBEERMOUSSE:

500 g TK-Himbeeren, aufgetaut
60 g Puderzucker
2 Blatt Gelatine
300 g Sahne

KARAMELLISIERTER BLÄTTERTEIG:

2 TK-Blätterteigplatten
1–2 EL Puderzucker pro Blätterteigplatte

UND SO GEHT'S:

1. Himbeeren mit dem Zucker pürieren und die Kerne mit einem feinen Sieb auspassieren.
2. Gelatine 5 Minuten in Wasser einweichen. 100 g Himbeerpüree aufkochen. Die Gelatine ausdrücken, zu den Himbeeren geben und unter Rühren schmelzen. Die Gelatinehimbeeren mit dem restlichen Püree verrühren.
3. Die Sahne steif schlagen, ein Drittel unter das Himbeerpüree heben. Die übrige Schlagsahne hinzufügen, alles glatt rühren und die Mousse mindestens 20 Minuten kühl stellen. Den Backofen auf 200 °C vorheizen.
4. Blätterteig mit Puderzucker bestäuben und auf ein mit Backpapier ausgelegtes Backblech legen. Mit Backpapier abdecken, noch ein Blech auflegen und etwa 15 Minuten im Ofen backen. In Streifen schneiden, noch kurz goldbraun backen. Abkühlen lassen.
5. Jeweils etwas Himbeerpüree zwischen zwei Blätterteigstreifen geben und nach Belieben alles mit frischen Himbeeren garnieren.

206. Schokomousse mit Beerenkompott

Servieren Sie von dieser Köstlichkeit nur winzige Portionen, denn die Mousse ist seeehr mächtig. Besser die Gäste denken »Ich will mehr!« als »Ich kann nicht mehr!«.

FÜR 4 PERSONEN

SCHOKOMOUSSE:

125 g Zartbitterschokolade (70 %), grob gehackt
2 sehr frische Eigelb
250 g Sahne, leicht geschlagen

BEERENKOMPOTT:

80 g Zucker
2 Sternanis
½ Vanilleschote, längs aufgeschnitten
100 ml Weißwein
50 g TK-Himbeeren
125 g gemischte rote Beeren

UND SO GEHT'S:

1. Für die Mousse die Schokolade über dem heißen Wasserbad in einem Topf oder in der Mikrowelle schmelzen und leicht abkühlen lassen. Die Eigelbe unterrühren, dann die Schlagsahne unterheben. Die Mousse mindestens 4 Stunden in den Kühlschrank stellen.
2. Für das Beerenkompott 200 ml Wasser, Zucker, Sternanis, Vanilleschote, Wein und Himbeeren aufkochen, dann den Sud abseihen. Die gemischten Beeren in eine Schüssel geben und mit dem Sud übergießen. Abkühlen lassen.
3. Das Beerenkompott in tiefe Teller geben. Aus dem Mousse mit einem Löffel Nocken ausstechen und auf das Kompott setzen.

207. Schoko-Ingwer-Mousse mit Cognacsahne und Apfelmus

Hier ein Dessert, für das Sie etwas mehr Zeit einplanen müssen. Der knusprige Walnuss-Puffreis muss am selben Tag zubereitet werden, da er schnell weich wird. Als ich dieses Dessert das letzte Mal serviert habe, haben mein Kollege Benny und ich uns dafür richtig in Schale geworfen. Ich habe mein altes Abiballkleid herausgekramt und Benny seinen schon etwas betagten Smoking (er hat ein Loch am Bauch!).

FÜR 4 PERSONEN

SCHOKOLADENMOUSSE:

50 g Sahne
1 TL frisch geriebener Ingwer
1 TL abgeriebene Bio-Zitronenschale
160 g Vollmilchschokolade
2 EL Butter
2 sehr frische Eigelb
3 sehr frische Eiweiß
1 EL Zucker

APFELMUS:

4 kleine Äpfel, geschält und in kleine Stücke geschnitten
Saft von ½ frisch gepressten Zitrone
½ Vanilleschote
½ EL Zucker

COGNACSAHNE:

150 g Sahne, geschlagen
abgeriebene Schale von ½ Bio-Zitrone
1 EL Cognac

WALNUSS-PUFFREIS:

60 g Walnusskerne
1 EL Puderzucker
50 g weißer Puffreis

UND SO GEHT'S:

1. Für die Mousse die Sahne mit Ingwer und Zitronenschale in einem Topf erhitzen, nicht kochen. Die Schokolade hacken und in einer Schüssel über dem heißen Wasserbad oder behutsam in der Mikrowelle schmelzen. Die Schüssel von der Hitze nehmen, Butter, heiße Ingwersahne und Eigelbe unter die Schokolade rühren.
2. Eiweiße und Zucker steif schlagen. Zuerst die Hälfte des Eischnees unter die Schokoladencreme rühren, dann den restlichen Eischnee behutsam unterheben. Mindestens 4 Stunden in den Kühlschrank stellen.
3. Die Zutaten für das Apfelmus in einem Topf zugedeckt 5 Minuten köcheln. Abkühlen lassen, bis zum Servieren kühl stellen.
4. Die Zutaten für die Cognacsahne verrühren und in den Kühlschrank stellen.
5. Für den Puffreis die Walnusskerne in einer Pfanne rösten, Zucker und Puffreis hinzufügen und alles karamellisieren lassen. Auf einem Stück Backpapier verteilen und abkühlen lassen.
6. Alle Zutaten in ein hohes Glas oder auf einen Teller schichten, dabei mit dem Walnuss-Puffreis abschließen.

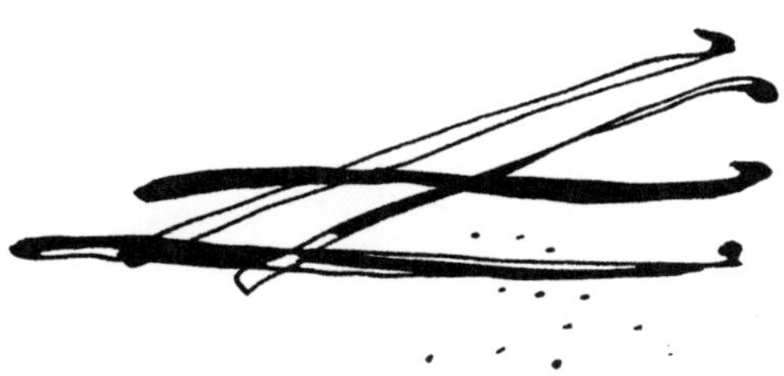

208. Tarte mit Zitronenbaiser

Diesen Kuchen bekam ich jedes Jahr zu meinem Geburtstag. Nie werde ich vergessen, wie Mama die Kuchen für meine Geburtstagsfeier einmal zum Haus meiner Großeltern tragen musste, da dort gefeiert wurde. Unser Hund Hamilton war so glücklich, mich zu sehen, dass er mit seinen Pfoten in jeden Kuchen tappte. Gegessen haben wir die Kuchen natürlich trotzdem – es waren ja nur seine Pfoten! Nehmen Sie sich die Zeit, das Baiser über dem heißen Wasserbad aufzuschlagen, so hält es besser die Fasson und wird auch nicht feucht. Beim Mürbeteig ist es wichtig, alle Zutaten möglichst schnell zu verkneten, damit sich im Teig keine langen Glutenfäden bilden. Sie sind im Brot zwar erwünscht, lassen den Mürbeteig aber sehr kompakt werden.

FÜR 10–12 STÜCKE

MÜRBETEIG:

125 g Marzipanrohmasse
1 Prise Salz
125 g Butter und Butter für die Form
1 Ei
200 g Mehl

LEMON CURD:

Rezept s. S. 272

BAISER:

4 Eiweiß (etwa 150 g)
160 g Zucker
abgeriebene Schale von ½ Bio-Zitrone

UND SO GEHT'S:

1. Für den Teig sollten alle Zutaten zimmerwarm sein. Marzipan und Salz in einer Küchenmaschine weich kneten (geht auch von Hand). Die Butter in kleinen Stücken unterkneten. Dann das Ei und schließlich das Mehl hinzufügen, dabei nach Zugabe des Mehls nur noch kurz kneten. Den Mürbeteig in Frischhaltefolie wickeln und mindestens 2 Stunden kühl ruhen lassen.
2. Den Teig zwischen zwei Lagen Frischhaltefolie zu einem Kreis ausrollen, dabei sollte die ausgerollte Teigplatte etwa 2 cm größer sein als der Durchmesser der gefetteten Tarteform. Den Teig in die Form legen und vorsichtig andrücken. Es macht nichts, wenn der Teig den Rand etwas überlappt, er sinkt beim Backen ohnehin ein. Die Ränder eventuell etwas in Form schneiden und die Form etwa 10 Minuten ins Tiefkühlfach stellen.
3. Den Backofen auf 200 °C vorheizen.
4. Die Form aus dem Tiefkühlfach nehmen, den Boden mehrfach mit einer Gabel einstechen und in den Ofen setzen. Die Temperatur auf 180 °C senken und den Boden 8–10 Minuten blindbacken, bis er etwas Farbe angenommen hat.
5. Für das Baiser etwas Wasser in einem kleinen Topf aufkochen. Eine hitzebeständige Schüssel über den Topf setzen und Eiweiße, Zucker und Zitronenschale hineingeben. Das Wasser soll jetzt nur noch leicht köcheln. Die Eiweiße mit einem Schneebesen aufschlagen, bis der Zucker geschmolzen ist. Das Baiser sollte nicht körnig sein, prüfen Sie es mit den Fingern. Die Schüssel vom Wasserbad nehmen und mit einem Handmixer weiterrühren, bis ein festes Baiser entstanden ist. Das Baiser bis zur Verwendung ins Tiefkühlfach stellen (da es sehr viel Zucker enthält, gefriert es nicht, sondern bleibt weich).
6. Den Backofengrill vorheizen.
7. Den Tarteboden mit Lemon Curd füllen und mit dem Baiser krönen. Die Form ganz oben im Ofen platzieren und das Baiser bei weit geöffneter Ofentür in wenigen Minuten eine hübsche Farbe annehmen lassen.

209. Baiserrolle mit Cremefüllung und Mojito-Beeren

Ich habe eine Schwäche für die schwedische Budapestrolle, eine Biskuitrolle, die ein wenig an die ungarische Esterházy-Torte erinnert. Meine persönliche Variante dieser Rolle kann man auch mit Lemon Curd (s. S. 272) oder Schlagsahne servieren.

FÜR 6 PERSONEN

6 Eiweiß
240 g Zucker
100 g weißer Puffreis
zerlassene Butter für das Backpapier
100 g Kokosraspel

MOJITO-BEEREN:

500 g Erdbeeren, geputzt und halbiert
125 g Himbeeren
125 g Brombeeren
100 g Johannisbeeren
abgeriebene Schale und Saft von 1 Bio-Limette
etwas brauner Rum (nach Belieben)
1 Bund Minze, Blätter abgezupft

CREMEFÜLLUNG:

10 Eigelb
5 EL Speisestärke
500 ml Milch
500 g Kaffeesahne
100 g Zucker
1 Bund Minze, Blätter gehackt

ZUM SERVIEREN:

Beeren und Minze

UND SO GEHT'S:

1. Den Backofen auf 130 °C vorheizen.
2. Für das Baiser Eiweiße und Zucker schaumig aufschlagen, den Puffreis unterheben.
3. Ein Backblech mit Backpapier auslegen und mit Butter bestreichen. Das Baiser auf dem Backblech verteilen und großzügig mit Kokosraspeln bestreuen. Etwa 45 Minuten im Ofen backen.
4. Das Baiser aus dem Ofen nehmen und auf Backpapier stürzen, dann abkühlen lassen.
5. Beeren mit Limettenschale und -saft, Rum und Minze 10–15 Minuten marinieren.
6. Für die Creme Eigelbe, Speisestärke und 100 ml Milch in einer Schüssel glatt rühren. Die restliche Milch mit Kaffeesahne, Zucker und Minze aufkochen. Den heißen Minzesud über die Eigelbmasse gießen und mit einem Schneebesen unterrühren.
7. Die Mischung unter Rühren langsam in einem Topf aufkochen, bis eine glatte, sämige Creme entstanden ist. Den Topf vom Herd nehmen, die Creme in eine saubere Schüssel füllen und im Eiswasserbad oder Kühlschrank abkühlen. Für eine luftigere Creme noch etwas Schlagsahne unterheben.
8. Die Creme in einer dicken Schicht auf dem Baiserboden verstreichen. Die Mojito-Beeren darauf verteilen und das Baiser vorsichtig mithilfe des Backpapiers aufrollen. Mit frischen Beeren und Minze dekorieren.

210. Rüblitorte mit Kardamom und Walnüssen

Dieser Kuchen, der mich schon lange begleitet, erhält durch die Gewürze eine ganz besondere Note und wird durch das Öl herrlich saftig. Halten Sie sich genau ans Rezept, dann wird er wundervoll, versprochen!

FÜR ETWA 12 STÜCKE

3 Eier
280 g Zucker
240 g Mehl
1½ TL Natron
1½ TL Backpulver
100 g Walnusskerne, grob gehackt
½ TL Salz
1½ TL gemahlener Kardamom
1 EL gemahlener Zimt
250 g Möhren, fein gerieben
250 ml neutrales Öl
Butter für die Form

BELAG:

120 g Puderzucker
200 g Butter, zerlassen und abgekühlt
200 g Doppelrahmfrischkäse
3 TL Vanillezucker
abgeriebene Schale und Saft von 1 Bio-Zitrone

FÜR DIE DEKO:

10 junge Möhren mit Grün, geschält
100 ml Orangensaft
3 Passionsfrüchte, halbiert und das Fruchtfleisch herausgeschabt
2 EL Zucker

UND SO GEHT'S:

1. Den Backofen auf 200 °C vorheizen.
2. Eier und Zucker schaumig aufschlagen. Mehl, Natron und Backpulver mischen. Walnüsse, Salz, Kardamom und Zimt mit der Mehlmischung unter die Eiermasse rühren. Zuletzt die geriebenen Möhren und das Öl untermischen.
3. Den Teig in eine gefettete Springform füllen und 30–40 Minuten im Ofen backen, bis er sich vom Formrand löst. Mit einem Spieß oder Messer prüfen, ob der Kuchen durchgebacken ist, dann abkühlen lassen.
4. Für den Belag Puderzucker, zerlassene Butter und Frischkäse glatt rühren und Vanillezucker, Zitronenschale und -saft hinzufügen. Die Creme locker auf dem Kuchen verstreichen und vor dem Servieren etwas ruhen lassen.
5. Für die Deko die Möhren in einem Sud aus Orangensaft, Passionsfruchtfleisch und Zucker auf mittlerer Stufe 4–5 Minuten bissfest garen. Abkühlen lassen.
6. Den Kuchen mit Möhren und Passionsfruchtfleisch dekorieren.

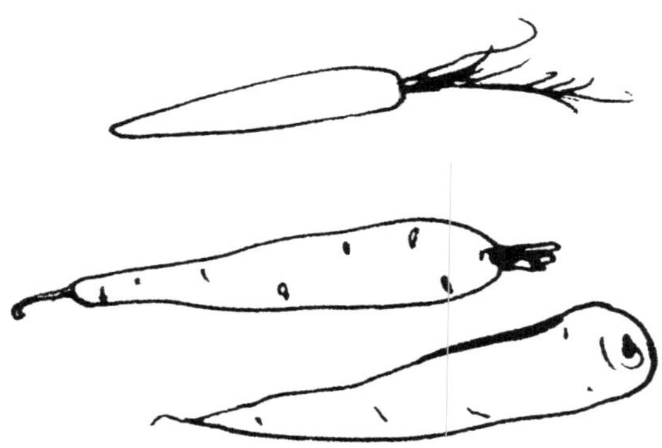

211. Schokoladen-*messmör*-Kuchen

Dieser Kuchen lässt sich ebenso, wie der kalte Hund rechts, gut in einem leeren Milchkarton zubereiten.

FÜR 10–12 PERSONEN

250 g Zartbitterschokolade, grob gehackt
100 g Butter
100 g messmör (schwedischer Braunkäse aus der Tube; Internethandel)
175 g Honig
4 zimmerwarme, sehr frische Eier
180–200 g Amaretti
6 Vollkornbutterkekse
1 leerer 1-l-Milchkarton

UND SO GEHT'S:

1. Schokolade, Butter, messmör und Honig in einer Metallschüssel über dem heißen Wasserbad schmelzen. Etwas abkühlen lassen.
2. Die Eier trennen. Die Eigelbe verquirlen, die Eiweiße separat steif schlagen. Die zimmerwarmen Eigelbe unter die Schokoladenmasse rühren, dann den Eischnee unterheben.
3. Amaretti und Kekse zerbröseln. Den Milchkarton gründlich spülen und die Vorderseite abschneiden, so entsteht eine Kastenform. Eine Schicht Keksbrösel auf dem Boden verteilen, etwas Schokoladenmasse daraufgeben und so weiterschichten. Den Kuchen 24 Stunden kühl stellen, dann aus dem Karton lösen und in Scheiben geschnitten servieren.

ZIMMERWARME EIER

Es ist wichtig, die Eigelbe wirklich mit Zimmertemperatur unter die warme Schokoladenmasse zu rühren, da die Masse andernfalls klumpig wird.

212. Radiokuchen – kalter Hund auf Schwedisch

Meine Version des Kuchens, der gerne auch als kalte Schnauze oder kalter Igel bezeichnet wird, enthält kein Kokosfett, sondern eine Art Ganache. Auch die Butterkekse fehlen bei mir, stattdessen gibt es fein geröstete karamellisierte Mandelblättchen. Dieser Kuchen schmeckt fabelhaft und hält lange. In Petit-four-Stücke zerteilt, kann man ihn auch zu feierlichen Anlässen zum Kaffee servieren.

FÜR 10–12 PERSONENR

120 g Mandelblättchen
80 g Zucker
600 g Zartbitterschokolade
300 g Sahne
75 g Butter

UND SO GEHT'S:

1. Die Mandelblättchen in einer Pfanne ohne Fett rösten. Den Zucker hinzufügen, schmelzen lassen und die Mandeln darin karamellisieren. Dabei umschließt der Karamell die Mandeln und es entsteht eine zähe Masse. Die Mandeln auf ein Stück Backpapier geben, abkühlen lassen und dann in grobe Stücke zerteilen.
2. Die Schokolade hacken und in eine Schüssel geben. Die Sahne aufkochen, über die Schokolade gießen, die Butter hinzufügen und alles glatt rühren.
3. Eine Form mit Frischhaltefolie auskleiden. Schokoladenmasse und Mandeln abwechselnd in die Form schichten und den Kuchen 24 Stunden kühl stellen.
4. Den kalten Hund nach Belieben in Scheiben oder kleine Würfel schneiden und als Petit four zum Kaffee servieren.

211.

212.

213. Dattelkuchen mit heißer Muscovadosauce

Vielleicht schlucken Sie angesichts der großen Menge an Cognac, doch gerade die macht zusammen mit den Datteln den Geschmack des Kuchens aus. Mit Orangenfilets anstelle von Brombeeren wird er weihnachtlich. Dazu eine köstliche Karamellsauce, die mit Sahne auch zum Himbeer-Crumble (s. S. 310) passt.

FÜR 10–12 STÜCKE

300 g Datteln ohne Kern
100 ml Cognac
frische Brombeeren zum Servieren

TEIG:

250 g Butter und Butter für die Form
160 g brauner Zucker
4 Eier
250 g Mehl
2 TL Backpulver

MUSCOVADOSAUCE:

100 ml heller Zuckerrübensirup
80 g dunkler Muscovadozucker
200 g Sahne

UND SO GEHT'S:

1. Den Backofen auf 175 °C vorheizen.
2. Die Datteln mit 100 ml Wasser und Cognac glatt pürieren. Vorsicht, das kann spritzen!
3. Für den Teig Butter und Zucker cremig rühren. Nach und nach die Eier unterrühren, dann Mehl und Backpulver unterheben. Zuletzt die Dattelmasse dazugeben.
4. Eine Kranzform fetten und den Teig hineinfüllen. Den Kuchen auf der untersten Schiene im Ofen etwa 50 Minuten backen.
5. Für die Sauce alle Zutaten etwa 10 Minuten zu einer Karamellsauce einköcheln.
6. Die heiße Sauce über den Kuchen gießen und mit Brombeeren dekorieren.

214. Tigerkuchen mit Käsecreme

Das hier ist kein gewöhnlicher Marmorkuchen, denn er enthält auch Doppelrahmfrischkäse! Er schmeckt dadurch leicht säuerlich und ist viel cremiger als Standard-Marmorkuchen, lecker ist die Käsemasse auch mit etwas fein abgeriebener Orangenschale. Den Schokoteig und die Käsemasse nur leicht mischen, so entsteht ein schöner Marmoreffekt.

FÜR 10–12 STÜCKE

200 g Zartbitterschokolade, grob gehackt
200 g Butter und Butter für die Form
200 g Zucker
3 Eier
120 g Mehl

KÄSEMASSE:

400 g Doppelrahmfrischkäse
100 g Zucker
1 TL Vanillezucker
2 Eier

UND SO GEHT'S:

1. Den Backofen auf 180 °C vorheizen und eine rechteckige Backform fetten.
2. Schokolade und Butter über dem heißen Wasserbad schmelzen.
3. Zucker und Eier schaumig aufschlagen. Mehl hineinsieben und unterrühren. Zuletzt die Schokoladen-Butter-Masse unterziehen.
4. Für die Käsemasse den Frischkäse mit Zucker, Vanillezucker und Eier glatt rühren.
5. Ein Viertel des Schokoladenteigs in die Form gießen, die Käsemasse darauf verteilen und mit dem restlichen Schokoladenteig abschließen. Einen Löffel durch den Teig ziehen und so ein hübsches Marmormuster herstellen. Den Kuchen 35–45 Minuten im Ofen backen.

215. Pancakes mit Ahornsirupsauce

Mit amerikanischen Pfannkuchen kann man sich das Frühstück ganz luxuriös gestalten. Rühren Sie den Teig am Samstagsabend an, dann brauchen Sie ihn am Sonntagmorgen nur noch zu backen.

FÜR 4 PERSONEN

125 g Mehl
1 TL Backpulver
½ TL Salz
2 EL Zucker
1 Ei
125 ml Milch
2 EL zerlassene Butter
Butter zum Ausbacken
etwas Sahne, geschlagen (nach Belieben)

AHORNSIRUPSAUCE:

50 g Muscovadozucker
50 g Butter
100 g Sahne
200 g Ahornsirup

UND SO GEHT'S:

1. Für die Ahornsirupsauce alle Zutaten in einem Topf etwa 20 Minuten einköcheln lassen.
2. Währenddessen für den Teig Mehl, Backpulver, Salz und Zucker mischen.
3. Ei und Milch verquirlen, die zerlassene Butter unterrühren und zu den trockenen Zutaten geben. Alles zu einem glatten Teig verrühren und wenige Minuten ruhen lassen.
4. Eine Pfanne mit wenig Butter erhitzen und darin auf mittlerer Stufe nacheinander die Pfannkuchen beidseitig goldbraun backen. Wenden, wenn die Oberseite Blasen geworfen hat, dann die andere Seite backen.
5. Die Pfannkuchen mit der Sauce und nach Belieben mit Schlagsahne servieren.

216. Arme Ritter

Zugegeben – es ist schon länger her, dass ich arme Ritter gegessen habe, doch mein Bruder liebt sie noch immer. Die besten machte natürlich meine Mutter, ohne viel Schnickschnack, einfach nur aus schon etwas trockenem Weißbrot. Arme Ritter muss man ganz frisch, am besten direkt aus der Pfanne essen. Probieren Sie auch einmal arme Ritter aus Gewürzbrot (s. S. 262) oder Manitoba-Baguette (s. S. 268)!

FÜR 4 PERSONEN

2 Eier
100 ml Milch
1 EL Mehl
160 g Zucker
1 EL gemahlener Zimt
8 Scheiben Weißbrot, gerne etwas getrocknet
Butter zum Ausbacken

UND SO GEHT'S:

1. Eier, Milch und Mehl glatt rühren. Zucker und Zimt mischen.
2. Die Brotscheiben vorsichtig in der Eiermasse wenden und wenige Minuten ziehen lassen, bis sie weich geworden sind.
3. Die Ritter auf beiden Seiten in etwas Butter goldbraun braten, herausnehmen und im Zimtzucker wenden. Nach Belieben mit Eis oder Schlagsahne servieren.

CAMP
100% Pure
Maple Syrup
from Canada
Lönnsirap
Lønnesirup - Ahornsirup
250g

215.

216.

217.

217. Warmer Schokoladenkuchen mit Eis und *polkagris*

Den Schokoladenkuchen kann man gut im Voraus zubereiten und einfrieren. Vor dem Servieren dann wenige Minuten antauen lassen, im Ofen erhitzen und heiß servieren. Die Backzeit hängt von der gewählten Backform ab. Der Kuchen sollte in der Mitte cremig sein und oben eine kleine »Backbeule« haben.

FÜR 4 PERSONEN

150 g Butter und Butter für die Formen
150 g Zartbitterschokolade, grob gehackt
60 g Puderzucker
2 Eier
3 gehäufte EL Mehl (etwa 45 g)
500 ml Vanilleeis
einige polkagrisar, zerstoßen (rot-weiße Bonbons mit Pfefferminzgeschmack)

UND SO GEHT'S:

1. Den Backofen auf 180 °C vorheizen.
2. Butter, Schokolade und Puderzucker in einer Schüssel über dem heißen Wasserbad schmelzen und leicht abkühlen lassen.
3. Nach und nach die Eier hinzufügen, dann das Mehl hineinsieben und alles zu einem glatten Teig verarbeiten.
4. Vier kleine Backformen oder Tassen leicht einbuttern und den Teig auf die Formen verteilen (bis etwa 2 cm unter dem Formrand). 10–12 Minuten im Ofen backen.
5. Das Eis in Würfel schneiden und in die zerstoßenen *polkagrisar* tunken. Je 1 Würfel auf jeden Schokoladenkuchen setzen und sofort servieren.

218. Småländischer Schokoladenkuchen mit Himbeer-Rhabarber

Ich weiß nicht, ob dieser Kuchen wirklich etwas mit Småland zu tun hat – zumindest hieß er schon immer so. Servieren Sie den Kuchen mit dem Himbeer-Rhabarber oder alternativ mit einem Klecks Vanillesauce (s. S. 322) oder fettarmer Crème fraîche!

FÜR 10–12 STÜCKE

250 g Zartbitterschokolade, grob gehackt
250 g Butter und Butter für die Form
250 g Puderzucker
120 g Mehl
4 Eier

HIMBEER-RHABARBER:

6 Rhabarberstangen
400 g TK-Himbeeren
160 g Zucker

UND SO GEHT'S:

1. Den Backofen auf 150 °C vorheizen.
2. Den Rhabarber putzen und in 10 cm lange Stücke schneiden. In eine Auflaufform legen, mit Himbeeren und Zucker bedecken und mit Alufolie abdecken. 20–30 Minuten im Ofen backen, bis der Rhabarber etwas weich ist. Dabei nach der Hälfte der Backzeit an der Form rütteln. Abkühlen lassen.
3. Den Backofen auf 180 °C vorheizen.
4. Für den Kuchen Schokolade, Butter und Zucker über dem heißen Wasserbad schmelzen. Vom Wasserbad nehmen, das Mehl darübersieben und die Eier unterrühren. Den Teig in eine gefettete Springform füllen und 18–20 Minuten im Ofen backen. Bei kleinen Portionsformen dauert es 6–8 Minuten.
5. Den Rhabarber nach Gusto zerkleinern und den Kuchen damit dekorieren.

220.
221.
219.

219. Himbeersorbet

Jetzt wird es eisig! Dieses tolle Himbeersorbet wird durch leicht geschlagenes Eiweiß schön fluffig. Steinhart gefrorenes Sorbet kann man in der Küchenmaschine oder in einem Mixer im Nu zerkleinern, falls die Gäste schon sehnsüchtig warten. Dabei wird es schön weich und samtig.

FÜR 8–10 PERSONEN

250 g Zucker
500 g TK-Himbeeren
2 EL frisch gepresster Zitronensaft
1 sehr frisches Eiweiß

UND SO GEHT'S:

1. Zucker und 250 ml kaltes Wasser in einem Topf zu einem Zuckersirup aufkochen und abkühlen lassen.
2. Die Himbeeren durch ein Sieb passieren, mit dem Sirup verrühren, dann den Zitronensaft unterrühren. Das Eiweiß mit einer Gabel leicht aufschlagen und unterheben.
3. Die Masse in einer Eismaschine zu einem Sorbet gefrieren lassen.

FÜR EIN CREMIGES SORBET

Wenn Sie unter das weiche Sorbet noch etwas Schlagsahne rühren, hat es mehr Eiscreme-Feeling.

220. Schokoladeneis

Zum Himbeer-Rhabarber (s. S. 349) schmeckt dieses Schokoladeneis anstelle von Kuchen geradezu unverschämt gut.

FÜR 8–10 PERSONEN

1 Blatt Gelatine
200 g Zartbitterschokolade
2½ EL dunkler Zuckerrübensirup
3 EL brauner Zucker
40 g ungesüßtes Kakaopulver

UND SO GEHT'S:

1. Die Gelatine 5 Minuten in kaltem Wasser einweichen.
2. Die Schokolade fein hacken. 400 ml Wasser, Sirup, Zucker und Kakao aufkochen, über die Schokolade gießen und die Schokolade unter Rühren schmelzen lassen.
3. Die Gelatine aus dem Wasser heben und unter die Schokoladencreme rühren.
4. Die Masse in einer Eismaschine gefrieren lassen.

EISMASCHINE

Eine Eismaschine ist wirklich eine empfehlenswerte Anschaffung. Eis und Sorbets werden darin viel besser als auf herkömmliche Weise.

221. Vanilleeis

Dieses Vanilleeis gelingt garantiert – auch ganz ohne Gelatine! Wenn Sie die Eismasse auf exakt 82 °C erhitzen und die Temperatur mit einem Digitalthermometer prüfen, kann eigentlich nichts schiefgehen. Die Kaffeesahne verleiht dem Eis eine wundervoll cremige Konsistenz. Wer will, kann die Hälfte der Kaffeesahne durch Milch ersetzen.

FÜR 8–10 PERSONEN

1 l Kaffeesahne
1 Vanilleschote, längs aufgeschnitten und Mark herausgekratzt
8 sehr frische Eigelb
120 g Zucker

UND SO GEHT'S:

1. Die Kaffeesahne mit Vanilleschote und -mark aufkochen. Die Eigelbe in einer Schüssel mit dem Zucker verrühren.
2. Die Hälfte der heißen Sahne über die Eigelbmasse gießen und gut unterrühren. Diese Mischung dann in den Topf zur restlichen Sahne geben. Die Masse auf 82 °C erhitzen (Digitalthermometer). Die Masse in eine Schüssel abseihen und abkühlen lassen.
3. Die Masse in einer Eismaschine zu Eiscreme gefrieren lassen.

222. Zitroneneis

Dieses Eis habe ich einmal im Garten der schwedischen Sängerin Lill-Babs (Barbro Svensson) zubereitet. Es ist der perfekte Nachtisch für Überraschungsgäste. Frieren Sie die Eismasse in einer flachen Form oder in kleinen Kaffeetassen ein – so gefriert sie schneller. Noch einfacher geht das Ganze natürlich mit fertig gekauftem Lemon Curd.

FÜR 4 PERSONEN

600 g Sahne
175 ml gezuckerte Kondensmilch, z. B. von Milchmädchen
abgeriebene Schale und Saft von ½ Bio-Zitrone
200 g Lemon Curd (Rezept s. S. 272)

UND SO GEHT'S:

1. Die Sahne locker aufschlagen, jedoch nicht steif schlagen. Kondensmilch und Zitronenschale unterrühren.
2. Den Zitronensaft unterrühren, dann den Lemon Curd auf die Eismasse träufeln.
3. Die Masse in eine Form füllen und mindestens 5 Stunden tiefkühlen. Nur leicht angefroren schmeckt das Eis ebenfalls köstlich.
4. Das Eis zum Beispiel mit Pfirsichspalten und gerösteten Nusskernen oder einfach mit gerösteten Mandelblättchen servieren.

ndenserad Mjölk
Vikt: 410 g ℮
datumstämpel
NL Z 0234 EG

223. Glace au four – Erdbeereistorte

Das perfekte Dessert, wenn man viele Gäste erwartet! Die Eistorte selbst lässt sich ein paar Tage im Voraus zubereiten, die Baiserhaube dann am Tag des Servierens anrühren und ins Tiefkühlfach stellen. Kurz vor dem Servieren die Torte mit dem Baiser bestreichen (es wird im Tiefkühlfach nicht hart) und mit einem Flambierbrenner oder unter dem Backofengrill mit geöffneter Backofentür bräunen. Erstere Methode ist allerdings besser geeignet. Die Karamellbonbons können Sie durch Schokolade, Nüsse oder getrocknete Erdbeeren ersetzen. Baiserböden gibt es in Schweden fertig zu kaufen, in Deutschland kann man sie bei einem guten Konditor vorbestellen oder durch die kleineren Meringues ersetzen.

FÜR 8–10 PERSONEN

2 Baisertortenböden à etwa 200 g oder
400 g Meringues
100 g Karamellbonbons mit Schokoüberzug, z. B. Daim
2 l Vanilleeis
500 ml Erdbeersorbet

BAISER:

4 Eiweiß
200 g Zucker
abgeriebene Schale von 1 Bio-Zitrone
½ TL frisch gepresster Zitronensaft

UND SO GEHT'S:

1. Eine Springform mit Frischhaltefolie auskleiden und mit 1 Baiserboden oder der Hälfte der Meringues auslegen, tiefkühlen.
2. Karamellbonbons grob zerstoßen. Vanilleeis cremig rühren, mit den Bonbonsplittern mischen und in die Form füllen und mit dem Sorbet bedecken. Den übrigen Baiserboden oder übrige Meringues auflegen, die Torte mit Frischhaltefolie bedeckt 4–5 Stunden oder über Nacht tiefkühlen.
3. Für das Baiser etwas Wasser in einem kleinen Topf aufkochen. Eiweiße, Zucker, Zitronenschale und -saft in eine Metallschüssel füllen, auf das heiße Wasserbad setzen und die Eiweiße mit einem Handmixer aufschlagen. Dabei sollte die Masse nicht grießelig werden (mit den Fingern prüfen). Die Schüssel vom Wasserbad nehmen und den Eischnee kühl schlagen.
4. Das Baiser rundum auf der Torte verstreichen oder mit einem Spritzbeutel auftragen und etwa 30 Minuten tiefkühlen.
5. Die Torte aus dem Tiefkühlfach nehmen und das Baiser mit einem Flambierbrenner anbräunen. Sofort servieren.

225.

224. Passionsfrucht-parfait mit Zitrussalat

Der Zitrussalat mit Ahornsirup ist kinderleicht herzustellen und schmeckt auch ohne Eis. Reichen Sie einfach ein paar Löffel griechischen Joghurt dazu und würzen Sie das Ganze mit frisch gemahlenem schwarzem Pfeffer. Die übrig gebliebenen Eiweiße können Sie zum Beispiel für die Eistorte (s. S. 356) verwenden oder Meringues backen.

FÜR 8–10 PERSONEN

120 g Puderzucker
10 sehr frische Eigelb
8 Passionsfrüchte, halbiert
abgeriebene Schale und Saft von ½ Bio-Zitrone
500 g Sahne, leicht geschlagen

ZITRUSSALAT:

2 Grapefruits
2 Orangen
2 Passionsfrüchte, halbiert
1–2 EL Ahornsirup

UND SO GEHT'S:

1. Puderzucker und Eigelbe in einer Schüssel schaumig aufschlagen.
2. Für das Parfait das Fruchtfleisch aus den Passionsfrüchten lösen und mit Zitronenschale und -saft mischen. Die Sahne unterrühren und das Parfait in eine Form füllen. 3 Stunden oder über Nacht tiefkühlen.
3. Für den Zitrussalat Grapefruits und Orangen filetieren und in eine Schüssel geben. Das Fruchtfleisch der Passionsfrüchte über der Schüssel auslösen, mit den Zitrusfrüchten mischen und alles mit Ahornsirup beträufeln. Bis zum Servieren in den Kühlschrank stellen.
4. Das Parfait mit Zitrussalat servieren.

225. Rumrosinenparfait mit *spettekaka*

In der Eisdiele ist Rumrosineneis meine absolute Lieblingssorte. Ich liebe es, wenn die Rosinen richtig lange im Rum gelegen haben und so schön hart sind. Lecker! Der schonische *spettekaka* (Spießkuchen) ist eine Art Baumkuchen. Ersetzen können Sie ihn durch Meringues oder auch durch etwas grob gehackte Schokolade.

FÜR 6 PERSONEN

120 g Rosinen
125 ml brauner Rum
500 g Sahne
5 sehr frische Eigelb
1 TL Vanillezucker
100 g Zucker
200 g spettekaka oder Meringues, grob zerbröselt

UND SO GEHT'S:

1. Die Rosinen etwa 24 Stunden in Rum einlegen, bis sie ihn aufgesogen haben.
2. Die Sahne leicht aufschlagen. Eigelbe und Vanillezucker in einer separaten Schüssel verrühren. Nach und nach den Zucker unterrühren, bis eine schaumige Masse entstanden ist. Rosinen dazugeben, dann Schlagsahne und *spettekaka*- oder Meringueskrümel – einige Krümel zum Servieren beiseite legen – unterheben.
3. Eine Form mit Frischhaltefolie auskleiden, die Parfaitcreme hineinfüllen und mindestens 24 Stunden tiefkühlen.
4. Das Parfait etwa 30 Minuten vor dem Servieren in den Kühlschrank stellen. Dann die Frischhaltefolie entfernen und das Parfait mit *spettekaka*-Krümeln dekorieren.

226. Himbeer-Pfirsich-Eis am Stiel

Das perfekte Sommereis für Kinder!

FÜR 10 EIS AM STIEL

500 g TK-Himbeeren
1 Dose Pfirsiche samt Saft
1 EL frisch gepresster Zitronensaft
3 EL Puderzucker

UND SO GEHT'S:

1. Himbeeren und Pfirsiche samt Saft fein pürieren, dann Zitronensaft und Puderzucker unterrühren.
2. In Formen für Eis am Stiel füllen und mehrere Stunden tiefkühlen, bis die Masse gefroren ist.

SCHÖN KERNIG

Wer will, kann die Himbeerkerne durch ein Sieb auspassieren. Ich finde allerdings, dass sie dem Eis erst den richtigen Charakter verleihen.

227. Kokos-Limetten-Eis am Stiel

Frieren Sie die Eismasse auch einmal in einer großen Form ein und lockern Sie das Eis dann mit einer Gabel auf. Toll als Zwischengang bei einem leckeren Menü.

FÜR 10 EIS AM STIEL

2 EL Kokosraspel
160 g Zucker
abgeriebene Schale von 2 Bio-Limetten
50 ml frisch gepresster Limettensaft
600 ml Kokosmilch

UND SO GEHT'S:

1. In einem Topf 100 ml Wasser mit den Kokosraspeln und dem Zucker kochen, bis der Zucker geschmolzen ist, dann abkühlen lassen. Limettenschale und -saft mit der Kokosmilch fein mixen und unter die Kokosraspelmischung rühren.
2. Die Masse in Formen für Eis am Stiel füllen und mehrere Stunden tiefkühlen, bis sie gefroren ist.

GERÖSTETE KOKOSRASPEL

Wenn Sie die Kokosraspel vor dem Kochen in einer Pfanne ohne Fett rösten, erhalten sie ein besonders feines Aroma.

228. Vanilleeis am Stiel mit bunten Streuseln

Kinder werden dieses Eis lieben, vor allem wenn sie es gemeinsam mit den Erwachsenen selbst herstellen können.

FÜR 4 PERSONEN

500 ml Vanilleeis (am besten eine rechteckige Packung)
Streusel und Liebesperlen (nach Belieben)
Eisstiele aus Holz

UND SO GEHT'S:

Das Eis in vier Rechtecke schneiden, je 1 Eisstiel hineinstechen und das Eis in den Streuseln wenden. Dabei möglichst mehrfach in die Streusel tauchen und dann schnell aufessen!

229. Vanilleeis mit Schoko-Nuss-Überzug

Dieses Eis ist mein absoluter Geheimtipp! Zum Servieren einfach mit der Verpackung auf den Tisch stellen.

FÜR 4 PERSONEN

200 g Zartbitterschokolade (70 %)
100 g Sahne
2 EL Espresso
500 ml Vanilleeis (am besten eine rechteckige Packung)
60 g Haselnusskerne, geröstet und gehackt
Eisstiele aus Holz

UND SO GEHT'S:

1. Schokolade fein hacken und in eine Schüssel füllen. Sahne und Espresso aufkochen, über die Schokolade gießen und glatt rühren.
2. Das Eis in vier Rechtecke (je nachdem, wie gierig Sie sind) schneiden und in jedes Stück 1 Eisstiel stecken. Jeweils mit Schokoladensauce beträufeln und mit den Haselnüssen bestreuen. Vor dem Servieren noch etwa 15 Minuten tiefkühlen.

230. Bananen im Schokoladenmantel

Diese eiskalte Köstlichkeit habe ich immer in Båstad gekauft, wenn wir mit dem Boot dort im Hafen angelegt haben. Das gesündeste Eis am Stiel der Welt gab es nur dort!

FÜR 8 PERSONEN

250 g Zartbitterschokolade (70 %), grob gehackt
1 EL Kokosfett
4 Bananen, geschält und schräg halbiert
Eisstiele aus Holz

UND SO GEHT'S:

1. Schokolade und Kokosfett über dem heißen Wasserbad oder in der Mikrowelle schmelzen und etwas abkühlen lassen. Die Bananenhälften auf Eisstiele stecken.
2. Die Bananen in die Schokolade tauchen und auf ein mit Backpapier ausgelegtes Backblech legen. Mindestens 4 Stunden tiefkühlen, bis die Schokolade fest ist.

HASELNÜSSE SIND LECKER

Sie können noch ein paar Haselnusskerne fein hacken und über die Bananen streuen, bevor es ins Tiefkühlfach geht. Gefroren halten diese Schokobananen mindestens eine Woche.

231.
232.
233.

231. Himbeersaft ohne Kochen

Dieser Saft schmeckt ganz pur und intensiv nach Himbeeren! Der Trick ist die Weinsäure, durch die in Verbindung mit der schonenden Zubereitung ein aromatischer Saft entsteht. Auch mit vollreifen Erdbeeren wird's köstlich.

FÜR ETWA 1½ L SAFT

1,2 kg Himbeeren (auch TK-Ware eignet sich)
20 g Weinsäure
600 g Zucker pro 1 l Saft

UND SO GEHT'S:

1. Himbeeren und Weinsäure mit 700 ml Wasser verrühren. Über Nacht bei Zimmertemperatur durchziehen lassen. Am nächsten Tag nochmals umrühren und die Himbeeren pürieren.
2. Den Saft durch ein Mulltuch abseihen.
3. Den Saft abmessen und in eine Küchenmaschine füllen. Den Zucker abmessen, nach und nach zum Saft geben und alles etwa 30 Minuten rühren, bis sich der Zucker aufgelöst hat. Abschäumen und in Flaschen füllen. Kühl aufbewahren.

232. Zitronensaft

Ein schön saurer, spritziger Saft nach Rezept meiner Oma mütterlicherseits. Genau so muss Zitronensaft schmecken!

FÜR ETWA 1 L SAFT

Schale und Saft von 4 Bio-Zitronen
600 g Zucker
4 EL Zitronensäure

UND SO GEHT'S:

1. Die Zitronen lauwarm abwaschen. Mit einem Sparschäler nur die gelbe Schale ablösen, nicht die bittere weiße Schale darunter. Zitronenschale, Zucker und Zitronensäure in einer Schüssel verrühren.
2. In einem Topf 1 l Wasser aufkochen und in die Schüssel dazugießen. Gut umrühren, bis der Zucker geschmolzen ist.
3. Den Zitronensaft hineingießen (lassen Sie die Kerne und etwas Fruchtfleisch ruhig im Saft, das gibt einen guten Geschmack). Den Saft mindestens 24 Stunden im Kühlschrank durchziehen lassen.
4. Am nächsten Tag den Saft durch ein Mulltuch abseihen und in gründlich gereinigte Flaschen füllen. Soll der Saft tiefgekühlt werden, die Flaschen nur zu drei Vierteln füllen, da sie ansonsten platzen. Sie können den Saft auch in einer Eiswürfelform einfrieren.

233. Rhabarbersaft

In meiner Tiefkühltruhe lagert immer etwas Rhabarbersaft. Wenn es langsam kalt wird, trinke ich ein Glas und schwelge eine Weile in Sommererinnerungen. Der Saft lässt sich auch aus tiefgekühltem Rhabarber herstellen.

FÜR ETWA 1½ L SAFT

2 kg Rhabarber
Saft von 1 Zitrone
600 g Zucker pro 1 l Saft

UND SO GEHT'S:

1. Den Rhabarber putzen und in Stücke schneiden. 700 ml kaltes Wasser in einen Topf füllen und Rhabarber und Zitronensaft hinzufügen. Alles einmal aufkochen und dann etwa 20 Minuten zugedeckt köcheln lassen.
2. Den Rhabarber durch ein Mulltuch abseihen. Den Saft abmessen und mit der passenden Menge Zucker noch etwa 20 Minuten kochen. Gründlich abschäumen.
3. Den Saft in saubere Flaschen füllen und im Kühlschrank aufbewahren oder tiefkühlen.

234. Holunderblütensirup

Holunderblütensirup mache ich meist nur jedes zweite Jahr. Ich komme einfach nicht dazu und muss dann bei meinen Freundinnen schnorren gehen. Gin und Holunderblütensirup ist übrigens eine tolle Kombi – natürlich nur für Erwachsene. Pflücken Sie die Blütendolden nie am Straßenrand, denn der Abgasstaub macht sich nicht so gut im Sirup.

FÜR ETWA 3 L SIRUP

2 kg Zucker
etwa 40 große Holunderblütendolden, gesäubert und abgespült
3 Bio-Zitronen
50 g Zitronensäure

UND SO GEHT'S:

1. In einem großen Topf 2 l Wasser und den Zucker aufkochen.
2. Das Wasser aus den Blütendolden schütteln und die Dolden in einen Topf oder rostfreien, hitzebeständigen Eimer geben.
3. Die Zitronen waschen, in Scheiben schneiden und zu den Blütendolden geben. Die Zitronensäure und das heiße Zuckerwasser hinzufügen und umrühren. Etwas abkühlen lassen und mit einem Deckel oder mit Frischhaltefolie abdecken. Den Sirup mindestens 24 Stunden, am besten fünf Tage, im Kühlschrank durchziehen lassen.
4. Den Sirup durch ein mit einem Mulltuch ausgelegtes Sieb abseihen.
5. Den Holunderblütensirup in saubere Glasflaschen, PET-Flaschen oder Schraubgläser füllen und im Kühlschrank aufbewahren. Alternativ in Gefrier- oder Eiswürfelbehältern tiefkühlen (nicht bis oben füllen, da sich der Saft beim Gefrieren ausdehnt).

Hier werden gerade die letzten Fotos für das Buch gemacht. Neben mir und Benny ist der Fotograf Charlie Drevstam zu sehen. Abgelichtet hat uns unsere Assistentin Marysia Klim.

Register

Danke!

Die Arbeit an diesem Buch war eine wunderbare Reise! Ein riesiges Dankeschön für die Reisebegleitung geht an meinen Kollegen und Kumpel Benny Cederberg und den kreativen Fotografen Charlie Drevstam. Was hatten wir für einen Spaß beim Ablichten der Fotos für dieses Buch!

Vielen Dank auch an die wunderbare Stina Wirsén, die dem Buch mit ihren Illustrationen einen ganz persönlichen Touch verliehen hat. Ich habe mich sofort total in ihre Zeichnungen verliebt!

Ein großes Dankeschön auch an Bonnier Fakta und seine einfühlsamen Mitarbeiter, die es mit Übersicht und Geduld vermocht haben, den teilweise wirren Gedankengängen der Autorin zu folgen. Lisa Ydring, Anna Paljak und Annika Lyth werden dafür von mir fest gedrückt.

Danke auch an Bibbi Ringqvist. Du und Benny, ihr habt mir Geborgenheit gegeben. Ich bin so froh, euch zu haben und fühle mich in eurer Nähe sehr wohl.

Und schließlich noch ein liebes Dankeschön an unsere zuckersüße Assistentin Marysia Klim. Ohne dich hätten wir viel zu viel Kuchen im Tiefkühler gehabt.

In Deutschland können Sie viele schwedische Lebensmittel unter *www.onfos.de*, *www.schweden-markt.de* oder *www.sveashop.de* bestellen.

London, New York, Melbourne, München und Delhi

Für die deutsche Ausgabe
Programmleitung Monika Schlitzer
Projektbetreuung Elke Homburg
Herstellungsleitung Dorothee Whittaker
Herstellungskoordination Claudia Rode
Herstellung Inga Reinke

Bibliografische Information der Deutschen Bibliothek
Die Deutsche Bibliothek verzeichnet diese Publikation in der Deutschen Nationalbibliografie; detaillierte bibliografische Daten sind im Internet über http://dnb.ddb.de abrufbar.

Titel der schwedischen Originalausgabe:
TINA

Fotos und Prop-Styling Charlie Drevstam
Illustrationen Stina Wirsén
Layout Annika Lyth/Lyth & Co
Lektorat Anna Paljak
Rezeptentwicklung Benny Cederberg

Der Originaltitel erschien 2013 in Schweden bei Bonnier Fakta.

Übersetzung Melanie Schirdewahn
Lektorat Kathrin Gritschneder

ISBN 978-3-8310-2518-3

Repro Elanders/Fälth & Hässler, Värnamo
Druck Livonia, Lettland

Besuchen Sie uns im Internet
www.dorlingkindersley.de